スウェーデンにおける社会的包摂の福祉・財政

藤岡純一 著

中央法規

序

　スウェーデンは普遍的福祉国家として知られる。社会サービスと社会給付は貧困な人だけではなくスウェーデンで居住し生活を営むすべての人に提供される。実際に多くの人々は中間層に属し，貧困率は先進国のなかでも低い水準である。また，「国民」と言わずに「居住する人々」としたのは，まだ国籍の認められていない移民者が大勢いるためである。普遍的福祉国家のもう一つの意味は，ドイツのオットー・フォン・ビスマルクの時代，世界に先がけて創設された社会保険が労働者を対象とした制度であり多くの自営業者や無業の人を対象外にしていたのに対して，自営業者や無業の人を対象範囲に含めることである。

　普遍的福祉国家といっても，最低限保障を具現した国と，標準的な保障を行う国がある。第二次世界大戦中にイギリスで発表された『ベヴァリッジ報告』では，社会保障の範囲をすべての人に広げたが，5つの巨悪（欠乏，疾病，無知，不潔，無為）の一つである「欠乏」に対する措置として，社会保障は最低限度の定額給付を原則とした（ナショナル・ミニマム）[注1]ベヴァリッジ報告は，戦後のイギリスの福祉国家建設のモデルとなった。これに対してスウェーデンは後者に属する。質の高い社会サービスが提供されるとともに育児休業など各種の休業補償も手厚い。

　スウェーデンは地方分権型の福祉国家である。国と地方との事務配分が明確になり，国は所得保障，ランスティング（広域自治体）は保健医療，コミューン（基礎自治体）は社会サービスと教育に直接的な責任を負う。地方分権型とは，保健医療，社会サービス，そして教育が地方自治体の責任になっていることである。国はそれらについての法律の制定，質についての一般的助言（教育については学習指導計画）の公表，そして評価を行う。また，年金や育児休業補償などの所得保障は（公的扶助のみコミューンの責

注1　ベヴァリッジ報告における社会保障は「医療政策，教育政策，住宅政策，雇用政策などの福祉国家の政策の一部であった」（一圓 2014：175）。

任）国の責任となっている。

　分権には地方分権ともう一つ，民営化や民間委託がある。多くの国で民営化や民間委託は著しく進展したが，スウェーデンでも1990年代の前半と2000年代後半以降に民間委託が進められた。コミューンによって大きく異なるが，スウェーデン全体では支出総額の約16％にすぎず，すべて公立で行われているコミューンもある。民間委託なので，コミューンまたはランスティングは民間事業者と契約を締結する。そしてその質にコミューンとランスティングが責任を持ち，費用はコミューンとランスティングの税から支払われる。

　福祉国家のスウェーデンモデルの重要なもう一つの柱は積極的労働市場政策である。これには労働経験，職業訓練と教育などが含まれ，失業給付などの消極的労働市場政策と区別される。1960年代に始められたこの政策は，倒産等で失業した労働者を高生産部門に転職させるための方策の一環であったが，現在では，それだけにとどまらず，障がい者，長期病気休業者，移民者などをも対象にしている。

　スウェーデン社会の特徴として最後に挙げておかなければならないのは，女性の活躍である。女性の就業率の高さ，公務員における女性の比率の高さ，国会議員に占める女性の比率のどれをとっても世界有数の国として連ねることができる。世界経済フォーラム（World Economic Forum）が発表する男女平等（ジェンダー・ギャップ）指数では，2014年にはアイスランド，フィンランド，ノルウェーに次いで第4位であった（World Economic Forum 2014：table4）。この要因には，育児休業制度，就学前学校（保育園），児童手当の充実は言うまでもないが，男女を通じる年間労働時間の短さと同一労働同一賃金を基本とする賃金体系を挙げることができる。

　以上，述べてきた福祉国家スウェーデンとその社会の特徴を踏まえて，本書で明らかにしたことは，1990年代以降新たに課題になってきた社会問題，すなわち介護者の困難，失業者，障がい者，長期病気休業者の就労問題，そして難民を含む移民者の急増などにどのように対応しているのか，そしてその新たな課題のなかで福祉国家の基盤である財政がどのように維持されかつ

変化しているかを解明することである。前者については「社会的包摂」という概念を用いて究明した。社会的包摂とは，簡単にいえば，社会的に排除されている人々とグループを通常の生活に戻すことを意味する。

本書では，社会的包摂を福祉国家の形成時と福祉国家の成熟期の2つの時期において捉えている。スウェーデンにおいて高齢者・障がい児者への社会サービス，保育園，積極的労働市場政策，女性の社会参加が進められ拡充されていくのは，1950年代ないし1960年代以降である。それまでは多くの高齢者や障がい児者は劣悪で人里離れた入所施設に住まわされ，「社会的に排除」されていた。失業者が積極的労働市場政策によってステップアップしていく機会は少なかった。労働においても家庭生活においても男女の差別は大きかった。スウェーデンの福祉国家はこのような状態から出発して，社会的包摂を実現してきた。

スウェーデンにおける社会的包摂の第2の時期は，ヨーロッパにおいて社会的排除と社会的包摂の概念が確立した後の1990年代以降である。社会的包摂は福祉国家に新たに発生した貧困と社会的排除に対処するための概念として確立した。新たな貧困と社会的排除の原因として，国際化，高齢化，財政問題，そして新自由主義的政策などが挙げられる。スウェーデン政府は欧州連合（European Union；EU）の加盟国として，2001年に貧困と社会的排除に対する行動計画を決定した。そのなかで，「雇用への参加の促進とすべての人の資源，財，サービス，そして権利へのアクセス」，「排除のリスクの予防」，「最も弱い人々への支援」，「関連するすべての組織の動員」を主要な目標にした（Socialdepartmentet 2005：2）。本書では，介護者への支援，労働統合型社会的企業の興隆，移民者のインテグレーション，国際的な開発援助を中心に考察した。

福祉国家の形成と充実は社会サービスの質のさらなる向上を伴って発展する。現在，高齢者と障がい者などの社会サービスにおいて，利用者の自己決定と参加，サービスに対する影響の行使，スタッフの対応などにおいて質の向上が図られ，また，スタッフの能力改善が図られている。

本書の構成は次の通りである。

第1章は，社会的排除とそれと対をなす社会的包摂の概念について主としてEUの戦略を考察するとともに，アクティベーションやガバナンスとの関わりを論じた。そしてエスピン・アンデルセン，コルピとパルメ，イアン・ガフの福祉（国家）レジーム論，社会的包摂に関わるギデンズの第3の道とベーシックインカム論，社会的包摂の基礎的理論を提供すると思われるアマルティア・センの潜在能力論を取り上げた。最後に，なぜ福祉国家の下で社会的排除が発生するのかを国際化，高齢化，財政問題，新自由主義の改革との関わりで考察した。

　第2章は，スウェーデンの福祉国家形成過程における社会的包摂を，高齢者福祉と障がい者福祉の形成，女性の就労，積極的労働市場政策の登場の経緯通じて論じた。福祉国家は絶えず進化しており，その形成後は社会サービス等の質の向上が課題となる。次に検討したのは，スウェーデンにおいて，その質向上がどのように図られているかである。社会保健庁の「一般的助言」，筆者による事例研究，社会保健庁と地方自治体連合との共同作業である「公開比較」，そして教育省の学習指導計画を検討することによってそのことを明らかにした。

　第3章は，介護者に対する支援を論じた。スウェーデンでは，1990年代に介護者である家族や近しい人の負担感がクローズアップされ，それに対する支援が課題になり，レスパイトやカフェ活動などの支援活動が行われるようになり，さらに2009年に「社会サービス法」が改正され，その支援がコミューンの責任になった。本章では，介護者の負担，その原因，対策と経緯，社会サービス法改正後の実態について明らかにする。介護者の負担が問題になるところに，福祉国家の一つの問題点が現れており，介護者が公的な支援を受けることによって，社会的に包摂される過程を明らかにした。

　第4章は，スウェーデンの労働統合型社会的企業について論じた。この企業は，失業者，障がい者，疾病休業者，前犯罪者，移民者などにリハビリテーションと就労の機会を提供し，市場に財・サービスを販売する。社会的企業には，労働統合型と社会サービス供給型があるが，今日，多くの労働統合型の社会的企業も公的部門からリハビリテーションや就労支援の委託を受

け，これらのサービスを公的部門に販売している。これらの企業で生産された手芸品や木工品などは市場を通じて販売される。つまり，公的部門と市場という2方向への販売活動を行っていることになる。これはスウェーデンの積極的労働市場政策の一つの発展形態である。社会サービス供給型の社会的企業については第7章第4節で論じた。

　第5章は，スウェーデンの移民者の統合政策について考察した。スウェーデンには毎年大変多くの難民保護申請があり，移民局は，そのうちの多くを難民として認定し国内に受け入れてきた。2015年現在，人口の約21.5％が外国生まれまたは両親とも外国生まれの人たちである。受け入れた難民に対する統合政策の水準は世界でもトップである（MIPEX 2015）。スウェーデン語教育，就労支援，住宅支援などコミューンと職業安定局などが積極的に進めている。受け入れには限界もあるであろうが，統合政策について現中道左派政権と前政権の中道右派連合は政策の一致をみている。

　第6章は，スウェーデンにおけるODA（Official Development Assistance：政府開発援助）の現状とそれに対する評価について論じた。スウェーデンのODAはGNI比で約1％と高く，アンタイド（ひもなし援助）の割合も高い。その基本は人権の確立，貧困からの脱却，民主化の促進に置かれており，大変先進的である。しかし，DAC〔Development Assistance Committee，OECD（Organisation for Economic Co-operation and Development）の開発援助委員会〕はスウェーデンのODAについてピアレビューの中で，いくつかの問題点を提出している。それに対するスウェーデン政府の対応について論じるとともに，ミレニアム目標の最終年（2015年）後の新たな取り組みについて明らかにした。

　第7章は，社会的包摂を含む居住者の生活権を保障するという観点からスウェーデンの財政を解明した。近年，スウェーデンの社会支出はGDP比で捉えるとフランスやデンマークを下回り，大きな構造転換をしているように見える。しかし絶対額では福祉と教育のどの項目も増加しており，労働市場政策や移民政策に関わる特別な事業の額は大きく増加している。人口構成の変化や社会事情を反映しつつ，効率化を図りながら，福祉国家財政を堅持し

ていることがわかる。また近年，地方自治体によるサービス購入が増加している。民間事業者による医療保険，福祉サービスと教育の供給である。これらの多くは社会的企業であるといえるが，そのための条件は利益を目的とする事業に再投資することであり，株主や親会社などへの利益配分を制限することである。

　第8章は，福祉国家財政がどのように堅持されているかを明らかにする。まず述べておかなければならないことは，スウェーデンでは長期的には財政黒字が維持されていることである。世界的に高い財政支出と租税負担率の高さを維持できるためには，何よりもこれらに対する国民（居住者）の支持が必要になる。租税が社会支出や社会給付として国民に戻ってくること，そして財政の所得再分配効果が機能していることである。本章では，さらに税制の構造，地方自治体間の財政調整，財政規律について論じ，最後に，薬価と医療費について言及している。スウェーデンの医療は他の国と比べて多くの点で優れているが，民営化やIT化を推し進めながら，さらなる質の向上，平等，そして効率が図られている。

　本書は，これまでの長い研究の蓄積の成果である。その間に多くの方々にご教示を頂いた。特に，池上惇京都大学名誉教授を会長とする財政学研究会の会員，山崎怜香川大学名誉教授を代表とする四国財政学会の会員，山本隆関西学院大学教授を中心とするローカルガバナンス研究会の参加者，スウェーデンを専門にする各分野の研究者，関西福祉大学社会福祉学部の教員と学生，これらみなさんとの交流なくしてこの著作は生まれなかったであろう。また，スウェーデンの調査に際しては，ストックホルム大学をはじめとするスウェーデンの研究者と議論できたこと，地方自治体関係者，社会的企業で働く人たち，スウェーデン介護者協会などでボランティアをしている方々に丁寧な案内と詳細な説明をしていただいたことは，大きな糧となっている。本書の出版に際しては，中央法規出版の野池隆幸氏に大変お世話になった。記して感謝の意を表明したい。

文 献

MIPEX (Migration Integration Policy Index) (2015) *MIPEX2015* (http://www.mipex.eu/)

Socialdepartementet (2005) *Sweden's Report on Measures to Prevent Poverty and Social Exclusion*, Annex 1 to the minutes of the Cabinet Meeting held on 22 June 2005

World Economic Forum (2014) *The Global Gender Gap Index 2014*

一圓光彌 (2014)「解説：ベヴァリッジ報告の今日的意義」ウィリアム・ベヴァリッジ著，一圓光彌監訳『ベヴァリッジ報告―社会保険および関連サービス』法律文化社

目　次

序 i

第1章　福祉国家における社会的排除・包摂

はじめに 1
1　社会的排除と社会的包摂 2
2　福祉国家と社会的包摂 12
3　現代の貧困と社会的排除の背景 28

第2章　社会的包摂から社会サービスの質向上へ

はじめに 35
1　社会的包摂と福祉国家の形成 36
2　社会サービスの質向上 43
　　1.　高齢者福祉 45
　　2.　障がい者福祉 58
　　3.　プレスクール（就学前学校） 71

第3章　介護者の現状と支援

はじめに 81
1　介護者支援導入の背景 82
2　介護を受けている高齢者の実態と介護者 83
3　介護者支援の必要 89
4　介護者支援の経緯 98
5　介護者支援の内容 102
6　社会サービス法改正後の実態 111
7　問題点と対策 116

第4章 社会的企業と公的部門

はじめに ·· 125
1　社会的企業とは ·· 127
2　スウェーデンの労働統合型社会的企業 ······································ 135
3　公的機関 ·· 144
4　事　例 ·· 153
5　労働統合型社会的企業の評価 ·· 161

第5章 移民者と社会的包摂

はじめに ·· 171
1　移民・難民の定義と移民者の推移 ·· 172
2　多文化共生のインテグレーション政策と移民者の現状 ········· 179
3　近年の移民政策 ·· 192
4　統合政策の国際比較 ·· 200

第6章 国際開発協力の現状とその評価

はじめに ·· 207
1　スウェーデンにおけるODAの特徴 ··· 208
2　スウェーデンにおける開発協力の前提 ····································· 211
3　スウェーデン国内の評価 ·· 215
4　DACによるスウェーデンODAの評価と勧告 ························· 218
5　新たな目標 ·· 224
6　アフリカの最貧国への援助 ·· 227
7　日本に対するピアレビューとの比較 ··· 233

第7章 生活権と社会的包摂の財政

  はじめに ··· *239*
 1 福祉財政の意義 ·· *240*
 2 幸福度と福祉財政 ·· *246*
 3 中央・地方政府の行財政関係と福祉財政 ···························· *257*
 4 民間の供給者──保健医療，教育，社会サービス ················· *271*

第8章 持続可能な財政

  はじめに ··· *279*
 1 国民の高い支持 ·· *280*
 2 税制の構造 ··· *287*
 3 財政余剰と財政収斂（convergence）計画 ························ *302*
 4 地方政府間の財政力の平準化 ······································ *305*
 5 薬価と医療費の患者負担 ··· *313*

あとがき ··· *331*
人名索引 ··· *335*
用語索引 ··· *336*

第1章
福祉国家における社会的排除・包摂

はじめに

　社会的排除およびそれと対として社会的包摂という概念が，福祉国家の下で発生した新たな社会問題を解明し新たな解決を模索するために，ヨーロッパでも日本でも登場し広範に使われている。その対象は，労働（失業や非正規就業など）と所得や資産に関わる貧困だけではなく，教育，政府サービスへのアクセス，移民，女性，障がい者，高齢者など社会的排除が進行している幅広い領域に及んでいる。

　本章ではまず，社会的排除とそれと対をなす社会的包摂とはどのような概念であるかについて，主として欧州連合（European Union；EU）の戦略を考察することによって明らかにする。近年，社会的包摂のあり方をめぐってアクティベーションやガバナンスがその概念とともに用いられているので，これらの概念についても検討する。

　次に，社会的包摂は福祉国家において新たに発生した社会問題の解決を模索するために登場した概念であるため，それを解き明かすためには福祉国家論を土台に据える必要がある。エスピン・アンデルセンの福祉レジーム論，コルピとパルメの福祉国家のパラドックス，イアン・ガフの福祉レジーム論を考察する。そして現代の社会問題を解決するためのテーゼであるギデンズの第3の道とベーシック・インカムについて概括する。これらの社会問題解決の議論もそうであるが，社会的包摂の根幹にある一つの目的はアマルティア・センの述べている人々の潜在能力の解放にある。したがって，センの理

論の検討を行っている。

　最後に，福祉国家の下でなぜ社会的排除という現象が生じたのかを検討した。国際化，高齢化，財政問題，そして新自由主義の改革が検討の対象になる。

1　社会的排除と社会的包摂

　先進資本主義国で，長期失業，不安定就業，家族の変化，ホームレス生活者や移民の増加など，新たな社会問題が発生し，これを読み解く用語として「社会的排除」，その対として「社会的包摂」が登場し，社会政策の概念として構成されるようになったのは，1980年代から90年代にかけてである（福原2007：11）。

　1988年にEUで「社会的排除」についての議論が開始され，翌年には欧州閣僚理事会で「社会的排除との戦い」についての決議が採択された。イギリスにおいても1997年にブレア労働党政権のもと，新たな組織である「社会的排除対策室」が設置され，フランスでは1998年に「排除との戦いに関する基本法」（反排除法）が制定された。

　日本で社会的排除を本格的に取り上げた最初の研究は，厚生労働省社会・援護局が平成12年（2000年）12月に公表した「社会的な援護を要する人々に対する社会福祉のあり方に関する討論会」報告書で，社会的包摂の視点から福祉の援助手法について新しい提起を行った。その約1年後の平成14年（2002年）1月に厚生労働省は「低所得者の新たな生活支援システム検討プロジェクト」報告書を発表し，働く意欲と能力のある人々への就労自立支援を取り上げた。これは，母子家庭の母親，ホームレス生活者，生活保護受給者そして障がい者に対する就労自立支援の出発点になった報告書である（福原2007：3）。

1. 社会的排除

　社会的排除との戦いを基本理念としている欧州委員会では，社会的排除を以下のように定義している。

　「社会的排除は，過程と結果としての状態との双方を指すダイナミックな概念である。（中略）社会的排除はまた，もっぱら所得を指すものとしてあまりにしばしば理解されている貧困の概念よりも明確に，社会的な統合とアイデンティティの構成要素となる実践と権利から個人や集団が排除されていくメカニズム，あるいは社会的な交流への参加から個人や集団が排除されていくメカニズムの有する多次元的な性格を浮き彫りにする。それは，労働生活への参加という次元をすら超える場合がある。すなわちそれは，居住，教育，保健，ひいては社会的サービスへのアクセスといった領域においても感じられ，現れるのである」(European comission 1992：8, 中村 2007：51)。

　このように，社会的排除とは，物質的・金銭の欠如のみならず，居住，教育，保健，社会サービス，就労などの多次元の領域において個人が排除され，社会的交流や社会参加さえも阻まれ，徐々に社会の周縁に追いやられていくことを指す。社会的排除の状況に陥ることは，将来の展望や選択肢を剥奪されることであり，最悪の場合は，生きることそのものから排除される可能性もある（内閣府社会的排除リスク調査チーム 2012：2）。

　ジャニー・パーシースミスは，社会的排除の概念は典型的には，「ノーマル」または「望ましい」と考えられている活動への参加からの排除を意味すると述べている（Percy-Smith 2000：15）。そして社会的排除の7つの次元を示した。すなわち，①経済的側面（長期失業，就業の不安定，失業世帯，貧困），②社会的側面（伝統的家族の解体，望まない十代の妊娠，ホームレス，犯罪，不満を抱く青少年），③政治的側面（政治的無力感，政治の権利の欠如，選挙人登録率の低さ，実際の投票率の低さ，地域活動の低調さ，疎外，社会的騒乱），④近隣的側面（環境評価の格下げ，低湿な住宅ストック，地域サービスの撤退，サポートネットワークの崩壊），⑤個人的側面（心身の疾病，低教育，低技術，自己評価の低さ），⑥空間的側面（弱者の集中や周

表1-1　貧困と社会的排除との概念上の差異

	静態的な結果	動態的な結果
一次元的（所得）	貧困	貧困化
多次元的	剥奪	社会的排除

〔Bhalla A.S. and Lpeyre F. (1999) *Poverty and Exclusion in a Global World*, Palgrave Macmillan（= 2005，福原宏幸・中村健吾訳『グローバル化と社会的排除―貧困と社会問題への新しいアプローチ』昭和堂：20)〕

縁化），⑦集団的側面（高齢者，障がい者，少数民族などの特定集団に上記の特徴が集中していること）である。

バラとラペールによると，被救済窮民に関連する「社会問題」が初めて顕在化した19世紀初頭には，排除は，政治制度において労働者階級が代表されていないことや，完全なシティズンシップへのアクセスを彼らが欠いていたことから生じる，政治的な現象と見なされていた。グローバル化，労働市場のフレキシブル化，福祉国家の危機，そして個人主義の台頭といった現に進行中の過程において，社会的排除がさまざまな形態を帯びるようになった。

「社会的排除は多次元で構造的な過程である。すなわち，それは一方では労働の不安定さを含み，他方では福祉国家の危機，フレキシブルな資本蓄積パターン，個人主義の台頭，そして第1次連帯（たとえば家族のネットワーク）の弱体化などを通じた，社会的なつながりの崩壊を含んでいる」(Bhalla & Lpeyre 1999＝福原・中村 2005：2)。

貧困との概念上の違いを**表1-1**のように示して，現代の社会問題を分析するうえでの社会的排除概念の優位さを表わしている。貧困は所得などの一次元的な指標によって表わされ，現状を静態的に捉えているところに特徴がある。これに対して，社会的排除は多次元な特徴に焦点を当て，剥奪の累積的な要因を導き出す。また，それは動態的な諸原因の結果として分析することを可能にする。

アマルティア・セン（以下，センとする）は，貧困を基本的な潜在能力が奪われた状態であると捉え，この観点から，所得の低さを貧困と捉える考え

方を批判している。「潜在能力」（capability）とは，人が行うことのできるさまざまな機能の組み合わせである。そして失業，医療と死亡率，教育の欠如，社会的疎外，精神的な障がい，働く意欲・技能・自信の喪失，不安定な病的状態の増大，家族関係や社会生活の崩壊，社会的排除の強まり，人種的緊張や男女間の不平等の高まりを貧困の要素として捉えている。センの貧困概念は，今日の社会的排除の概念と共通するものがある（Sen 1999＝石塚 2000：99）。センについては後で再度検討する。

　岩田正美によると，ヨーロッパ各国が社会的排除の概念を使って政策を推進しようとする場合，その背後にある考え方はフランスとイギリスで異なっており，それはフランスとイギリスの福祉国家を貫く思想の違いから生じる，という。フランスは連帯主義に基づき，イギリスはシティズンシップに基づく権利保障の延長線上で，社会的排除を問題にしている（岩田 2008：37）。

　これに対して，スウェーデンなど北ヨーロッパ諸国はどうであろうか。筆者は，連帯主義と市民権・社会権を含むシティズンシップとの両方がスウェーデンの福祉国家の基礎にあり，この観点から社会的排除を問題にしていると考える。

2. 社会的包摂

　社会的排除に対して，EUではどのように社会包摂的な社会を実現しようとしているか，再び欧州委員会の議論を検討する。

　EUでは，2000年のリスボン欧州理事会で，排除に向けた4つの基本目標と10年間の戦略目標（リスボン戦略）が決定された。その後，リスボン戦略が完結を迎える2010年に，リーマンショックによる金融・経済危機の教訓を踏まえて2020年までのEUの中期戦略を描いた「欧州2020戦略」が決定された。

　2010年に欧州委員会が発表した「貧困と社会的排除に対抗する欧州綱領（platform）」は，欧州2020戦略の最も重要な政策要領で，EU内の国と地域

レベルですべての関係者に行動の枠組みを提供するものである。2020年までに少なくとも2,000万人を貧困と社会的排除から引き上げることを目標にしている（European commission 2010b：2）。

では，誰がまたはどのようなグループがどのように排除されているのであろうか。この綱領の要約では次のように述べられている。

「EUにおいて，失業は貧困と排除の主な原因である。しかし，貧困労働者の数もまた2000年以来増加してきた。さらに，人口のいくつかのグループはより高いリスクに晒されている。すなわち，子どもと若者，ひとり親とその扶養家族，女性，障がい者とその家族，移民の背景を持つ人と特定の少数民族，高齢者。そこには，住宅の排除，金融排除，燃料の欠乏（特に電気と暖房），家庭の基本的必需品からの排除のような深刻な形態の排除がある」（European commission 2010b：summary）。

すなわち，失業者だけでなく，貧困労働者（いわゆるワーキングプア），子どもと若者，ひとり親とその家族，女性，障がい者とその家族，移民者と少数民族，高齢者など，人口のあらゆる階層とグループに貧困と社会的排除が広がっており，その数は2,000万人を超えている，という。

貧困と排除に対抗し，社会的包摂を進める共通のアプローチとして，次のことが挙げられている。

①雇用へのアクセス

　積極的包摂戦略（包摂的労働市場と適切な社会サービスの結合），および仕事と労働者の技能を開発するための欧州戦略。

②社会保護と基本的サービスへのアクセス

　予防と早期介入，年金制度の適切さと長期安定性，健康状態の差異の克服，質の高い保健・社会サービスと効率的で負担の少ない十分なケア。

③教育と若年者政策

　教育の早期終了の回避と教育の平等。

④移民者の統合

　幅広い文化上，宗教上，言語上，民族上の背景のある第3国の人々の，EUの経済と社会への積極的参加を促進すること。

⑤社会的包摂と反差別

少数民族，障がい者，ホームレスへの差別に取り組むとともに，経済的自立を図り，男女平等を進めること。

⑥情報コミュニケーション技術，ネットワークサービス，金融・エネルギーサービスへのアクセス

これらの社会的包摂と社会的結束の政策を実施するための資金として，さまざまなEUの基金が充てられる。EU社会基金，EU地域開発基金，移民統合のためのEU基金，EU難民基金，プログレスプログラム（雇用を創出し，貧困や社会的排除と闘うためのプログラム）農村発展のためのEU農業基金などである。

大綱の政策と目標を実現するために，EUの諸機関，加盟国，そしてすべてのヨーロッパ，地域，地区の利害関係者との間の新しいパートナーシップが提唱されている。公的な機関はEUの活動にとって中心となり，政策実行のため最前線に立つとともに，それらは社会的イノベーションのインキュベーターでもある。しかし，この利害関係者には，公的な機関だけでなく，NGO（Non-Government Organization），貧困当事者，社会経済，ボランティア組織，民間基金，社会的企業，CSR（Corporate Social Responsibility）も含まれる。

社会経済は，国家も市場も対処できない社会的ニーズに革新的に対応する経済，すなわち協同組合，共済，非営利組織（アソシエーション）であり，ヨーロッパで広がりを見せてきた。各国は，その役割と諸関係を明らかにし，法的，社会的，行政的，金融的支援を行うべく，政策と法律の枠組みを作り上げてきた。

民間基金はヨーロッパで成功してきた制度である。その活動目的は，貧困と社会的排除に遭遇した人々のエンパワメントと社会参加を育成することである。基金はまた，意識の高揚，研究，政策分析，政策変更とその実行のためのアドボカシーを促進し，その活動は，教育，雇用，文化，社会参加の分野で，人口のさまざまなグループを対象として，貧困と社会的排除に対処し

てきた。

　社会的企業の割合は，ヨーロッパの商取引の10%に相当し，1,100万人の稼得労働者を雇用している（European commission 2010b：17）。しかし，まだ多くの法的かつ実施上のハードルが存在し，その効率的発展を妨げている。

　ヨーロッパの多元的な包摂的経済のモデルは，より包摂的な社会の建設に商取引を含めることによって，また企業の社会的責任（CSR）の促進によって強化される。これは，企業が社会的排除を受けやすいグループの人々を積極的に雇用し，文化多様性を進め，公的な調達に社会的な配慮を加えることによって達成される。

3．アクティベーション

　EU諸国において，近年「アクティベーション（活性化）」と呼ばれる改革が進められている。このアクティベーションと社会的包摂は，どのような関係にあるのだろうか。

　福原宏幸らは，広義のアクティベーションを次のように述べている。

　「広義のアクティベーションとは，失業保険給付や公的扶助を受給している人に対して積極的労働市場政策（職業紹介，職業訓練または職業教育）や各種の社会的活動プログラムを適用することで就労またはそれ以外の社会参加をうながそうとする政策類型である」（福原・中村 2012：vi）。

　そして，広義のアクティベーションを2つに分類し，「社会的包摂」の場として労働市場を重視するアプローチを「就労アクティベーション」，「社会的包摂」の場を労働市場に限定しないアプローチを「社会的アクティベーション」と呼んでいる。前者は狭義のアクティベーションと内容が重なっている。

　また，宮本太郎は，社会的包摂の方法を，「ワークフェア」，「アクティベーション」，「ベーシック・インカム」の3つに区分している（宮本 2013：14）。ワークフェアとは社会保障や福祉を給付する条件として就労を求める，あるいは給付の目的を就労の実現におく考え方や政策のことである。アクティ

ベーションの立場に立つ包摂は,就労だけではなく,家族ケアや教育と雇用の好循環を実現して,多くの人々が質の高い就労を実現し続けることを目指す。ベーシック・インカム論は,他の所得保障を廃止して,すべての個人に生活の基本的ニーズを充足させる最低限所得の保障(ベーシック・インカム)で置き換えることを基本としている。

このように広義のアクティベーションないし社会的アクティベーションが,これまで述べてきた社会的包摂の意味に近い。しかし,この考え方には,家族ケアや教育を含むが,やはり労働が基本であり,就労促進という政策が柱になっているようである。

スウェーデンでは,すでに1960年代から,高齢者や障がい者の社会的包摂,そして積極的労働市場政策など広範囲な社会的包摂の施策が始まっている。このことについては次章で述べる。

福原らは,欧州委員会が,就労アクティベーション政策の一面的な展開・普及の反省のうえに打ち出した「積極的包摂」の3つの要素(European commission 2006:8)を「トライアングル・アプローチ」(福原・中村 2012:20)と呼んでいる。3つの要素は次の通りである。

①雇用機会または職業訓練による労働市場へのつながりの確保(就労アクティベーション政策)。
②人々が尊厳ある生活を送るのに十分な水準の所得補助(最低限所得保障)。
③個人とその家族が主流の生活に入るうえで直面しているいくつかのハードルを除去するのを手助けし,そうすることによって彼らの雇用への再参入を支援するようなサービスへのアクセスの改善。

これらの3つの要素が,お互いに補い合うことで社会的包摂や社会への参入を効果的に促進することができる。ここでの「主流の生活」というのは,国により社会によりさまざまである。

4. ガバナンス

　社会的包摂を担うのは政府だけではなく，行政と多様なアクター，地方自治体，民間の福祉団体，NPO等の市民活動などのさまざまな団体である。ガバナンスとは，行政と他の多様なアクターが対等な関係の下で協働することである。

　この体制下では，政府等の公的部門はもはや単に計画者またはサービス供給者としての存在ではない。むしろ，計画，経営，そしてサービス供給は，政府，ボランティア・コミュニティ部門，民間部門などの多くのアクターの間で交渉されるべきものとして考えられている。ここでの政府の主な仕事は，これらの公的サービス供給の複雑なネットワークを管理することである。1980年代に登場したNPM（ニュー・パブリック・マネジメント）の議論は，市場化に関わる狭い範囲から，公的経営の主要な仕事としてのガバナンスに広げられた。

　ジェイコブ・トーフィンらは，ガバナンスを「共同の活動を通じて，いくつかの共通の目的に沿って，社会と経済を舵取り（steering）する過程」（Torfing, et al. 2012：14）と定義した。ガバナンスはさまざまな形態をとるが，国家，市場，市民社会，ネットワークなどの特定の組織形態に結びつけられているのではなく，双方向への過程として捉える。公共政策形成の分野では，これまでガバナンスは，さまざまなレベルの政府による公式かつ法的な舵取りと結びついていたが，その一方向的な活動はますます，多くのアクターによる管理と協働によって補完され取って代わられつつある。「ガバナンスの双方向形態は，さまざまな利害を持つ多様な社会的かつ政治的アクターが，共通の目的を形成し，促進し，実現するために相互に影響し合う複合の過程である」（Torfing, et al. 2012：14）。トーフィンらは，この過程を，共通の目標が，国家，経済そして市民社会の複数のアクター間相互の交渉において形成され実現されるという意味において，脱中心的であると見なしている。公共政策形成における双方向ガバナンスの典型的な例は，準市場，パートナーシップ，そしてガバナンス・ネットワークである。これらの3つの形

態はさまざまな国において,さまざまなレベルで多様に結びついている。

稲継裕昭によると,ガバナンスとは,中央政府だけではなく,地方政府,住民,企業,NPO,NGOなどが共同,協働,対立しつつ,権力を分有して統治を行う状況を指し,これまでのガバナンスによる一元的な権力統治に代わる,新たな政治社会のあり方を示している,とされる。自立的な多数の主体が相互に強調し,多元的な調整を行うことによって安定した社会秩序を作り上げる社会を目指す（稲継 2003：46-47）。

日本では,ソーシャル・ガバナンス,福祉ガバナンス,ローカル・ガバナンスという概念を使って,多元的なアクターが相互に影響し合う双方向的な統治の過程を表現し,詳細に検討されている[注1]。

さらに今日,双方向ガバナンスのうねりに直面して,いかに政府が現在の社会を統治できるかを明らかにするために,「メタガバナンス」の概念が注目されている。メタガバナンスとは,「ガバナンスのガバナンス」と言われ,伝統的で官僚的な政府のスタイルに戻ることなしに,政府が双方向ガバナンスのプロセスを容易にし,かつ管理するという熟考された試みである（Torfing, et al. 2012：122）。

ボブ・ジェソップは,他のガバナンスの形態と同様に,メタガバナンスすらも失敗は起こりうると述べている（Jessop 2002＝中谷 2005：344）。その理由は,国家の個別の活動と機能が政治的なものの優位において遂行されるからである。特に,ガバナンスとメタガバナンスの対象が複雑に入り組んでいる場合に起こりうる。これについて,山本隆は「ガバナンスの不完全さを認識することによって,再帰的な形で絶え間ない試みと学習を続ける必要があるというのが彼の主張である」（山本 2009：14）と述べている。

注1　文献として,神野・澤井（2004）,山口・宮本・坪郷（2005）,山本（2009）などが挙げられる。

2　福祉国家と社会的包摂

　社会的包摂は，福祉国家において社会的排除という新しい問題が発生し，その対応策として生まれた概念である。しかしすでに，福祉国家が形成・発展する過程で包摂政策は展開されてきた。北ヨーロッパ型福祉国家では，社会的包摂を継続的に進める中で普遍的な福祉が実現されてきたといえよう。

　したがって，現代の福祉国家について，その内容と特徴について論じておく必要がある。社会的排除と社会的包摂が概念として確立する前から，すなわち福祉国家の成立の時点から，内容として社会的排除を解決して社会包摂的な社会を実現するためのもろもろの政策が展開されてきたのだが，これらについては次章で検討する。

1. 福祉レジーム論

　現代において，福祉国家をレジーム論として提唱したのはエスピン・アンデルセンである。

A. エスピン・アンデルセンの福祉レジーム論

　エスピン・アンデルセン（以下，アンデルセンとする）が，著書「*The Three Worlds of Welfare Capitalism*（福祉資本主義の三つの世界）」の中で，福祉レジームの3類型を明らかにし，それを次の著書「*Social Foundation of Postindustrial Economies*（ポスト工業経済の社会的基礎）」でさらに発展させたことは広く知られている。

　3類型とは，「自由主義的な福祉レジーム」，「コーポラティズム的福祉レジーム」，そして「社会民主主義的福祉レジーム」である。階層化の状況や社会権のあり方について比較するとともに，国家，市場，そして家族の組み合わせが類型を形成する（Esping-Andersen 1990＝岡沢・宮本 2001：28）。

　第1の，自由主義的な福祉レジームは，ミーンズテスト（means test）付

きの扶助，最低限の普遍的な所得移転あるいは最低限の社会保険プランによって構成される。給付の主な対象は，低所得で，通常は労働者階級の国家の福祉に依存的な層である。福祉が最低限のものとされているのは，働く代わりに福祉を選択するようなことを避けるためである。一連の社会権は実質的に抑制され，受給者たちの低水準の福祉と通常の市民たちの市場での能力に応じた福祉との二重構造ができあがる。このモデルの典型として，アメリカ，カナダ，そしてオーストラリアが挙げられている。

　第2の，コーポラティズム的福祉レジームでは，自由主義を信奉し，市場の効率性や商品化に執着することはほとんどなく，社会権を広く保障することにも強い抵抗を示さない。顕著な特質として，職業的地位の格差が維持されたことがある。諸権利は階級の職業的地位に付随するものであり，再配分的な効果はあまり認められない。他方で，キリスト教会の思想に強く影響を受ける場合もしばしばで，例えば伝統的な家族制度の維持に大きな努力を払う。このレジームに属するのは，オーストリア，フランス，ドイツ，イタリアなどである。

　第3の，社会民主主義的福祉レジームは，普遍主義の原理と社会権による脱商品化が新中間階級にまで効果を及ぼしている国である。社会民主主義勢力が，労働者階級と中間階級との間で二重構造が生み出されることを容認しない。他の国では容認されている最低限のニーズを基準とした平等ではなく，最も高い水準での平等を推し進める。サービスの水準は新中間層の高い欲求水準とつりあうものに高められ，労働者にも富裕な階層が享受するのと同水準の権利に浴することが保障され，平等が高められる。この類型に属する国は，スカンジナビア半島の国々である（Esping-Andersen 1990＝岡沢・宮本 2001：31）。

　社会民主主義レジームにおいては，伝統的な家族からも解放される。コーポラティズム的な補完モデルとは対照的なのは，家族の介護能力が限界に達したときに初めて介入するのではなく，家族がかかえこむであろうコストをあらかじめ社会化する点にある。家族への依存を最大化するのではなく，個人の自律を最大化する。

アンデルセンは,「たぶん社会民主主義レジームの最も顕著な特質は,福祉と労働の融合である」と述べている (Esping-Andersen 1990＝岡沢・宮本 2001：31)。筆者もこの点は大変重要であると考える。普遍的で高水準の社会福祉と社会保障を積極的労働市場政策と結合させている。この意味で,アンソニー・ギデンズの提唱（後述）やおよびイギリスのニュー・レイバー(新しい労働党）が掲げる「労働のための福祉」あるいは「福祉から労働へ（welfare to work)」とは異なっている。
　イギリスについて,アンデルセンは,第二次大戦直後数十年間を比較すれば,イギリスとスカンジナビア諸国は同じ分類に含められるが,1980年代の民営化と規制緩和の時代以降,レジームの変化を遂げた,と述べている (Esping-Andersen 1999＝渡辺・渡辺 2000：131)。現時点で比較すれば,イギリスはますます自由主義化しているように見える。
　オーストラリアとニュージーランドについても,1960年代から70年代に,本質的には「社会民主主義」の一連の福祉を保障していたが,イギリスと同様に,時の流れが自由主義の原型（と見えるもの）へと向かわせていると,述べている (Esping-Andersen 1999＝渡辺・渡辺 2000：134)。
　さらに,アンデルセンは第4の世界として東アジアを取り上げている。その中で日本は,福祉レジームの単純な3分類に収まりきれない特徴,すなわち自由主義と保守主義のミックスした特徴を持っている。しかし近年コーポラティスト的な社会保険制度が成熟しつつあり,このことが「日本の並はずれて強い家族主義とあわせて,日本を明確に保守主義レジームに組み入れる有力な根拠を構成する」(Esping-Andersen 1999＝渡辺・渡辺 2000：137) と述べている。
　表1-2は,それぞれのレジームの特徴を示したものである。家族・市場・国家の役割が中心的であるかまたは周辺的であるか,そして連帯の支配的様式と所在によって特徴づけられている。
　アンデルセンの福祉レジーム論は,先進国を広い基準を用いて分類しているが,そのような,いわば到達段階としての福祉レジームが,それぞれどのような新しい課題を抱え,その課題に対してどのような解決策をとろうとし

表1-2　アンデルセンの福祉レジーム

		自由主義的	社会民主主義的	コーポラティズム（保守主義）的
役割	家族の役割	周辺的	周辺的	中心的
	市場の役割	中心的	周辺的	周辺的
	国家の役割	周辺的	中心的	補完的
福祉国家	連帯の支配的様式	個人的	普遍的	血縁，コーポラティズム，国家主義
	連帯の支配的所在	市場	国家	家族
	脱商品化	最小限	最大限	高度（稼得者にとって）
モデル典型国		アメリカ	スウェーデン	ドイツ，イタリア

〔Esping-Andersen G. (1999) *Social Foundation of Postindustrial Economies* (＝2000，渡辺雅男・渡辺景子訳『ポスト工業経済の社会的基礎―市場・福祉国家・家族の政治経済学』桜井書店：129)〕

ているのかについて課題を残している。

　また，①東アジアや日本の位置づけ，②分権型モデルを基準に加えるかどうか，③地域コミュニティの役割，市民や市民団体の役割，④東アジアの伝統的な家族の役割，日本の企業による福祉，⑤労働市場の分断化と膨大な不安定雇用層などの問題について疑問が投げかけられている（坂本2009：231）。

B．コルピとパルメによる福祉国家のパラドックス

　ウォルター・コルピとヨアキム・パルメはかつて社会政策の基本モデルを，資産調査の程度，適用される市民の範囲，給付の水準，そして制度の形成のされ方という4つの基準で，資産調査モデル，コーポラティズムモデル，最低保障モデル，そして一般スタンダードモデルに分類した（Korpi & Palme 1993：16）。

　さらに彼らは1998年（Korpi & Palme 1998）と1999年（Korpi & Palme 1999）に「再配分のパラドックス」についての論文を著し，社会保険制度の理念型モデルを5つに，そして具体的に福祉国家を4つに分類して分析を行った。社会保険制度の5つの理念型とは，資力調査型，任意加入国庫補助型，コーポ

表1-3 社会保険制度の理念型モデル

モデル	資力調査型	任意加入国庫補助型	コーポラティズム型	基礎保障型	普遍的スタンダード保障型
受給要件	資力調査に基づくニーズ判定	加入，保険料納付	職業タイプと労働参加	国籍，保険料納付	国籍と労働参加
給付原則	最小限度	均一額または所得比例	所得比例	均一額	均一額と所得比例
運営の労使協調	なし	なし	あり	なし	なし
典型国	オーストラリア	現在はなし	ベルギー，フランス，イタリア，ドイツ	カナダ，オランダ，イギリス，アメリカ	フィンランド，ノルウェー，スウェーデン

〔Korpi W. and Palme J.（1998）The Paradox of Redistribution and Strategies of Equality：Welfare State Institution, Inequality and Poverty in Western Countries, *American Sociological Review*, 63 (5), 666をもとに筆者一部加筆〕

ラティズム型，基礎保障型，普遍的スタンダード保障型である。それぞれの特徴と代表国を**表1-3**に示す。

　資力調査型は，資力調査によるニーズ判定を給付要件とし，均一で最小限の給付を行う。近年多くの国で資力調査基準の緩和が試みられてきた。

　任意加入国庫補助型は，疾病や労働災害などにより所得喪失が生じた場合に，共済組合や任意組織が組合員に対して扶助を行うものであるが，国庫補助を伴っている。過去にいくつかの国で導入されたものの長期的に組織化することが困難であった。

　コーポラティズム型は，強制加入でしかも職業別の給付を原則にしている。オットー・フォン・ビスマルクの社会保険に原型があり，中央ヨーロッパとカトリック文化圏で発展した。

　基礎保障型は，その国の国籍があることまたは保険料の納付を給付の要件にしている。ウィリアム・ベヴァリッジの報告書「*Social Insurance and Allied Services*」（以下，ベヴァリッジ報告とする）に原型があり，すべての人に均一給費（低い給付上限）を行うが，高所得者は私的保険でこれを補う

ことができる。すべての国民に最低限の保障を行うというナショナルミニマム論が具現している。

普遍的スタンダード型は，ビスマルクとベヴァリッジの構想を組み合わせたもので，すべての国民を対象とする基礎保障に，所得比例給付を組み合わせている。私的保険を最小限にすることができ，すべての国民を同一プログラムに包摂している。

コルピとパルメの福祉国家のパラドックスという主張は，社会保険給付の対象を低所得者のみに絞る方式，または全国民への均一給付を行う方式では，国民の貧困や所得格差を十分に改善できないが，最低保障と所得比例の制度を組み合わせることで，これらの問題の改善により効果が表われるというものである。要するに，普遍的スタンダード保障型の北ヨーロッパ諸国においては，所得格差が小さく，所得分配の平等化が進んでいることを実証したのである。

この論文は世界的に大きなインパクトがあったが，社会保険に限定して実証されているところに限界があると思われる。

D・ブラディーとA・ボスティックは，コルピとパルメが実証に採用した先進11カ国よりも多い21カ国と発展途上国18カ国を含む合計39カ国のデータ，しかもコルピとパルメのデータよりも20年新しいデータ（2000年代半ば）を使って所得再配分についての実証分析をしている（Brady & Bostic 2014）。その結論の第1として，先進国と発展途上国の全体を通して，移転支出の高さは貧困と負の相関関係があることを示している。デンマークとスウェーデンの移転支出は高くかつ貧困率は低いが，移転支出の低いアメリカやペルーでは貧困率が高い。

第2の結論は，コルピとパルメの見解とは異なり，低所得者を所得再配分の対象としている国も貧困とは負の相関があることである。オランダとスイスは低所得者を所得再配分の主な対象としているが貧困率は低い。他方，イスラエルと日本は低所得者に焦点を当てていないが，貧困率は高い。

第3に，普遍主義もまた貧困と負の相関がある。スウェーデンとノルウェーは普遍主義の高い国であるが，貧困率は低い。他方で，アメリカは低

い普遍主義でかつ貧困率は高い。ペルーとコロンビアは低い普遍主義でありかつ高い貧困率の国である。

このように，新しい実証分析において，コルピとパルメと異なる結論が導き出されている。しかし，両者とも貧困率を引き下げる所得再配分のあり方，そしてその持続性を探究している点は共通している。

C. イアン・ガフの福祉レジーム論

イアン・ガフ（以下，ガフとする）は先進国だけではなく，アジア・アフリカ・ラテンアメリカなどの発展途上国を含めて分析を行い，福祉レジームの3つの理念型を抽出している。その3つのレジームは，①福祉国家レジーム，②インフォーマル保障レジーム，③不保障レジームである（Gough 2004：33-34）。

福祉国家レジームは，労働市場への参加，福祉国家の福祉供給の役割などを通じて，人々がそのニーズを（程度の差はあるが）満たすことを期待できる一連の条件が備わっている。このレジームは，資本主義経済，フォーマルな労働市場，相対的に自律した国家，確立された民主主義制度の上に築かれている。これは経済的不安定を緩和し，程度はさまざまであるが貧困を減少させる。

インフォーマル保障レジームは，人々が自分たちのニーズを満たすために，程度は非常にさまざまであるが，コミュニティと家族関係に著しく依存する一連の条件を有している。これらの関係には通常，上下の階層があり平等ではない。このため問題のある包摂が生じ，貧しい人々は長期の脆弱性や依存性と引き換えに短期の保障を得る。それにもかかわらず，これらの関係にはインフォーマルな権利が生じ，ある程度のインフォーマルな保障がある。

不保障レジームには，全般的な不保障を生み出し，安定したインフォーマルなメカニズムの形成を封じ込めるという一連の条件がある。このレジームは，外部の権力を持つプレーヤーと，紛争と政治的不安定をもたらす内部の弱いアクターとが互いに影響し合う地域で生じる。地方の暴君の前で，政府

は退化したガバナンスの機能すら発揮できず,保障を高める役割を果たせない。この結果は,少数のエリートたちを除くすべての人への不保障,脆弱性,受難という負の連鎖である。

ガフは,福祉国家レジーム内の分類と特徴について,アンデルセンの3類型とその後の議論を踏襲している。

このように,福祉レジーム論では,一方で社会保障と福祉のあり方を問い,他方で貧困を減少させることが可能なのはどの型であるかを問う。ここでの貧困とは,ジニ係数や貧困率で表わすことのできる経済的な状態を意味している。

これに対して社会的排除は,人々の経済的な状態だけではなく,就業,教育,制度,社会的つながり・参加など,社会的な状態全般を表わしている。しかも社会的排除・包摂は単に状態ではなく,社会問題が発生する要因と解決のプロセスを明らかにする動態的な分析を提供している。この分析によって,福祉国家レジームになお残る貧困についても,また福祉レジームの中で発生している貧困の拡大と新しい社会問題についても,その原因をどこに求めるか論じることができる。

2. 第3の道とベーシック・インカム論

A. アンソニー・ギデンズの第3の道

グローバル化時代の経済と社会のあり方について,社会学者のアンソニー・ギデンズ(以下,ギデンズとする)は「第3の道」を提唱した。ここで第3の道とは,「旧式の社会民主主義と新自由主義という2つの道を超克する道」(Giddens 1998=佐和 1999:55) である。「現代化する左派」ないし「現代化する社会民主主義」という表現もされている。ブレア率いるイギリスのニュー・レイバーの政策的指針となった。

a. 社会投資国家

ギデンズについては日本でも数多くの紹介がなされている。本節では,ギデンズの提唱した社会投資国家に焦点を当てる。社会投資国家では,基本と

なるのは「ポジティブ・ウェルフェア」という福祉のあり方である。いわゆるベヴァリッジ報告において宣戦布告した欠乏，疾病，無知，不潔，無為はネガティブなものばかりであったが，これに対してギデンズは，個人ならびに非営利組織が，富を創造するポジティブ・ウェルフェアを提唱する。より具体的には，生計費を直接支給するのではなく，できる限り人的資本（human capital）に投資することを指針とする（Giddens 1998＝佐和 1999：195-196）。

社会投資国家の社会保障はいかにあるべきかを，ギデンズは，高齢者と失業者への給付という2つの基本的分野を取り上げて説明している。

ほとんどの先進国では高齢化が進み，年金支給額は手に負えないほどに膨れ上がっている。イギリスでは，年金給付額を平均所得ではなく一般物価指数にスライドさせることにより，支給額の削減が図られた。ポジティブ・ウェルフェアは経済的な給付という面だけに話を限定しない。定年制を廃止し，高齢者を厄介もの扱いするのをやめて，人的資源と見なすことである。定年退職を廃止しても，早期退職する人や定年を超えて働く人がいるのだから労働市場への影響は中立であるとギデンズは考える。仕事に就く高齢者，コミュニティ活動に参加する高齢者の増加は，高齢者と若い世代の交流を緊密にするきっかけとなる。

難しい問題は，継続的な介護を必要とする病弱な高齢者の扱いである。ギデンズは，「オールド・オールド」層では，惨めな生活をしている人が少なくない。これについては，単に支給に関わる問題だけではなく，多くの検討課題が残されている，としている（Giddens 1998＝佐和 1999：203）。

さらにギデンズは，ヨーロッパの高失業率の原因は，規制緩和ではなく，高額の失業手当が無制限でもらえることや下層労働者の教育水準が低いこと（その結果としての排除）にある，と述べている（Giddens 1998＝佐和 1999：204）。したがって規制撤廃は問題の解決につながらない。

福祉予算は，アメリカ並みではなくヨーロッパ水準を維持すべきであるが，その使途はできる限り人的資本への投資に切り替えるべきであるとしている。

「給付制度がモラルハザードを引き起こしている場合には，即刻それを改

編すべきである。インセンティブを仕掛けることにより，あるいは必要に応じて法的な義務づけを講じてでも，人々がもっと積極的にリスクを引き受けることを促すべきである」(Giddens 1998＝佐和 1999：204)。

b. **不平等問題**

ギデンズは，平等と不平等の問題は，社会的・物質的財の利用可能性だけを指し示しているのではなく，自己実現に関わる問題であるとして，センの「社会的潜在能力」という概念を高く評価している (Giddens 2000＝今枝・千川 2003：100)。

ギデンズによれば，諸個人はそれらの財を効果的に使う潜在能力を持っていなければならない。平等を促進することを目的として作られた政策は，人が自らの幸福を追求するために保有している総体的な自由を重視しなければならない。不利な立場は，「潜在能力」の欠如として，すなわち資源の欠如だけでなく，獲得されるべき自由の欠如として定義されなければならない。例えば，失業している個人は，高水準の社会保障費を支給している社会であれば生活していけるかもしれないが，幸福という点では，自尊心の喪失や「あり余った時間の重圧」のために，非常に良くない状態にあるかもしれない。

このことを前提に，ギデンズは機会の平等を重視する。ただし，それは資産と所得の再配分を前提としている。なぜなら，第1に，生活のチャンスは世代を超えて再配分され，「ある世代における結果の不平等は次の世代における機会の不平等になる」からである。第2に，「機会がやむをえず制限される人々，あるいは，他の人々がうまくいっているときに取り残される人々が必ずいる」からである (Giddens 2000＝今枝・千川 2003：102)。

福祉改革に対する第3の道へのアプローチは，社会的排除に焦点を合わせる。社会的な排除の中には福祉国家それ自体を原因とするもの，例えば，貧困を軽減するために造られた住宅団地がある。これは意図に反して社会的・経済的に荒廃した地域になった。また，他の事例として，排除は通常の労働市場へ参入する機会が失われていることを意味する。排除された人々は勝ち負けのゲームにさえ参加していない。

ギデンズの考えの基調は，可能な限り人的資本に投資することである。働

くための福祉を推進することである。しかし，働くための福祉からチャンスを得られない人々，例えば，子どもや障がい者，病人や高齢者等がいる。これについて「受動的な福祉政策から能動的な福祉政策への移行に伴って，彼らは不利な立場に置かれるはずであると，連想してはならない。彼らの潜在的な行動力を引き出して，依存を弱めるように援助することが道理にかなっている」と述べている（Giddens 2000＝今枝・千川 2003：124）。

　長期にわたる，または慢性的な貧困がある。例えば，恵まれない境遇の下に生まれた子どもたちは，しばしば身体的障害を持っていたり，虐待されたり，放置されたりする傾向がある。ギデンズは，長期にわたる貧困には特別な援助が必要であるとする。ただし，援助は，福祉給付が一般的にそうであるように，政府だけから提供されるのではなく，諸機関の連携を含んでいる，としている（Giddens 2000＝今枝・千川 2003：130）。

　このように，ギデンズはセンの概念を高く評価しつつ，人的資本への投資を第3の道の重点と見なして，就労のための福祉を強調するが，潜在能力の開発は人的資本への投資よりも広い範囲の開発を意味していると思われる。

　M・カーペンターらは，ブレア政権下のニュー・レイバー・アプローチを，ワーク・ファースト（労働第一）と位置づけている（Carpenter, et al. 2007：159）。また，彼らは，ギデンズのワーク・ファーストまたは人的資本アプローチに対して，広い意味での潜在能力と人権のアプローチを提起している（Carpenter, et al. 2007：6）。センの概念を引用しつつ，「潜在能力は，フォーマルな経済と労働市場の内と外における人間の機能と定義される。それは，人々が実行したりなったりすることに価値を認めるさまざまなことと，観察できる実現された機能を含む」（Carpenter, et al. 2007：171）と述べている。労働市場の内と外の両方における人間の機能の発達が重要である[注2]。

注2　センは「人的資本の概念の有用性にもかかわらず，人間をもっと幅の広い視点から眺めることが大切である」と述べている（Sen 1999＝石塚 2000：341）。

B. ベーシック・インカム論
a. ベーシック・インカムの構想

センの「潜在能力の貧困」論等に依拠して，標準的な消費生活への参加と地域コミュニティへの参加を保障する制度提案として，ベーシック・インカム論がある。ベーシック・インカム構想とは，「性別や所得の多少，就労の有無を問わず，すべての個人に対し（世帯単位ではなく）生活の基本的ニーズを充足させる最低限所得を保障しようとするものであり，戦後『福祉国家』の所得保障政策のオルタナティブとして提案されているものである」（小沢 2002：150）。ベーシック・インカムのメリットは，ミーンズテストに伴うスティグマや「失業と貧困の罠」などから社会保障給付を解き放ち，税制と社会保障制度の統合化を進めることである。それは個人の自己実現に向けた発達の踏み切り台であるという。

しかしながら，ベーシック・インカムには，労働とは無関係に誰彼の区別なく所得保障がなされる点に，批判が集中する。国民の勤労意欲の低下，遊んで暮らす人々の増加などが懸念される。そこで，アンドレ・ゴルツは，ベーシック・インカム保障と労働時間短縮とを組み合わせた提案を行っている。

「生産過程に必要な労働がますます減少し，分配される賃金がますます減少していくとき，誰の目にも明らかになることがある。所得権を雇用に就いている人間にだけ限定することも，また特に，所得水準を各人が提供する労働量に基づいて決めることも不可能になるということだ。ここから，労働や労働量から独立した，あらゆる市民に保障される所得という考え方が生まれる」（Gorz 1988＝真下 1997：339）。

現在のフルタイムでの年間労働時間約1,600時間を15年〜20年間で段階的に1,000時間にまで減らし，さらに，20年ないし30年かけて年間1,000時間の単位を3年，5年へと拡張していけば，それぞれの人生設計に応じて，職業活動，社会貢献，学習，芸術創造活動など自由な生き方が可能になる。ベーシック・インカムは労働時間短縮に伴って減少した所得を補い，労働中断中の所得保障になる。これによって，「フルタイム労働者と除け者」との分断の解消を目指すことができる（小沢 2002：139-140）。

b. 新しい試み

　オランダでは，ワークシェアリングによって労働時間が短縮され，失業率が改善された。確保された自由時間を人生の幅を広げるために使う人が増えており，小沢修司は「この試みがベーシック・インカム構想を『所得と労働の関係性』から検討する際にも，重要な意義を有している」と述べている（小沢 2002：158）。

　2007年7月に施行された「労働時間調整法」では，労働者は，「自分のライフスタイルや生活上の必要に応じて，労働時間の変更を自由に求めることができるようになった（ただし，10名以上の労働者が勤務している事業所であること，1年以上雇用関係にあること，変更は2年に1回までであること，といった制限はある）」（水島 2008：266）。この法律は，とりわけ女性が出産後も職場にとどまって働くうえで有効に用いられている。オランダの女性の就労は大幅に増加した。

　2006年1月には，すべての労働者に長期休暇取得の道を開く「ライフサイクル規定」が実施され，「労働者が自らの生活設計に基づいて休暇を『貯蓄』し，後にそれを『消費』する」制度が実現することになった。

　家族を重視するオランダでは，実際には，男性がフルタイム労働者で女性がパートタイム労働者であるという場合が多数を占めている。これを進めて，北ヨーロッパの「2名稼得者モデル」ではなく夫婦がともにパートで働く「ハーフ・ハーフ稼得者モデル」を目指し，これによって労働と家庭生活の調和を図ろうとしているという。

　田中洋子は，ドイツにおいては，ベーシック・インカム論にあまり支持がないとしながらも，ドイツの新しい試みとして，「労働時間口座システム」，「パートタイム労働の拡大」，「高齢者パートタイム法」，「両親時間制度」など，生業以外の労働時間（家事・家族労働，市民相互の交換労働，社会のためのボランティア労働，教育労働）も重視する制度設計を紹介している（田中 2008：44-48）。

　「労働」と「所得」とを切り離すベーシック・インカム論の考え方からはなお遠いが，労働の概念を広く捉え，労働の人間化あるいは生きる喜びとし

ての労働の観点から，生涯設計を考える試みとして注目される。

なお北ヨーロッパにおいても，労働は，生産労働，福祉労働，教育労働，家庭労働などが有機的に結合されている。

3. アマルティア・センの潜在能力アプローチ

A. 潜在能力アプローチ

センについても，日本ではこれまで多くの紹介がなされ，検討が行われてきた。どの論者もセンの提唱する潜在能力アプローチを高く評価している。

センによると，個人の「福祉」(well-being) とは，その人の生活の質，すなわち「生活の良さ」である。生活とは，相互に関連した「機能」(ある状態になったり，何かをしたりすること) の集合から構成される。重要な機能として，「適切に栄養を得ているか」「健康状態にあるか」「避けられる病気にかかっていないか」「早死にしていないか」などの基本的なものと，「幸福であるか」「自尊心を持っているか」「社会生活に参加しているか」などの高度なものがある。そして，人が行うことのできるさまざまな機能の組み合わせが「潜在能力」(capability) である。

潜在能力アプローチが厚生経済学と異なる点は，単に効用をもたらすか，あるいは効用の程度を問題にするのではなく，さまざまな行為や状態が重要であると考えることにある。この意味で，潜在能力の視点によって，生活を豊かにも貧しくもするさまざまな要因を，より完全に把握することができる。効用は，主観的特性を捉えており，潜在能力アプローチは客観的機能に注目する。

福祉を潜在能力によって捉えることは次のことを意味する。もし「達成された機能」が人の福祉を構成しているとすると，潜在能力 (個人が選択可能な機能のすべての組み合わせ) は，「福祉を達成するための自由 (あるいは機会)」を構成する。そして，「福祉の自由」を持つべきことを権利であると見なすことができる。

GDPや所得などの変数は，福祉や他の目的を達成するための道具であり，

自由への手段であるが，これと対照的に，機能は福祉の構成要素であり，潜在能力はこれらの構成要素を追及する自由を反映している。自由を決定する要因には，社会的・経済的な制度（例えば教育施設や医療）のほか，政治的・市民的権利（例えば公開の討論や検討に参加する自由）なども含まれる。

「潜在能力は『さまざまなタイプの生活を送る』という個人の自由を反映した機能のベクトルの集合として表わすことができる。財空間におけるいわゆる『予算集合』が，どのような財の組み合わせを購入できるかという個人の『自由』を表わしているように，機能空間における『潜在能力集合』は，どのような生活を選択できるかという個人の『自由』を表わしている」(Sen 1992＝池本ら 1999：60)。

少なくとも特定のタイプの潜在能力は，選択の機会が増すごとに人々の生活を豊かにし，福祉の増進に直接貢献する。この意味で，潜在能力は「達成された成果」と直接に結びつく。

豊かな国における個人間の差異のある機能として，友人をもてなす能力，会いたいと思う人の近くにいる能力，コミュニティ生活において役割を果たす能力，自分の衣服を恥じることなく生きる能力，文学的・文化的・知性的探求，休暇や旅行などを挙げている。

適切な機能や重要な潜在能力としてどのような機能を取り上げるべきかという問題が常に存在する。機能を選択し，それに対応した潜在能力を示すときに，評価の問題は避けて通ることができない。重要なものの中で相互にウェイトづけをしなければならない。このような差別化，さまざまな機能や潜在能力の相対的評価は，潜在能力アプローチの重要な要素である。

B．貧困概念

センの示す貧困とは，基本的な潜在能力が奪われた状態である。この観点から，所得の低さを貧困と捉える考え方を批判している。その理由として，①潜在能力アプローチが本質的に重要な欠乏状態に関心を集中するものであること，②所得の低さ以外にも潜在能力に影響を与えるものがあること，③低所得と低潜在能力の間の関係は異なる地域社会，異なる家族や個人の間で

可変的であること，を挙げている（Sen 1999＝石塚 2000：99-100）。

③に関して，「第1に，所得と潜在能力との関係は，その人の年齢（高齢者や幼年者），性と社会的役割（母親としての責任や家庭内の義務），場所，疫学上の環境，その他によって大きな影響を受ける。第2に，年齢，障害，病気などの不利な条件は所得を獲得する能力を減少させる。第3に，家庭内での分配が所得を基準とした貧困の見方を困難にする。第4に，豊かな国で相対的に貧しいことは潜在能力という点で大きな不利になりうる」と述べている（Sen 1999＝石塚 2000：100-101）。

②に関して，失業，医療と死亡率，教育の欠如，社会的疎外について述べている。失業は所得の喪失にとどまらず，精神的な障がい，働く意欲・技能・自信の喪失，不安定な病的状態の増大，家族関係や社会生活の崩壊，社会的排除の強まり，人種的緊張や男女間の不平等の高まりなどを招く。これについては，西ヨーロッパとアメリカを比較しているのが興味深い。「アメリカの社会倫理では窮迫者や困窮者をあまり支援しないことが許されるようだが，それは福祉国家のもとで育った典型的なヨーロッパ人には受け入れ難い。しかし，その同じアメリカの社会倫理では，ヨーロッパでは普通とされる2桁の失業率は全く容認できないであろう」（Sen 1999＝石塚 2000：108）。

医療と死亡率に関するアメリカとヨーロッパの社会的態度についての例も興味深い。死亡率という指標で見ると，アフリカ系アメリカ人の死亡率は中国やインドのケララ州，さらにはスリランカ，コスタリカ，ジャマイカなど，その他多くの貧しいとされる国の人々の死亡率を上回っている。原因は暴力のみではなく，アメリカのこれら多くの人々には医療を受ける何らの制度も保障されていないからである。「ヨーロッパでは健康保険は経済能力や病歴状況に関係なく市民の基本的な権利と見なされており，アメリカのような状況は政治的に容認されない可能性が強い」（Sen 1999＝石塚 2000：111）。

3 現代の貧困と社会的排除の背景

現代の新しい社会的排除の問題の背景には，グローバル化，高齢化，民営化，経済危機，財政支出の抑制が考えられる。これらの影響は国によって異なり，また，時期によってもそれらが現われる程度はさまざまである。

第1のグローバル化とは，「新語時事用語辞典」によると，政治，経済，文化など，さまざまな側面において，従来の国家・地域の垣根を越え，地球規模で資本や情報のやり取りが行われることである。グローバル化により，国内市場と海外市場の境目がなくなる，労働力も海外から調達できる，などの経済的変化が顕著になる。また，人の行き来が盛んになることで，疫病の流行も世界規模になること（パンデミック）が少なくない。さらに，工業生産が大規模になることで，地球環境もグローバル化しているといえる。つまり簡単に言えば，ヒト，モノ，カネが国境を越え，自由かつ頻繁に行き来するようになることである。

経済的には，貿易，資本移動に加えて，多国籍企業による分業体制が全面化している。これに伴い，競争が激化し，労働市場が不安定化する。一国の経済危機がたちどころに世界に波及し，そこからの回復にかなりの年月を要する。移民・難民が増加しそれに対する社会的包摂が新たな問題となる。他方で，これらに対して，国際連合による発展途上国開発支援のミレニアム宣言やEUのリスボン欧州理事会における貧困と社会的排除撲滅に向けた目標設定など，社会的包摂に向けた国際的な取り組みも進められている。

第2に，高齢化は，先進資本主義の多くの国で著しく進んだ。65歳以上が人口に占める割合は，2013年には日本25.06％，ドイツ21.29％，イタリア20.81％，ギリシャ19.91％（2012年の統計），フィンランド19.07％，スウェーデン18.98％（2012年の統計），ポルトガル18.72％，オーストリア18.21％であった。老齢年金や高齢者に対する保健・福祉サービスに対する需要が増し，財政需要の急増に対する緩和策がとられてくるようになる。年金の支給開始年齢の引き上げ，給付額の引き下げ，保険料の引き上げである。また，

社会サービスについて，コミュニティや家族が見直され，その結果，介護のための離職をはじめ，介護家族の身体的・精神的・時間的負担が増大する。新たな社会的排除，すなわち程度の差こそあれ労働や社会制度から排除される新たな介護者のための社会的包摂，支援が必要になる。

もともと要介護高齢者は家族が介護するかまたは救貧施設で生活をしてきた。特に施設といえば健康な者と病気の者を含む雑居施設のことで，1室のベッド数も多く劣悪な環境の下での生活を強いられ，廃用性症候群も頻発した。彼らは社会の通常の生活から排除され，人との絆も薄くなった。元来，高齢者福祉は，施設におけるこのような状態からの脱却，在宅における高齢者と家族の生活の改善を目指していた。ここに，まだ概念の確立はしていなかったとはいえ，実質的な意味で社会的排除と社会的包摂の原型を見ることができる。

このようにして歩み始めた高齢者福祉・保障は，今日超高齢社会を迎え，福祉国家の下で，新たな課題に直面している。少子化が進む国においては，高齢化の進展はそうでない国に比べて著しく速い。日本がその典型例であるが，一人っ子政策を進めたことのある韓国や中国においても今後急速に高齢化が進むことになる。

第3に，民営化や民間委託は，アメリカやイギリスをはじめとして，新自由主義の政策として実施されてきた。アメリカでは「レーガノミスク」，イギリスでは「サッチャリズム」と呼ばれる。アンデルセンは，イギリスがこの時期（1980年代）に，社会民主主義的なレジームから自由主義レジームに転換したと述べている（Esping Andersen 1999＝渡辺・渡辺 200：137）。市場化が公共サービスを効率的に提供し，サービス供給における個人のニーズと利用者の選択を重視するものとして捉えられた。民間経営手法を公的部門にも適用するNPM改革がイギリスをはじめ全世界に広まった。日本でも，中曽根内閣による国鉄，電電公社，専売公社の民営化が行われた時期である。スウェーデンでは，それまでほとんどの福祉供給が公的に行われていたが，一部民案委託が実施され福祉供給の多元化が始まった。ただしスウェーデンの場合は，コミューン（基礎自治体：2011年12月現在の人口規模は，最大の

コミューンであるストックホルムで864,324人,最小コミューンのビュールホルムで2,431人,平均32,700人)と事業者が契約をし,コミューンがサービス内容と財政に責任を持つ。1990年代に始まり,2006年の「自由選択法」(Lagen Om Valfrihet；LOV)の導入でさらに進んだ。委託された一部の大企業が,介護において問題を起こし,税金によって調達をした資金から生じた利益をタックスヘイブンに移動させ税負担を免れるという事件も起きたが,これに対する規制が検討され実施されつつある。これについては第7章で検討する。

　市場化,民間委託,NPMの帰結はどのようなものであったか。公的部門の効率化と財政支出の抑制に一定の効果が発揮されたことは疑い得ないが,何よりも重要なのは,貧困と格差の拡大であり,それらと密接に関わっている社会的排除の拡大であった。新自由主義に基づく政策は,戦後築かれてきた福祉国家に対する痛烈な批判であったが,市場化,民案委託は市場の失敗を再び顕在化することになる。特に,経済危機の勃発は,グローバル化と相まって,この事態を深刻化させる。1990年代前半の経済危機,2007年のリーマンショックは,経済だけでなく人々の生活条件を著しく悪化させた。これに対して,インクルーシブ(包摂的)な社会政策が登場し,貧困と社会的排除を改善する施策がとられてきている。この取り組みは,政府だけではなくさまざまなアクターによって担われており,ガバナンスの具体的なあり方が模索されている。

文　献

Beveridge W.(1941)*Social Insurance and Allied Services*(=2014,一圓光彌監訳『ヘヴァリッジ報告―社会保険および関連サービス』法律文化社)

Bhalla A.S. and Lpeyre F.(1999)*Poverty and Exclusion in a Global World*, Palgrave Macmillan(=2005,福原宏幸・中村健吾訳『グローバル化と社会的排除―貧困と社会問題への新しいアプローチ』昭和堂)

Bochel H. and Defty A.(2007)*Welfare Policy under New Labour*

Brady D. and Bostic A.(2014)Paradoxes of social policy：Welfare transfers, relative poverty and redistribution preferences, *LIS Working Paper Series* (624), 1-64

Byrne D.(2005)*Social exclusion*, Open University Press(=2010,深井英喜・

梶村泰久訳『社会的排除とは何か』こぶし書房)
Carpenter M., Freda B. and Speeden S. (2007) *Beyond the workfare state*
Esping-Andersen G. (1990) *The Three Worlds of Welfare Capitalism* (= 2001, 岡沢憲芙・宮本太郎監訳『福祉資本主義の三つの世界――比較福祉国家の理論と動態』ミネルヴァ書房)
Esping-Andersen G. (1999) *Social Foundation of Postindustrial Economies* (=2000, 渡辺雅男・渡辺景子訳『ポスト工業経済の社会的基礎――市場・福祉国家・家族の政治経済学』桜井書店)
Esping-Andersen G., Gallie D., Hemerijck A. and Myles J. (2002) *Why We Need a New Welfare State*, Oxford University Press
European commission (1992) 'Towards a Europe of Solidarity : Intensifying the Fight against Social Exclusion'
European commission (2006) Concerning a consultation on action at EU level to promote the active inclusion of the people furthest from the labour market, COM (2006) 44 final
European commission (2010a) Communication from the Commission : Europe 2020 : A Strategy for smart, sustainable and inclusive growth. COM (2010) 2020 final
European commission (2010b) The platform against Poverty and Social Exclusion : A European Platform framework for Social and territorial cohesion. COM (2010) 758 final
Giddens A. (1998) *The Third Way* (=1999, 佐和隆光訳『第三の道――効率と公正の新たな同盟』日本経済新聞社)
Giddens A. (2000) *The Third Way and its Crisis* (=2003, 今枝法之・千川剛史訳『第三の道とその批判』晃洋書房)
Gorz A. (1988) *Métamorphoses du travail, Quête du sens ; Critique de la rasion économique* (=1997, 真下俊樹訳『労働のメタモルフォーズ――働くことの意味を求めて――経済的理性批判』緑風出版)
Gough I ed. (2004) *Insecurity and Welfare Regimes in Asia, Africa and Latin America*, Cambridge University Press
Jessop B. (2002) *The Future of the Capitalist State* (=2005, 中谷義和監訳『資本主義国家の未来』御茶ノ水書房)
Korpi W. and Palme J. (1993) 'Socialpolitik, kris och reformer : Sverige i internationell belysning' *Ny villkor för ekonomi och politik* (SOU 1993 : 6)
Korpi W. and Palme J. (1998) The Paradox of Redistribution and Strategies of Equality : Welfare State Institution, Inequality and Poverty in Western Countries, *American Sociological Review*, 63 (5), 661-687
Korpi W. and Palme J. (1999) Robin Hood, Mtteus eller strikt likhet? : En jämförande av välfärdsstatens institutioner och strategier för att minska

ojämlikhet och fattigdom I västländerna, *Sociologisk Forskning*, 36（1），53-92

Percy-Smith J. ed.（2000）*Policy Responses to Social Exclusion : towards inclusion?*, Open University Press

Pestoff V., Brandsen T. and Verschuere B.（2012）*New Public Governance, the Third Sector and Co-Production*, Routledge

Sen A.（1992）*Inequality Reexamined*（＝1999，池本幸生・野上裕生・佐藤仁訳『不平等の再検討―潜在能力と自由』岩波書店）

Sen A.（1999）*Development as Freedom*（＝2000，石塚雅彦訳『自由と経済開発』日本経済新聞社）

Torfing J., Peters B.G., Pierre J. and Sørensen E.（2012）*Interactive Governance : Advancing the Paradigm*, Oxford University Press

池上　惇（1991）『経済学―理論・歴史・政策』青木書店

稲継裕昭（2003）「パブリック・セクターの変容」森田　朗・大西　隆・植田和弘・ほか編『分権と自治のデザイン―ガバナンスの公共空間』有斐閣

岩田正美・西澤晃彦編著（2005）『貧困と社会的排除―福祉社会を蝕むもの』ミネルヴァ書房

岩田正美（2008）『社会的排除―参加の欠如・不確かな帰属』有斐閣

埋橋孝文編著（2003）『比較のなかの福祉国家』ミネルヴァ書房

絵所秀紀・山崎幸治（2004）編著『アマルティア・センの世界―経済学と開発研究の架橋』晃洋書房

大沢真理（2007）『現代日本の生活保障システム―座標とゆくえ』岩波書店

岡田藤太郎（1991）『福祉国家と福祉社会 増補版―社会福祉政策の視点』相川書房

小沢修司（2002）『福祉社会と社会保障改革―ベーシック・インカム構想の新地平』高菅出版

金川幸司（2008）『協働型ガバナンスとNPO―イギリスのパートナーシップ政策を事例として』晃洋書房

城戸喜子・駒村康平編著（2005）『社会保障の新たな制度設計―セーフティ・ネットからスプリング・ボードへ』慶応義塾大学出版会

訓覇法子（2002）『アプローチとしての福祉社会システム論』法律文化社

坂本忠次（2009）「現代の社会福祉と新たな公共―社会的包摂と社会的企業の役割」関西福祉大学社会福祉研究会編『現代の社会福祉―人間の尊厳と福祉文化』日本経済評論社

鎮目真人・近藤正基編著（2013）『比較福祉国家―理論・計量・各国事例』ミネルヴァ書房

新川敏光（2004）「福祉国家の改革原理―生産主義から脱生産主義へ」塩野谷祐一・鈴村興太郎・後藤玲子編『福祉の公共哲学』東京大学出版会

神野直彦・金子　勝編（1999）『「福祉政府」への提言―社会保障の新体系を構

想する』岩波書店

神野直彦・澤井安勇編（2004）『ソーシャル・ガバナンス――新しい分権・市民社会の構図』東洋経済新報社

鈴村興太郎（1995）「アマルティア・セン――福祉の潜在能力アプローチ」社会保障研究所編『社会保障論の新潮流』有斐閣

鈴村興太郎・後藤玲子（2002）『アマルティア・セン』実務出版

関野満夫（2015）『福祉国家の財政と所得再配分』高菅出版

田中きよむ（1997）「アマルティア・センの福祉経済思想に関する一考察」『高知論叢』(60)，179-210

田中洋子（2008）「労働・時間・家族のあり方を考え直す」広井良典編『「環境と福祉」の統合――持続可能な福祉社会の実現に向けて』有斐閣

内閣府社会的排除リスク調査チーム（2012）『社会的排除にいたるプロセス――若年ケース・スタディから見る排除の過程』

中村健吾（2007）「社会理論から見た『排除』――フランスにおける議論を中心に」福原宏幸編著『社会的排除／包摂と社会政策』第2章，法律文化社，40-73

福原宏幸編著（2007）『社会的排除／包摂と社会政策』法律文化社

福原宏幸・中村健吾編（2012）『21世紀のヨーロッパ福祉レジーム――アクティベーション改革の多様性と日本』糺の森書房

福原宏幸・中村健吾・柳原剛司編著（2015）『ユーロ危機と欧州福祉レジームの変容――アクティベーションと社会的包摂』明石書店

藤岡純一（2001）『分権型福祉社会――スウェーデンの財政』有斐閣

藤岡純一（2006）「ヨーロッパのNPM改革と地方民主主義」山崎　怜・多田憲一郎編著『新しい公共性と地域の再生――持続可能な分権型社会への道』昭和堂

藤岡純一（2009）「社会保障論の基礎視座――人間発達とスウェーデンモデル」関西福祉大学社会福祉研究会編『現代の社会福祉――人間の尊厳と福祉文化』日本経済評論社

ベンクト・G・エリクソン・二文字理明・石橋正浩編著（2007），『ソーシャル・インクルージョンへの挑戦――排斥のない社会を目指して』明石書店

水島治郎（2008）「脱生産主義的福祉国家の可能性――オランダの政策展開から」広井良典編『「環境と福祉」の統合――持続可能な福祉社会の実現に向けて』有斐閣

宮本太郎（2013）『社会的包摂の政治学――自立と承認をめぐる政治対抗』ミネルヴァ書房

山口二郎（2005）『ブレア時代のイギリス』岩波書店

山口二郎・宮本太郎・小川有美編（2005）『市民社会民主主義への挑戦――ポスト「第三の道」のヨーロッパ政治』日本経済評論社

山口二郎・宮本太郎・坪郷　實編著（2005）『ポスト福祉国家とソーシャル・ガヴァナンス』ミネルヴァ書房，

山本　隆（2009）『ローカル・ガバナンス――福祉政策と協治の戦略』ミネルヴァ書房

第2章
社会的包摂から社会サービスの質向上へ

はじめに

　社会的排除とそれに対する社会的包摂は，その内容から考えて，福祉国家の形成過程において見られる現象である。社会的包摂の積み重ねが，その社会を福祉社会足らしめたと考えることができる。

　スウェーデンでは，高齢者福祉の本格的な形成は1950～1960年代である。劣悪な老人ホームをジャーナリストのイーヴァル・ロー・ヨハンソンが告発して以降のことである。障がい者福祉における入所施設の解体と地域移行の本格的な始まりは，1985年に「新援護法」が制定されてからであると考えられる。女性の参加と積極的労働市場政策の展開はやはり1950～1960年代であった。

　本章では最初に，社会的包摂の積み上げがスウェーデンを福祉国家にした大きな要因であることを明らかにする。

　福祉国家は常に進化している。形成された福祉国家は，現在，その中心要素である社会サービスの質の改善に取り組んでいる。社会サービスと教育は「社会サービス法」，「LSS（Lag om stöd och service till vissa funktionshindrade；特定の機能障害を有する人の支援とサービスに関する法律）」と「学校教育法」に基づいてコミューン（市）が責任を担うが，社会保健庁も質向上に向けての一般的助言を公表し，地方自治体連合とともに社会サービスの評価を行い「公開比較」という形で公表している。教育省も教育指導計画を発表して質改善の徹底を図っている。

本章は第2に，社会サービスの質がどのように向上されようとしているかを，高齢者福祉，障がい者福祉，および就学前教育を取り上げて明らかにする。これと併せて，筆者の訪問調査から事例の検討を行う。

1 社会的包摂と福祉国家の形成

ベンクト・G・エリクソンによると，ヨーロッパ諸国において福祉が大きく発展した時期は2つある（エリクソンら 2007：23）。第1の時期は，多くの基本的な福祉改革が実現した19世紀後半である。これは特にビスマルクの改革に代表される。ヨーロッパの多くの国々において「市民権」「結社の自由」「選挙権」（限定的）が認められた。第2の時期は第二次世界大戦後である。急速な生産の向上や経済成長によりさまざまな社会的ニーズが徐々に充足された。各種の保険制度や近代的な扶助制度，さらに医療，高齢者や障がい者に対するケアや社会的に排斥されている個人や家族，集団に対する支援や処遇である。これらの福祉の充実は1990年頃にほぼ達成されてきた。しかし，多くのヨーロッパ諸国では，その後，福祉国家として相応しい年金や疾病（休業）手当金などの予算を削減する方向にある。この変化の主な理由は，高齢化，雇用率の低下，福祉国家の後退である。

1. 高齢者福祉の形成

スウェーデンにおいて，高齢者福祉発展のきっかけとなったのは，1950年前後に社会学者でジャーナリストでもあったイーヴァル・ロー・ヨハンソン（以下，ヨハンソンとする）による，当時の老人ホームの告発であった。当時老人ホームで暮らしていた人たちには，貧民救済局によって強制的に収容された人も多く，世間から隔離された存在で，いわば通常の社会関係から排除された人たちであった。

老人ホームは，通常の高齢者のための居住施設であることを建前としていたが，実際には，精神障がい者，知的障がい者，慢性病患者などとの雑居施設であった。2人部屋，4人部屋，16人部屋があったが，健康な者が病気の者の世話をするために彼らは同居させられていた。部屋はベニヤ板で仕切られており，軍隊式のベッド，木製の椅子，脇机，小さな箪笥，そして尿瓶と痰壺が置かれていた（Lo-Johansson 1952＝西下ら 2013：38）。

　そこは巨大な孤独の城であった。なぜなら，高齢者が世間から隔離され労働と情愛という人間的なつながりを失った後に，代わりとなる新たな心理的な共同体を作らせなかったからである。以前はしっかりとしていた人ですら，もはや何も求めなくなり，人生の意味あるつながりから切り離されたことで，早々と認知症になる。入所者の従順な様子は訪れた人を驚かせる（Lo-Johansson 1952＝西下ら 2013：41）。彼らは1度そこに入ってしまうと家に戻ることはできない。ヨハンソンは，老人ホームという隔離された施設を「姥捨て山」に例えて告発した。

　このような告発が大きな世論を形成し，高齢者福祉の発展を後押しすることになった。1950年に赤十字社がホームヘルプサービスを開始，そのすぐ2年後に社会庁より「ホームヘルプ指針」が出された。1950年代後半にはノーマライゼーションの考え方の影響を受け，在宅重視の政策がとられた。国からはコミューンに対してホームヘルプサービスのための補助金が支給されるようになり，また需要の急増に非営利組織が対応しきれなかったこともあり，ホームヘルプサービスはコミューンの運営に任されるようなった。ホームヘルパーは最初子育てを終えた主婦たちの一時的な仕事であったが，その後労働条件が改善され若い人たちの就職も増加した。他方，1950年代と60年代には年金者住宅が多数建設された。

　1970年代にはサービスハウス（介護付き高齢者アパート）が増加した。全部屋個室（夫婦用の部屋もあり）でその広さは45～55㎡あり，キッチン，トイレ，浴室が備えられ，部屋の中には自分の家具を持ち込むことができた。高齢者は賃貸契約を結ぶ。共用として，レストラン，美容室，足治療室が設置され，明るく施設特有のにおいもなく，段差もない。まるでホテルの

ようだと言われた。介護はホームヘルプとして供給され，ヘルパーが常駐した。旧老人ホームや年金者住宅がサービスハウスに建て替えられた。

しかし，サービスハウスは大規模で大変贅沢なものであったので，その後，小規模な高齢者住宅をより多く建設し，できるだけ高齢者の転居による負担を軽くするように方向転換がなされた。

2. 障がい者福祉の形成

1950年代の知的障がい者の入所施設は「コロニー」と呼ばれた。コロニーは，郊外などに建設された障がい者やハンセン病患者などの隔離施設（群）であった。教育部と保護部があり，当初はすばらしい施設であると絶賛された。しかし，徐々に問題点が明らかになっていった。入所施設は人が住む家ではない，社会に参加する権利がない，自由がない，受け身の人間にある，などの指摘がなされた（「施設解体と自己決定」編集委員会 2000：55）。

1952年に結成され，1956年に全国組織となった全国知的障がい者協会（Riksförbundet för barn, unga och vuxna med utvecklingsstörning；FUS）は，政府に対する圧力団体でもあった。1961年には，デンマークのバンク・ミケルセンと並んでノーマライゼーションの提唱者であったスウェーデンのベンクト・ニィリエが，FUSの事務局長に就任した。

FUSの政府への要求は，①個室化，②重度障がい児が通学できる学校，③成人が地域の中で働き居住すること，④成人への多様な余暇の保障と自らの選択，であった。また，ニィリエのもと，1963年に「北欧知的障がい者会議」の要求運動方針の策定を行った。

1967年に最初の「知的障がい者援護法」が制定された。その主な内容は，①知能だけで判断するのではなく社会適応との関連で変化する状態として捉えること，②訓練学校を新設し全員の就学を実現すること，③施設外援護を積極的に位置づけ施設から地域へという方向性を探ること，であった。

この法律は，さらに1985年に新援護法へと発展する。まず第1に，対象を知的障がい者に自閉症者などを加え，第2に，学校教育法，社会サービス法，

保健医療法での諸サービスを利用するうえで特別な援護を必要とすることを規定し，そして第3に，従来の入所施設を廃止することを宣言した。

1993年に制定されたLSSにおいて，入所施設の完全閉鎖を1999年末に終えることが決められた。入所施設の廃止は地域移行を意味するが，それに伴う障がい者への諸サービスについてもLSSで明記されている。障がいを環境との関連で捉える考え方が維持され，それを示すために「機能障がい者」という表現が用いられた。この法律の対象者は，知的障がい者，自閉症者だけでなく，身体的・精神的障がい者のうち機能障がいが重く，日常生活に相当程度の困難を伴う者と位置づけられた。そして，援助とサービスについて，ランスティング（県）とコミューンの責任が明記された。

実際に，入所施設は1999年に全廃され，「施設の解体」と呼ばれている。現在は，障がい者は自宅，または少人数のグループホームに住んでいる。グループホームでは個室が保障されている。日中はこれらの住まいから労働または日中活動に参加する。

LSSに明記された援助およびサービスは次の通りである。
①特別な知識を必要とする相談援助サービス
②パーソナルアシスタンス（介護など）
③エスコートサービス（外出付き添い）
④コンタクトパーソン（友人，助言者サービス）
⑤レスパイトサービス（介護家族の一時休息）
⑥ショートステイ
⑦12歳以上の子どもへの放課後の学童保育
⑧里親家庭または特別なサービス付き住居
⑨成人のための家庭的で特別なサービス付き住居
⑩有償労働を得られない成人に対するデイセンター，福祉的就労

このように，スウェーデンでは障がい者の社会的包摂は1960年代から進められてきた。このほかに，障がい者が軽作業を行う就労の場である国有の企業「サムハル」がある。

3. 女　性

　日本の女性の年齢階級別労働力率の推移を示すグラフの特徴は，20歳代と40歳代をピークとするM字型である。すなわち，高校または大学卒業後に就職するが，結婚や出産で退職し，子育てが一段落したときに再就職する女性の割合が他の先進国に比べて高くなっているのである。スウェーデンではこのカーブは20歳代から50歳代にかけての逆U字型であり，結婚や出産で退職する女性はほとんどいない。逆に言うと，専業主婦は一部の高所得者を除いてほとんどいない。このような状況はいかにして形成されたのであろうか。

　スウェーデンでもかつては男性が働き女性が家事・育児を行うという男性稼ぎ主モデルが一般的であった。女性の就業率が高くなり始めたのは，1960年代から70年代にかけてである。「1950年代のスウェーデンは，まずもって『主婦の時代』であった」(Korpi 2006＝太田 2010：31)。この転換のきっかけになった出来事というのは，所得税の改革である。1970年に，所得税の支払いは家族単位から個人単位に改められた。当時，所得税の税率は高度累進税率が採用されていたので，夫婦共働きであれば両方の所得を合算して高税率が適用された。それが個人課税になったため，夫婦別々により低い税率で課税されたわけである。これが女性の就業を促進した。

　1960年代はスウェーデンにおいても高度経済成長の時代であった。その時期の労働力不足は労働市場への女性たちの参入を必要としていた。保育所の定員は，1960年代には家庭保育所を含めて2万人から8万人に増加された(Korpi 2006＝太田 2010：35)。しかし，1970年には幼い子どもを育てながら働く女性は全体の半分に過ぎず，保育所に通っていた子どもは9％であった。女性の就業率の爆発的な増加と保育園の著増は1970年代になってのことである。1980年には働く母親は全体の70％に達し，公立の保育所に通う子どもは30％に増加した。その後も「すべての子どもに保育所を！」という運動が広がり，コミューンも保育拡大計画を推進した。現在，スウェーデンでは小規模な保育所（現在は「就学前学校」に改められている）が至るところ

に設置されている。

　働きながら子育てをするために，育児休業制度はなくてはならない。育児休業中の所得保障として母親手当が導入されたのは1955年であった。1975年には母親だけでなく父親も利用できる両親保険制度に変わり，対象期間が延長され保障はますます拡充された。

　共働きに欠かせないもう一つの条件は，男性の役割と労働時間の短縮である。男性の育児と家事の分担，そしてそのための労働時間の短縮である。日本の場合，男性の労働時間がスウェーデンに比べて長く，育児・家事の分担の機会を奪っている。

　世界経済フォーラムが毎年発表している男女平等（ジェンダー・ギャップ）指数は，①経済活動への参加と機会，②教育，③寿命と男女比，④政治への関与という4つの指標で男女格差を測定している。2014年のランキングでは，アイスランド，フィンランド，ノルウェー，スウェーデン，デンマークの北欧5カ国が上位を独占した。日本は104位であったが，日本の指標の中で特に低かったのは経済活動への参加と機会（スコアはスウェーデンが0.7989で日本が0.6182）で，そして著しく低かったのが政治への関与（スコアはスウェーデンが0.5005で日本が0.0583）であった（World Economic Forum 2014：table4）。

4．積極的労働市場政策

　積極的労働市場政策とは，教育・職業訓練や職業紹介によって失業者雇用可能性を拡大し，労働の需給ギャップを埋めていく施策である。失業手当などの消極的労働市場政策と区別される。北ヨーロッパの福祉国家では，積極的労働市場政策が社会サービスとともに社会政策の柱になっている。スウェーデンではすでに1950年代末に導入し，60年代以降拡大されていった。それは不況時に失業者の労働市場への復帰を促す景気循環的な施策としての意味を持つが，スウェーデンではより広く，インフレーション時にその対策のため，総需要を抑制し，その結果低生産性部門で倒産や解雇で生じた失業

者を高生産部門に転換を図る施策として教育・職業訓練や職業斡旋が位置づけられた。いわゆる「レーン・メイドナーモデル」と呼ばれ，1960年代の高度経済成長期にこの考えが実現したといえる。この時期のスウェーデンの失業率は約1％に過ぎなかったが，この数字には教育・訓練プログラムに吸収されていた人たちは除かれていた。

　イギリスで1997年に，旧式の社会民主主義と新自由主義を超克する第3の道を提唱して総選挙に勝利したブレア政権は，社会投資国家を目指した。それは，福祉よりも人的資本にできるだけ多くを投資する国家である。人的資本への投資には，教育や積極的労働市場政策が含まれる。つまり，すでに積極的労働市場政策が行われていたスウェーデンから多くのことを学んだともいえる。しかしながら，ブレア首相は，社会的排除対策室を設置してその克服に力を注いだが，「労働のための福祉」という表現に表われているように，社会的包摂は就労アクティベーションを軸にした政策に重点が置かれていた。

　以上のことからもわかるように，社会的包摂という表現こそまだなかった時代から，すでにスウェーデンでは，高齢者，障がい児・者，女性，失業者に対する社会的包摂の施策が，普遍的な福祉国家が形成されていく過程で進められてきた。換言すると，このような多様な社会的包摂策の導入によってこそ，普遍的な福祉国家が形成されてきたのである。

　そのスウェーデンにおいても，新しい社会問題は発生しており，それに対する対策がとられているが，それについて論じる前に，既存の社会的包摂策における質の向上について述べておかなければならない。戦後形成されてきた福祉国家は，一方で既存の施策における質の向上によって，他方で新たに生起した社会問題に対応することで，その存続が図られている。

第2章 社会的包摂から社会サービスの質向上へ

2 社会サービスの質向上

　スウェーデンの社会サービスの基本にある法律は「社会サービス法」（Socialtjänstlagen）である。この法律には，社会サービスの目的，国民の権利，そしてコミューンの社会サービスに対する責任が記載されている。これはいわば枠組み法であり，実際，社会サービスの実施における責任はコミューンにある。

　社会サービス法第1章第1条に規定されている目的には，民主主義と連帯を基礎にして，人々の経済的，社会的安心感，生活条件の平等および社会生活への積極的参加を促進すること，個人および集団の資源の解放・発展，そして人々の自己決定と人格の尊重，が掲げられている。

　この法律は1982年に制定されたが，その後のいくつかの主な改正について述べておこう。

　1999年には，第14章第12条として，個人の介護において深刻な不当行為を発見した者は直ちに社会福祉委員会に報告しなければならないという条項が加えられた。これは，その2年前に起きた虐待（放置）事件の教訓から導き出された。「サラ法」として知られている。

　2002年の改革で，サービス利用料金の最高額が導入された（第8章第5条）。通常の居宅の場合は物価基礎額の0.48倍の12分の1，特別な住居の場合は物価基礎額の0.50倍の12分の1が月当たりのサービス利用料金の最高額である。物価基礎額は多くの社会保障給付と料金額の設定に適用されており，毎年物価変動に応じて改定される。2015年の物価基礎額は4万4,500クローノル[注1]（以下，krとする）だったので，居宅サービス料金の最高額は1,780 kr，特別な住居の最高料金は1,854 krになる。

　このサービス利用料金は，利用者が個人的なニーズを充足し通常の生活経

注1　スウェーデンの通貨は，単数の場合クローナ（krona），複数の場合クローノル（kronor）で表わされる。2016年4月2日現在のレートは1 kr＝13.72円であるが，ここ1～2年は14～15円で推移していた。

費を賄うに足る金額，すなわち「最低留保額」を確保できないほど大きな額であってはならない。つまり，サービス料金を支払っても最低留保額が個人に残るようにしなければならない。それは，食費，衣服費，靴代，余暇経費，保健衛生費，日刊紙代，電話代，テレビ視聴料，家財保険料，保健医療費，歯科治療費，電気代，消耗品代，通勤費，家財費，家庭用洗剤代，薬品代など通常の生活費に，住宅費を加えた額である。第8章第7条によると，この額は単身者の場合で物価基礎額の1.294倍，夫婦またはパートナーと同居の場合で1.084倍である。2015年の物価基礎額から計算すると，それぞれ5万7,583kr，4万8,238krになる。

　さらにこの法律の対象者となるさまざまなグループの中に，介護者が加えられた。介護者について，詳しくは本書第3章で述べる。これによって，社会サービス法第5章に規定されている対象となるグループは，子どもと若者，高齢者，障がい者，薬物中毒者，介護者，そして犯罪被害者とされた。

　社会サービスの供給は，ほとんどがコミューンによって行われてきたが，1990年代前半と2000年代後半以降に民間委託が進められた。1990年代に進められた民間委託において特徴的なことは，コミューンがその組織構成として，購入者―供給者モデルを採用したことである。このモデルは，コミューン内で購入者としての部門とサービス供給者としての部門を分離することである。購入者として選定等の決定は購入委員会で行う。一方，供給者としての公的サービス機関は，民間の供給者とともに競争入札にかけられ，選定されればコミューンと契約を結ぶ。競争原理を導入してサービスの質を高めるとともに効率化を図る試みである。この組織改革は，1991年に地方自治法が改正され，委員会組織の自由化が行われたことを契機としている。

　2000年代後半以降における民間委託は2008年に「自由選択法」が導入されてから急速に進んだ。コミューンまたはランスティングが外部からサービスを調達するための法律には「公的調達法」（Lagen Om Offentlig Upphandling；LOU）と「自由選択法」（Lagen Om Valfrihet；LOV）がある。前者は，コミューンまたはランスティングが何をどれくらい調達するかを決定し，入札が行われる。それは価格と質で評価される。入札に勝利した企業等は決

められた期間，決められた価格で，契約を実行する任務を与えられる。これに対して，後者では，資格を満たすすべての企業等が参入することができる。応募する時期は限定されず，市場で同時に多くの供給者が存在し，同じタイプのサービスに対して同じ報酬が支払われる。しかし，量は保障されずそれは利用者が供給者を選んだ際に受け取るサービスの量である。供給者間は価格ではなく質に関して競争する。

　民間委託が急速に進んだとはいえ，全体に占める割合は大きくない。ホームヘルプサービスに関して訪問時間数で比較すると，民間事業者の占める割合は2008年の16％から2012年は23％に増加した。高齢者の特別な住居におけるスタッフの人数で比べると，民間事業者の割合が2008年の15％から2012年の21％へ増加した。また，ショートステイに関して滞在日数で比較すると，民間事業者の割合は，2008年も2012年も11％であった。残りはいずれの項目に関しても，コミューンの直営である（SKL 2013：21）。

　コミューンの直営であろうと民間事業者への委託であろうと，サービスの質を維持・向上させるための施策がこれまで以上に求められるようになったことは確かである。では，どのようにして社会サービスの維持・向上が図られているであろうか。高齢者福祉，障がい者福祉および就学前教育について検討していく。なお，大規模な企業への民間委託の問題点とその解決の仕方については本書第7章で取り上げる。

1. 高齢者福祉

　現在のスウェーデンでは，高齢者福祉において施設は高齢者の「特別な住居」と呼ばれる。この呼称は，それが高齢者自身の住宅であるという居住性を示すために用いられている。1993年に，高齢者の長期医療に対する責任をランスティングからコミューンに移し，コミューンの責任で高齢者の長期医療と福祉を一体的に行えるようにした。いわゆるエーデル改革以降，施設は特別な住居と呼ばれるようになった。事実，高齢者の特別な住居の個室は30m^2以上の広さがあり，バス・トイレ，簡易キッチンなどが完備されてい

る。家具の持ち込みは自由である。それぞれの個性が尊重される。

A．社会保健庁の一般的助言（Allmänna råd）

　社会サービス法に基づき，社会保健庁は，高齢者ケアの基本価値について一般的助言を公表している。これは社会サービス法に基づいてコミューンと事業者に示される助言であり，強制力はない（Socialstyrelsen 2012：3）。この一般的助言は，「価値ある生活」と「幸福」から構成される。以下，内容について列挙する。

a．価値ある生活

〈質の良い活動〉
- 社会サービスの活動は質の良いものでなければならない。
- 適切に訓練を受け経験のあるスタッフが社会福祉委員会の仕事を遂行するために配置されなければならない。
- 方策の質は体系的にかつ持続的に発展させられ，保障されなければならない。

〈私的生活とプライバシー〉
　社会サービスの方策に責任を持つ委員会または個々の方策に専門的に従事している人は，高齢者の個人生活とプライバシーの尊重を確かなものにするために，次の観点を考慮すべきである。
- スタッフは高齢者がその個性と独自性に従って自らの生活を送れることができるようにする。
- スタッフは，高齢者の住居が彼らの自宅であることを尊重する。例えば，自宅への入室がどのように行われるかについての合意があること。
- スタッフは，高齢者自身が衣服の脱着やトイレでの介助など身体のケアについて決定することができるようにケアを行う。
- スタッフはケアの状態に応じて裁量のあることを示す。

〈自己決定，参加そして個人適合〉
　社会サービスの方策に責任を持つ委員会または個々の方策に専門的に従事している人は，高齢者が尊敬の念で見られ，その自己決定に基づいて支

援が得られ，どのように支援と援助が与えられるかに参加し，そして個人に適合したケアを得られることを保障するために，次のような観点を考慮すべきである。

- スタッフは高齢者に，彼らの自律を維持する支援を行う。例えば，機能を維持・向上させる労働方法を適用すること。
- スタッフは高齢者が援助の決定内容とどのように活動が実施されるかに影響を与えることができることを保障するように働く。
- スタッフは援助と支援が高齢者の必要，条件，そして要望に適していることを保障するように働く。
- スタッフは高齢者の意見や要望を育むように対応する。
- 高齢者とのコミュニケーションは彼または彼女の条件と必要に適合している。
- 会話は高齢者が理解する言葉で，そして特に母国語で表現することの重要性を考慮して行う
- スタッフは高齢者がそのように望むのであれば近しい人と協働する。

〈良い対応〉

社会サービスの方策に責任を持つ委員会または個々の方策に専門的に従事している人は，高齢者が良い対応に巡り合えることを保障するために，次の観点を考慮すべきである。

- スタッフは高齢者との会談で敏感な反応を示し共感する。
- 労働は，スタッフが高齢者の聞き取りと会話に十分な時間をとることができるように組織される。
- スタッフは，高齢者が依存状態にあることを考慮して，対応が尊敬の念を持って行われるように行動する。

b. 幸　福

〈安　心〉

高齢者が安心を感じるように行動することを目指して，次の観点を考慮すべきである。

- スタッフは信頼と安心を生み出すように働く。

- スタッフはスタッフと高齢者が一致した日時とやり方で活動が実施されることを大切にする。
- スタッフは変更の前に高齢者に伝達する。例えば，活動が行われる日時と方法について。
- スタッフは活動の継続性を保障するように働く。例えば，個人的看護を通じて定期的に援助をする人についての高齢者の要望を考慮すること。
- スタッフは高齢者が不安や疑いを抱くことのないように注意し，そして高齢者が安心と感じるために行うことについて高齢者の同意を得る。
- スタッフは，行われる活動が容易に利用可能で，高齢者が責任のあるスタッフと容易にコンタクトをとれることを保障するように働く。

〈意味のある存在〉

　社会サービスの方策に責任を持つ委員会または個々の方策に専門的に従事している人は，高齢者が自身の意味のある存在を自覚するために行動することを目的に，次の観点を考慮すべきである。
- スタッフは活動の社会的な内容が高齢者に必要であることを考慮する。
- スタッフは高齢者が意味のある存在を経験する前提を作り出す（身体活動の実施から高齢者がその文化，生活の哲学，信念に則して生活する可能性まで）。
- スタッフは高齢者の自尊心と自身の持つ能力への自信を強めることに貢献する。

B. 高齢者の特別な住居（事例）

　本節では筆者の調査に基づいていくつかの事例を挙げる。

a. ハニンゲ市（コミューン）

　首都ストックホルム市から南に約24kmのところに郊外都市ハニンゲがある。人口は約8万3,000人であるが，ストックホルム県（ランスティング）の中では大きなコミューンの一つである。近年人口は急増しており，群島やナショナルパークなどの自然に恵まれている中で新興住宅地の形成が行われている。ポーランド，フィンランド，トルコ生まれなどの外国生まれの人は

24%を占める。

　ハニンゲ市の社会サービスの質に関する政策は，「対応」「影響」「利用可能性」「安心」である。「対応」とは，機敏にかつ柔軟に専門性を持って顧客に対応することである。良い対応はまた，顧客が社会サービスの活動をどのように感じるか，それによってどのような結果がもたらされているかにとって大変重要である。「影響」とは，顧客が自分の参加する活動にできるだけ影響を与えられるようにすることである。「利用可能性」とは，どの活動においても顧客の利用可能性を見いだし，活動を要望に合わせることである。また，専門的な対応と顧客が望んでいることを明確に記録することが市民に「安心」をもたらす(http://haninge.se/kommun-och-politik/mal-och-resultat/kvalitet/, 2015年12月12日参照)。

　ハニンゲ市には8カ所の高齢者の特別な住居がある。「バラの大家」と言われたグスタフ・アンデションにちなんで名前が付けられた「ロース・アンデシュ・ゴート」は，1999年にハニンゲ市のバラ園の一部に建てられた。ここには約31m^2の個室が40室，1階に20室，2階に20室あり，部屋は10室ごとにユニット化されている。主に認知症の高齢者が入居している。個室にはバス・トイレと簡易キッチンがあり，入居前の家に備えられていた家具が持ち込まれている。必要な場合にはベッドと車椅子との移動にリフトが使われるが，その場合に2人の職員が付かなければならない。このような個室とリフトの利用はほとんどの高齢者住宅で一般的となっている（**写真2-1，2-2**）。

　介護職員の勤務は3交代制，①7:00〜13:00または14:00，②13:00または14:00〜21:00，③21:00〜翌7:00である。看護師の勤務は7:30〜16:30であるが，夜間には電話での対応が可能である。医師は週に1回，理学・作業療法士は週に2.5日勤務する。

　介護職員は，昼間は入居者20名に対して6人体制で，夕方は20名を4人で，夜間は40名を3人で対応する。介護職員の給与は最低で1万8,000kr（2011年），日本円に換算すると約25万2,000円（1krを14円として計算）である。最高は2万4,000kr，約33万6,000円である。時間当たりの超過勤務手当は19時〜22時まで19kr，22時から6時まで36kr，金曜日19時から月曜

写真2-1　高齢者の特別住宅ロース・アンデシュ・ゴード（中庭の様子）

写真2-2　個室でくつろぐ入居者

日7時まで47kr，夏至祭とクリスマスのときは96krである（2011年8月の筆者訪問調査より）。

　この特別な住居では何よりも個人に焦点を当てる。すなわち，アットホームな雰囲気の中で，個人の必要に応じ，人との結びつきを重んじ，安心で温かさを感じることができること，そしてプライバシーと自己決定を重んじることを大切にしている。入居者だけでなくその家族も大切であるとし，特定の時間を設けずいつでも訪問が可能である。この特別な住居には大きな庭があるので，この庭でリラックスし，一緒に歓談したり，野菜や花を植えて育てたりすることができる。そして週に1回，座り体操，ビンゴ大会，映画鑑賞，音楽活動などのさまざまな活動を行い，月に2回ミニバスで遠足に出かける。

　1日の主な流れは次の通りである。
- 7:00　シャワー，朝食（まだ寝ている人はそれでも良い）
- 12:00～13:00　昼食
- 13:00～16:30　一人ひとりにコンタクトパーソンが付き，その人のために特別なことをする。例えば，美容室に行く。または，体操（理学療法士による）や歌を歌う会（週に1度）に参加する。ほかにも映画鑑賞，パズル，古い写真を見て談笑する会，大きな声で本を読む会などがある。
- 16:30～17:30　夕食（食事は部屋でとることも可能）
- 19:00～20:00　コーヒータイム（歓談），就寝（寝たくない人はそれでも良い）

　この特別な住居に入居すると必ず，個人保健介護計画が入居者とその家族（または近しい人）のために立てられる。その計画はこれから介護を行うに当たっての基本となり，半年ごとに更新される。入居者一人ひとりとその家族（または近しい人）にコンタクトパーソンが付き，介護や医療について相談する。

　同市の高齢者の特別住居「ヨハネスルンド」でも個人をそのまま受け入れ

表2-1 ハニンゲ市高齢者福祉サービス利用者の満足度　　　　　(単位：%)

	参加と影響	対応	全体として満足
デイセンター	82	99	93
ホームヘルプ	86	97	90
特別な住宅	74	97	80

注　回答者数は894人。
〔ハニンゲ市ホームページ（http://www.haninge.se/sv/Aldre/Kvalitet-och-utveckling/Brukaranderso kning/, 2015年8月8日閲覧）をもとに筆者作成〕

ることを最重要課題に挙げている。喫煙も自分の部屋でのみ許されている。外出も重視され，外出が自分一人でできないときは，コンタクトパーソンと計画して外出する。コンタクトパーソンは一人の介護職員が5～6人を受け持つ。スウェーデン赤十字社からボランティアが派遣され，車椅子のままで外出することもある。近くから転居してきた人が多く，入居前によく散歩していたコースを歩いたり，ジャガイモの収穫に出かけたりする。近くには保育園（就学前学校）があり，夏至祭やクリスマスのときには交流を行い，入居者が保育園の近くを通るときはお互いに声を掛け合うようにしている。また，特別な住居内で不都合があれば，すぐに改善するためにミーティングが開かれる。各セクションには教育担当者がいて研修にも力を入れている（2011年8月の筆者訪問調査より）。

　ハニンゲ市では，高齢者福祉サービス利用者の満足度調査が定期的に行われる。質問項目は，①スタッフはあなたの意見や要望を考慮しますか？（参加と影響），②スタッフのあなたへの対応は良いですか？（対応），③全体として満足ですか？　である。結果は**表2-1**の通りである。全体として高い満足度であるが，特別住宅に関しては，特に「対応」が他と比べて高い割合となっている。

b. フッディンゲ市（コミューン）

　ハニンゲ市からよりストックホルム市に近いところにフッディンゲ市がある。人口は2013年現在10万2,000人で，毎年増加している。セーデルテルン

大学とカロリンスカ研究所があり，知性の都市である。このコミューンには10の高齢者特別住居がある。

　公立の認知症グループホームである「ストゥフスタ・ゴレデン」は大変小規模で24の個室が建物の2階と3階にある。1室24〜42m^2である。40名の職員（看護師3人を含む）が在籍するが，ほかに臨時の代替職員（学生・求職者）が登録されている。

　フッディンゲ市の福祉ビジョンは「自己決定」と「参加」である。例えば，何を食べたいかを自己決定する。これは利用者も職員にも適用される。プロフィールは「知識」で，知識を求めて自分の仕事に生かすことである。福祉の共通の基本価値は，「良い対応」「安心」「知識」「尊敬」「意義」である。「良い対応」には「相手をよく見ること」，「相手のことを考えられること」，そして「思いやり」が含まれる。「意義」とは「人生に意味を持たせること」で，「労働することによる楽しい人生」を意味する。例えば，パンを焼くこと，ミュージシャングループを創設することなど，たくさんのメニューが用意されている。

　新入所者はまずBMI（Body Mass Index）を測定する。その値が低い場合には栄養の高いものを少量与えるよう計画される。また，褥瘡ができやすいかどうか，薬の組み合わせが妥当かどうか，腰骨が骨折しないような福祉用具が必要かどうかをチェックする。ドキュメンテーションを重視しており，その人がどういった人生を歩んできたのか聞き取りをして記録する。例えば，夕方にシャワーをしていたのであれば，入居してからもシャワーは夕方にする。介護判定を基礎にしながらも，本人に合わせた介護を実施する。地域との関係も重要で，地域の催しやお祭りには積極的に参加する。また，ルシア祭（スウェーデンのクリスマス）には地域の子どもたちがやってきてパーティーをする。

　入居者が椅子からずり落ちて怪我をしたような場合には，必ずレポートを書き責任者に報告する。これは同じ事故を2回，3回と起こさないようにするためのレポートである。サラ法（前述参照）や「マリア法」（サラ法の医療版）における上司への報告義務は，「人間だから間違いはある。それを2

回，3回と起こさないための措置」であると特別住居の責任者は述べた（2012年8月の筆者訪問調査より）。

フッディンゲ市の認知症グループホーム「クッラゴルデン」では，職員の研修に力を注いでいる。①対話の仕方，②介護の歴史（700年前までさかのぼる），③高齢者と一緒に仕事をすること，④介護に必要なきっちりとした知識等について学び，最後にテストがある。テストは本人とチーフ，専門家の3者対談によって行われる。職員はクッラゴルデン内の研修だけでなくコミューンの研修も受ける。テストに合格しないと一人では働けなくなり，逆に合格して修了が認められると給与が上がる。コミューンから配分された予算を，介護の質を上げるためにいかに配分するかが，グループホーム責任者の手腕にかかっている（2009年8月の筆者訪問調査より）。

C. 高齢者福祉の質の評価

高齢者福祉・医療の質について地方自治体連合（Sveriges Kommuner och Landsting；SKL）によってコミューン間の比較が行われ，それが公表されたのは2007年が最初であった。このときは対象となるコミューンは限定されていた。その後，2010年にSKLと社会保健庁が共同で全国の290あるコミューン全部を対象として高齢者福祉についての比較分析を行った。自由選択法が導入されて民間委託が進められている時期に符合しており，直営と委託に関わらず競争政策が進められたことが背景にある。以下ではこの分析による報告書を「公開比較」（SKL & Socialstyrelsen 2015）と呼ぶ。

この「公開比較」の目的は，コミューンとランスティングが自身の活動を分析し，お互いに学び合い，質を改善し，そして活動を効率的にするのを促進することにある。また，それはコミューンとランスティングが自らの資金で目標を到達できるように条件を作り出すことでもある。もう一つの目的は，主に税金で調達された活動に透明性を付与することである。対象になっているのは主としてコミューンであるが，指標には医療データも用いられており，その意味でランスティングの評価にもなっている。

「公開比較」において使われるデータは，社会庁の調査「高齢者介護につ

いて高齢者はどのように考えるか？」をはじめとする全国アンケート調査，公的統計，そして医療データである。36の指標と14の背景尺度が用いられ，全体のランクづけとともに，指標ごとにコミューン比較が行われている。本書では，社会サービスの質をどのように評価し改善しようとしているかに焦点を当てるため，評価項目にどのような指標が用いられていたかを中心に述べることにする。これらの調査項目のうち，アンケート項目は4段階で回答するようになっており，「いつもまたは頻繁に」「非常にまたはかなり」と回答した人の割合で測定している。なお，高齢者の年齢は特に断りのない場合は65歳以上である。

〈通常の住居でのホームヘルプ〉

①安心：ホームヘルプがあるので非常に安心であると感じている高齢者の割合

②スタッフによる対応：ホームヘルプスタッフによる対応の満足度

③十分な時間：スタッフが仕事に十分な時間をかけていると述べた高齢者の割合

④意見と要望の考慮：スタッフが利用者の意見と要望を考慮していると答えた高齢者の割合

⑤時間について影響を与える可能性：利用者がヘルプを受ける時間について希望をかなえることができると答えた高齢者の割合

⑥思いや苦情を訴える可能性：ホームヘルプに関して思いや苦情を誰に訴えるかを知っている高齢者の割合

⑦全体として：ホームヘルプ全体の満足度

⑧スタッフの持続性：14日間に高齢者をヘルプしたスタッフの平均数（多くないほうが良い）

〈特別な住居〉

①安心：特別な住居で非常に安心だと感じている高齢者の割合

②スタッフによる対応：スタッフの対応に非常に満足している高齢者の割合

③十分な時間：スタッフが仕事を行うのに十分な時間をかけていると答え

た高齢者の割合
④意見と希望の考慮：スタッフが意見と希望を考慮していると答えた高齢者の割合
⑤楽しい共用エリア：住居の共用エリアが楽しいと答えた高齢者の割合
⑥アウトドアの楽しさ：住居周辺のアウトドアが楽しいと答えた高齢者の割合
⑦食事が美味しいと答えた高齢者の割合
⑧食事時の環境：食事時が楽しい時間であると回答した高齢者の割合
⑨外出の可能性：外出の可能性があると答えた居住高齢者の割合
⑩社会活動：提供されたアクティビティーに満足していると答えた居住高齢者の割合
⑪時間について影響を与える可能性：利用者がヘルプを受ける時間について希望をかなえることができると答えた高齢者の割合
⑫特別な住居の全体：特別な住居に全体として満足している高齢者の割合

〈看護と介護の融合〉

①特別な住居への入居待ち日数
②③転倒，栄養失調，褥瘡性潰瘍，そして口腔衛生の悪化への対処（特別な住居と通常の住居）
④終末期における痛みの推定
⑤他界直前のその状態についての有益な会話
⑥近しい人との事後の対話
⑦他界1日前のオピオイドの処方
⑧転倒による怪我（80歳以上1,000人当たりの人数）
⑨大腿骨と腰骨の骨折
⑩脳出血後に必要なリハビリテーションの保障（12カ月間）
⑪脳出血後12カ月間の機能能力（歩行，トイレ，脱着に介助の必要のない高齢者）
⑫3つ以上の向精神薬を服用している高齢者（75歳以上）
⑬10種類以上の薬の服用（75歳以上）

⑭不適切な薬の服用（75歳以上）
⑮精神病治療薬の服用（75歳以上）
⑯コミューンのホームページでの高齢者ケアについての情報提供
〈背景尺度〉
①標準コストからの乖離
②高齢者一人当たりのコスト（ホームヘルプ）
③利用者当たりのコスト（ホームヘルプ）
④高齢者一人当たりのコスト（特別な住居：敷地のコストを除く）
⑤利用者当たりのコスト（特別な住居：敷地のコストを除く）
⑥80歳以上高齢者の割合
⑦社会サービス法によって支援が決定された人のコミューンの支援担当者一人当たりの人数
⑧ホームヘルプを受けている高齢者の割合
⑨特別な住居に住む高齢者の割合
⑩ホームヘルプの平均時間数
⑪健康状態：非常にまたはかなり健康であると答えたホームヘルプ受給者の割合
⑫健康状態：非常にまたはかなり健康であると答えた特別な住居に住む高齢者の割合
⑬不安，悩み，心配：大きな不安，悩み，心配を抱えていると答えた通常の住居でホームヘルプを受けている高齢者の割合
⑭不安，悩み，心配：大きな不安，悩み，心配を抱えていると答えた特別な住居に住む高齢者の割合

これらの評価項目は，社会サービスの構造，プロセス，そして結果の評価に関わっている。例えば，〈通常の住居でのホームヘルプ〉に関する項目のうち，⑧「スタッフの持続性」のみが，プロセスの評価を表わし，残りの7項目はすべて結果に関わっている。〈特別な住居〉に関わる12項目すべてが結果の評価に関するものである。〈看護と介護の融合〉では，⑧「転倒によ

表2-2　評価項目の中央値

ホーム ヘルプ	項目	①	②	③	④	⑤	⑥	⑦	⑧				
	中央値	45%	78%	84%	88%	60%	62%	91%	15人				
特別な 住居	項目	①	②	③	④	⑤	⑥	⑦	⑧	⑨	⑩	⑪	⑫
	中央値	51%	59%	74%	81%	67%	67%	76%	71%	60%	63%	61%	84%

〔SKL and Socialstyrelsen（2015）*Öppna jämförelser 2014 : Vård och omsorg om äldre : Jämförelser mellan kommuner och län*をもとに筆者作成〕

る怪我」，⑨「大腿骨と腰骨の骨折」，⑩「脳出血後に必要なリハビリテーションの保障」の3項目のみが結果を表わし，残りの13項目はすべてプロセスに関わる。〈背景尺度〉の14項目はいずれも構造を表わす指標である。

　表2-2は，「通常の住居でのホームヘルプ」と「特別な住居」に関してこれらの評価項目の全国の中央値を示している。これらの数字はコミューンによって異なっている。そして「背景指標」を除いてコミューンのランクづけがなされている。

　全体としての満足度はホームヘルプと特別な住居ともに高くなっているが，項目によってはやや低い。これらの数字について各コミューンが自ら協議し改善の方策を立てていくことになる。

2．障がい者福祉

　障がい者に対する社会サービスは，社会サービス法とLSSに基づいて行われる。LSSに基づき，脱入所施設化と地域での諸サービスの展開が進められてきた。では今日，障がい者サービスの質をどのような観点から維持・向上させようとしているだろうか。まず，サービスを提供するスタッフの知識と能力の向上について考察する。

A．スタッフの知識と能力についての一般的助言

　社会保健庁は，職業として機能障がい者に支援，サービスまたは介護を行

うスタッフの知識と能力についての一般的助言を発表している (Socialstyrelsen 2014)。それは, 社会サービス法第3章第3条第2項の規定, すなわち適切な教育と経験のあるスタッフについての規定, そしてLSS第6条第2項, すなわち良い支援と良いサービスと看護をするために必要なスタッフについての規定, を適用するための一般的助言である。

a. 認定コースでの教育

　高等学校等での認定コースにおいて以下のようなポイント (1ポイントは1回の授業) の取得が要請される。

- ケアと介護プログラムの「プログラム共通科目」で1,100ポイント, 「予防と健康」100ポイント, 「社会教育」100ポイント, 就労機能障害分野の「プログラム演習」における「特別教育2」100ポイント
- ケアと介護プログラムの「プログラム共通科目」で1,100ポイント, 「精神医学2」200ポイント, 就労精神医学の「プログラム演習」における「社会精神医学」100ポイント
- 子ども・余暇プログラムの「プログラム共通科目」で700ポイント, 「社会的労働入門」300ポイント, 「基礎看護と介護」100ポイント, 「特別教育学1」100ポイント, 「特別教育学2」100ポイント, 機能障害分野における「就労支援サービス」の「起業家精神」100ポイント

　これに準じる他の教育

　外国生まれのスウェーデン語が堪能でないスタッフは, スウェーデン語を理解し, 話す・読む・書く能力を, 高等学校共通科目のスウェーデン語または第2言語としてスウェーデン語の認定コース等で, 身につけることができる。

b. 高等学校レベルの知識と能力

　スタッフは, 少なくとも次の項目についての知識と能力を持つべきである。

- 基礎的価値 (社会サービス法とLSSの全体的な目的についての知識とそれを実際の労働に応用する能力, 機能障がい者の権利と子どもの権利についての国連大会の知識)
- 規則 (LSSを含む機能障がい者に関わる社会サービスの分野の規則につ

いての知識。例えば，良い質に貢献する責務，虐待を社会福祉委員会に直ちに報告・通知する義務，他の関連法規についての知識，法律等に従って自分の仕事を記録する能力など）

- アプローチと評価能力（人間の生活条件と必要についての知識，子ども期から老年期に至る生活のさまざまな段階についての知識，自己決定と参加の権利についての知識，個別支援を行う能力，尊厳を持って個人と向き合う能力，自分の仕事を検討・分析・評価して良い質の施策に貢献する能力など）
- コミュニケーション（コミュニケーションとその重要性についての知識，さまざまなコミュニケーション方法についての知識，コミュニケーションをさまざまな状況にそしてさまざまな個人の条件と必要に合わせる能力，スウェーデン語を理解し，話し・読み・書く能力）
- 機能障がいとその結果（機能障がいと複数の障がいの組み合わせについての知識，機能障がいがいかに人間の生活条件と社会参加に影響を与えるかについての知識）
- 健康（人の健康と福祉に身体の活動と社会的精神的刺激が重要であることについての知識，食事と栄養が人の健康と福祉にいかに重要であるかについての知識，補助具と適切な環境が個人の自律と自己決定を促すことについての知識，ハビリテーションとリハビリテーションの働きについての知識とその知識を実際の仕事に適用する能力，通常の薬と機能障がい者への薬の適用について知識，感染と感染の拡散を防止する知識）
- 個別介護（個人の衛生についての知識とその知識を実際の仕事に適応する能力，衣服の脱着，移動そして飲食に関して個人を支援しヘルプすることができる知識と，その知識を実際の仕事に適用する能力）
- 社会コミュニティと就業（遊び，就業そして労働が，社会生活への完全な参加と生活条件における平等をいかに促進するかについての知識，個人の必要と希望から社会コミュニティへ参加することを支援し奨励する能力）
- 日中の活動（個人が日中活動を計画し行うのを支援する能力，個人の要

望と必要を尊重しながら個人が家を管理するのを支援する能力，料理に関する知識と個人と一緒に料理する能力）

c. パーソナルアシスタント

　パーソナルアシスタントについては障がい者本人が指名することができる。パーソナルアシスタントに対する一般的助言は次の通りである。
- LSSの全体的な目的についての知識を持ち，その知識を実際の仕事に適用する能力のある人
- 国際連合の障がい者の権利についての大会決議についての知識を持つ人
- LSSの規則，例えば，社会サービス法とLSSに記載された良い質に貢献する責務，社会サービス法とLSSに記載された虐待を社会福祉委員会に直ちに報告・通知する義務についての知識を持つ人
- LSS第6条にある個人の自己決定，秘密，そして参加の権利についての知識を持つ人
- 法律と他の法規に従って自分の仕事を記録する能力を持つ人

　この一般的助言は，最低基準であり，その仕事を遂行するためにさらなる訓練と指導を受けるべきである，と述べられている（Socialstyrelsen 2014；7）。

　このように，社会サービス法とLSSを具体的に適用して，障がい者の地域での生活を支援するのに十分な知識と能力を有するスタッフについての一般的勧告が述べられている。もちろん実際に障がい者福祉に責任を持つのはコミューンであるが，これらの一般的勧告はコミューンが実施する際に検討に値するもので，社会サービスの質を引き上げることを意図したものである。

B. 障がい者の日中活動（事例）

a. ソレンチュナ市（コミューン）

　ストックホルム市近郊（北部）のソレンチュナ市には「ブローフーセット」（Brohust）という障がい者の日中活動の場がある。知的障がい者，重複障がい者，自閉症の人たちのデイセンターである。知的障がい者の知的水準はおおむね2.5～4歳くらいである。コミュニケーションをとることと五感に訴えることを活動の中心に置いている。例えば，利用者のAさん（35歳）

は，他の人の眼鏡や髪の毛を触ることがよくあるのだが，これは本人にとってコミュニケーションをとる手段である。スタッフは成人として注意の仕方に気をつけるよう心がけている（2012年8月の筆者訪問調査より）。

障がい者はブローフーセット内を自由に移動することができる。廊下の床にはマグネットテープが貼られ，車椅子はこれに沿って動くのだが，本人たちは自分が運転しているつもりでいる。天井からはたくさんの鈴がぶら下げられており触ると音がする。壁には車輪が取り付けられており触ると回る。また，ピアノも置かれており，自由に弾くことができる。

写真は対話の手段として利用されている。例えば，食事中の写真を見せて何をしているかを聞く。花を摘んできてにおいを嗅いでみる。また，さまざまな材質，例えば羽根，段ボール，滑り止め，毛皮などを触って，柔らかさや滑りにくさを理解する。デパート内で録音したCDを聞いて，デパートの様子を思い浮かべる。そういった五感に訴えるような工夫がなされている。

ブローフーセットには，船の部屋，風呂（バブルバス）の部屋，タクティールの部屋，ホワイトルーム（すべてが白で統一されている部屋），体操・音楽の部屋などさまざまな部屋がある。

船の部屋には船の形をした大きなベッドがあり，上からつりさげられているので，船が揺れているように感じる。灯台があって暗くすると電灯がともる。壁には波や鳥の飛ぶ姿が映し出され，船から見ることができる（**写真2-3**）。

タクティールというのは，ラテン語の「タクティリス（taktilis）」に由来する言葉で，「触れる」という意味がある。手を使って10分程度，相手の背中や手足を「押す」のではなく，柔らかく包み込むように触れるのが「タクティールケア」で，スウェーデンでは特に認知症高齢者にこの療法が利用されているが，高齢者だけでなく小児や障がい者にも適用されている。その効果には，穏やかな気持ちにさせる，身体が温まる，心地よい睡眠や深い呼吸ができるようになる，腸の蠕動運動が活発になることが挙げられる。認知症高齢者の場合，自分自身の身体の認識，自己意識の向上，身体的・精神的な症状の緩和が見られる（日本スウェーデン福祉研究所 ホームページ http://jsci.jp/taktil/, 参照）。ホルモンを刺激することによって快適感が得られるとされる。

写真2-3　障がい者の日中活動の場ブローフーセットにある「船の部屋」

　ブローフーセットには4人のタクティール師がいる。障がい者は身体の接触が少ないので，タクティールは特に重要である。
　ホワイトルームにはウォーターベッドがある。重度心身障がい者が動かす手足のわずかな力でも，ウォーターベッドで振動が起こり，身体の動きを体感できる。白い壁がスクリーンになっており，寝ながら世界を体験することができる。
　体操・音楽の部屋では，簡単な球技や輪投げ，そして歌を歌うことができる。脳出血によって言語障がいとなり，言葉を失っても歌は歌えることがある。
　フローセットでは，「スヌーズレン」という技法の基本的な部分を使っている。スヌーズレンとは「人間の持つすべての基本感覚を刺激し，統合させ，機能させるための環境設定法」(河本2003：ⅰ)である。人間の持つ五感，すなわち視覚，聴覚，触覚，臭覚，味覚，そしてそれらとともに機能する運動感覚や認知感覚を刺激するために，さまざまな環境が設定される。障がい

者は自然に楽しみながら自分にあったスペースを受け入れ，自然に感覚を磨いていく。特に重度の障がい者に適用される。

また，自閉症スペクトラムに対してはTEACCH（Treatment and Education of Autistic and related Communication handicapped Children）を活用している。これは，アメリカ・ノースカロライナ州立大学を基盤に州全体で実施されている，自閉症等のコミュニケーションに障がいのある子どもたちやその家族への包括的対策プログラムである。個別教育計画（Individualized Education Program；IEP）を作成し，「構造化された環境で認知発達を促す」というコンセプトに従って行われる。この支援・教育プログラムでは，自閉症の人たちに彼らの取り巻く環境の意味を伝え，意味のあるコミュニケーションをしながら，彼らとの共存世界を目指そうとする。構造化には絵や写真を使った行動やスケジュールの伝達が利用される。また，彼らが本来持っている優れたところに注目して，その能力がより高度に発揮できるよう支援する。

ブローフーセットには，介護判定を受けた18歳から67歳までの30～35人が登録されている。そのうち毎日28～29人が来て活動している。職員数は13人で教諭とアシスタントがいる。利用者たちには，29歳までは「活動手当（aktivitetsersättning）」，30歳から64歳までは「障がい給付（sjukersättning vid funktionsnedsättning）」，そして65歳以降は「老齢年金（ålderspension）」が支給されており，ブローフーセットの利用料金は無料である。一人1カ月5万krの報酬がコミューンからブローフーセットに支給される（2012年8月の筆者訪問調査より）。

ソレンチュナ市は2012年に看護と介護のための企業の創設を決定し，2013年にコミューンが100％株式を所有する株式会社SOLOM（Sollentuna Omsorg）が設立された。現在，この企業にブローフーセットの運営は委託されている。

b. ハニンゲ市（コミューン）

ハニンゲ市では，LLSの対象となり日中活動に参加している人が250人（コミューン全体の人口は約8万3,000人）いる。利用者はまずコミューンに

第2章 社会的包摂から社会サービスの質向上へ

申請を行い，コミューンのケースワーカーによって認定されると，3カ月以内にニーズに応じた活動が始まる。約20種類の活動があるが，すべて労働に関わっている。利用者は自分の状態にあった日中活動に参加し，本人が希望すればそこを「卒業」して他の日中活動に移るか，または一般就労に移行することもできる。さらに2015年2月からコミューンの日中活動と民間の事業者を選択できるようになった。何よりも利用者一人ひとりに焦点を当てること，そして自己決定と参加を重視して日中活動を行っている。全体として，利用者にはアスペルガー症候群の人と知的障がい者が多い。

では，どのような日中活動を行っているであろうか。まず第1に，コミューン庁舎内の仕事グループがある。コピーや仕分，手紙や封筒のラベル貼り，並べ替え，メールの配信，果物籠の配達などの仕事を行う。1日の仕事内容は絵を交えた日程表になっている。カラーも使われておりわかりやすい。朝一番にミーティングを行い，その日の仕事内容とその日の自分の状態について話し合う。また，金曜日の午後には週末ミーティングを行い，その週の仕事，協働について改善点や希望を出し合い，次週の計画についても話し合う。視察訪問があるときは，仕事の説明を利用者が行う。利用者の団体が主催している説明の仕方とマナーの講習会があり，それに参加し修了した者が説明を行う。

第2は，ニルス・アールグレン株式会社の配送センターでのパッキング作業である。この会社はスチール製の建設資材を生産しているスウェーデンでは伝統ある会社の一つであり，コミューンはこの会社と契約を結び活動を実施している。例えば，一定の数のねじやボルトを小さな箱に詰め，それをさらに大きな箱に詰め，ラベルを貼る作業を行っている。利用者が数を数えるための道具も開発されている。会社の担当者には知識と理解があり彼らの能力をうまく引き出し，作業を効率よく進める。ここでも視察などの際は，利用者が作業の説明をする。会社はコミューンに対して，一人1日200krをコミューンに対して支払う。

第3は，芸術活動である。この活動には織物，撚糸，色彩，絵画の好きな人たちが集まる。手芸，機織り，描画の3つのアトリエがある。仕事内容は，

写真2-4 自分たちの作品について説明する利用者
ハニンゲ市「芸術活動の町」にて。

裁縫,刺繍,かぎ針編み,機織り,描画などである。きれいなスカーフや厚手の靴下,それに人形などを制作して販売している。アトリエは複数あるので,その日にどの仕事をするか利用者は自分で決めることができる。どのようなものをどのように制作しているか,教育を受けた利用者は説明することができる(**写真2-4**)。

第4は,ICA Maxi(以下,ICAとする)という大きなスーパーマーケットで商品を配列する作業である。健常者のチーフと一緒に作業する。商品をきれいに並べる作業で障がい者が能力を発揮することもある。商品は空きを作らないように並べておく必要がある。顧客に商品の場所を尋ねられた場合には自分で答えるか,他の職員を読んで対応する。それによって,徐々に社会性も身につけられるようになる。週に1回は他の日中活動にも参加する。ICAではジャストインタイム方式と「見える化」を採用して倉庫管理を行っている。

第2章　社会的包摂から社会サービスの質向上へ

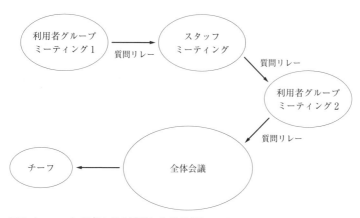

図2-1　ハニンゲ市の日中活動における参加モデル
〔ハニンゲ市資料をもとに筆者作成〕

　第5は、犬の預かりである。飼い主が働いている時間に犬を預かる。高機能自閉症スペクトラムの人たちが利用者である。1日に2回、仕事管理者とともに犬を散歩に連れていく。そのときに必要な荷物を持つ分担は自分たちで決める。また、掃除などについてもどこの掃除を誰がするのかを自分たちで決めている。この活動は社会的な訓練の場にもなっている。犬とその行動についての知識を得るためのミーティングも行う。
　その他に、高齢者の特別な住居での労働、環境グループ、カフェなどでの仕事がある。
　ハニンゲ市の参加モデルを**図2-1**に表わす。これは利用者の参加力を高め、自己決定と影響の行使を促すためのモデルである。スコーネ地方のコミューン連合が、デンマークのモデルに鼓舞されて2007年に開発したものを、ハニンゲ市がさらに発展させて2014年より適用している。
　利用者グループのミーティング1では、利用者の要求を引き出す。利用者は講習会で話し方を学んでいる。ミーティング1で出された要求は職員グループに伝えられる。職員の参加は職員の教育にもつながる。次に、利用者グループのミーティング2において、出された要求がなぜ出されたのか、どのようにして実現していくのかが話し合われる。そして全体会議において皆

で一緒に話し合う。チーフもその会議に参加するか，または全体会議での議論がチーフに伝達される。これらの過程を「質問リレー」と呼んでいる。このモデルのメンバーは，利用者，カウンセラー，スタッフ，そしてチーフである。例えば2015年8月のミーティングに出されていた要求は，「もっと個人的な時間を持ちたい」と「視察に行きたい」であった。これらについては実現する方向で検討されている（2015年8月筆者訪問調査より）。

C. 障がい者福祉の質の評価

　障がい者福祉の質の評価としての「公開比較」は，2010年に始まる。当初は「精神障がい者に対する支援」についてのみ評価されたが，「LSSに関わる行政」「特別なサービス付き住居」「日中活動」が加わった。最後の2つはLSSに明記されている10の施策のうちの2つであり，LSSに基づく施策全般を評価するには至っていない。また，これらは事業者の立場からの評価であり，高齢者福祉の公開比較のような利用者へのアンケートは実施ないし利用されていない。このような限界はあるが，どのように障がい者福祉のサービスの質を評価しているかを垣間見ることはできる。

　公開比較は，地方，広域，国レベルで社会サービスと保健・医療活動を分析し，フォローアップを行い，質の向上を図るためのツールである。社会保健庁は，政府のデータに基づいて公開比較を行うが，その目的は全国のアクターを支援し，良いケアと介護を進める仕事に従事している人々に対する責任を果たすことである。

　社会保健庁とSKLが社会サービス法とLSSに基づいて定義した社会サービスの5つの質の分野がある。これらはいずれもサービス評価の指標の基礎である。
　①自己決定とプライバシー
　　個人が参加者であり，影響力を持ち，自身の選択可能性を与えられることを意味する。
　②全体の視点と協調
　　全体的視点とは，個人の総合的な生活状態である。個人はさまざまな活

動または実施者を通じて，そして専門家が協調して行われるサービスを必要にしている。明確な責任分担がある。サービスはまた継続性によって特徴づけられる。

③安心と安全

サービスが現行規則にのっとり実施されるということである。サービスは透明であり，予測可能性と洞察の可能性を持つ。違反，ネグレクト，身体的または精神的打撃のリスクは予防によって回避される。

④知識ベースの活動

サービスが知識と検証済みの経験に従って実施されることである。

⑤利用可能性

社会サービスを利用するのが容易であること，そして必要が生じたときに遅滞なくサービスの一部が提供されることを意味する。情報と情報伝達がわかりやすく，さまざまなグループと個人の必要に適していることである。個人と専門家との情報伝達は互恵と対話によって特徴づけられる。さらに活動は身体的に許容可能である。

これらの質の分野に基づいて81の指標が示され，コミューン間のランクが公表される。「LSSに関わる行政」「特別なサービス付き住居（成人）」「日中活動」に関して，これらの指標をまとめると以下のようになる。

〈LSSに関わる行政〉

①コミューン内の子どもと若者，経済援助，ホームレス，依存症，社会精神医学，近親の暴力，高齢者福祉のそれぞれの分野，国の職業安定所と社会保険局，ランスティングの児童リハビリテーション，成人リハビリテーション，児童精神医学，成人精神医学との協働

②個人計画を作成するための手順とその過程を記録するための手順

③ウェブサイトにおける簡易スウェーデン語，手話，話し言葉，テキストファイルでのLSSの説明

④アップロードバージョン，Daisy（Digital Accessible Information System）フォーマット，手話で記録されたLSSの説明

⑤特別なサービス付きの住居と日中活動についての決定のフォローアップ
⑥活動についての個人の意見の検討
⑦ハビリテーション手当が日中活動の参加者に支給されていること
⑧賃労働，保護労働，またはインターンシップ（研修）への移行とその移行の可能性を実現する手順
⑨スタッフの学士号，スタッフ個人の能力開発計画，能力開発のための総合計画

〈特別なサービス付き住居（成人）〉
①実施計画の作成と作成への参加
②共通のミーティングの開催と提案箱の設置
③特別に指名された支援者がスタッフの中にいること
④個人で使うバス・トイレとキッチン
⑤グループ住宅で日中に共用のキッチンとリビングルームを利用できること
⑥サービス住宅で共用のキッチンまたはリビングルームの利用
⑦スタッフ個人の能力開発計画とそのための全体計画
⑧住宅の共用スペースに余裕があること

〈日中活動〉
①実施計画の策定と策定への参加
②共通のミーティングの開催
③週当たりの開所時間と夏の開所時間
④スタッフ個人の能力開発計画と能力開発のための全体計画
⑤スペースに余裕があること

　このように，コミューン内とほかの部門間の協働の取り組み，さまざまな媒体を使っての情報発信，フォローアップ，利用者の労働，個人計画の作成と作成への参加，スタッフの研修，住宅とスペースの充実，開所時間などさまざまな項目が挙げられている。これらについて，各コミューンが質の向上を図ることを意図して評価が行われている。

3．プレスクール（就学前学校）

　現在スウェーデンでは、保育のことを就学前教育と言う。学校教育法と教育省が作成する学習計画に基づいてコミューンが責任を持って就学前教育を実施する。

　最初の「プレスクール法」は1975年に制定された。保育改革の理念として、親が家庭生活と労働を両立できるための条件の整備に社会が責任を持つこと、プレスクール事業は子どもの養育、保育、保護と質の高い教育活動を併せ持つことなどが規定された（Korpi 2006＝太田 2010：39-40）。当時、まだプレスクールは十分に整備されていなかったが、1985年の「プレスクール全入法案」の提出、その実現に向けてのアクション・グループの運動を受けて1993年に、生後18カ月から就学年齢までのすべての子どもに保育を利用できる権利が法律に明記され施行された。そして、1998年に所管省が社会省から教育省に移されるとともに、プレスクールのカリキュラム（学習指導計画）が定められた。

　スウェーデンの就学前教育は、「エジュケア」と言われる。これはエジュケイション（education）とケア（care）の合成語で、教育と保育が一体となった実践を表現している。良い保育は発達と学習を前提とし、保育それ自体が教育的な内容を持つ。これはプレスクールのカリキュラムにおける教育原理である。

　カリキュラムを提案したBOSK（Barnomsorg och skolakommittén：保育と教育）審議会は、レッジェ・エミリア・アプローチを取り入れた。このアプローチとは、「子どもは多くの資源を持ち、好奇心旺盛で、百の言語を操り、独自のダイナミックな学習意欲を持つ存在である」という子ども観をベースとし、それを尊重するものである。また、子どもの探究心から出発した主体的な活動プロセスや作品などを文書（ドキュメンテーション）に記録すること、子どもを他の子どもや大人とつながる力を持った存在と見なしてさまざまな共同体の構築を目指すことがその主な内容である。レッジェ・エミリア・アプローチはスウェーデンで広く普及されているが、これはス

ウェーデンの伝統的な幼児教育観と共通するものがあり，それまでプレスクールで行われてきたことと類似性があるためであると言われている（Korpi 2006＝太田 2010：94-95）。

A．学習指導計画（läroplan）

　英語訳ではカリキュラムと翻訳されているが，原文のläroplanを直訳すると「学習指導計画」である。日本語でカリキュラムと言うと各学校での教科課程のことを指す場合が多いが，スウェーデンの学習指導計画はすべての学校およびプレスクールが従うための学習指導の要領である。その中には，①基本価値とプレスクールの仕事，②目標とガイドラインが示されている。1998年に策定されて以降2010年に一部改訂されたが，基本は1998年版と変わっていない。簡単に特徴を述べておこう。

　第1に，プレスクールの重要な使命は，人権の尊重とスウェーデン社会が基盤としている基本的な民主主義の価値を継承し確立することにある。基本的な民主主義の価値とは，人命の不可侵，個人の自由と尊厳，すべての人々の価値の平等，男女平等，弱者との連帯である。これらの価値の土台に倫理的な態度，すなわち，他の人々への配慮と思いやり，正義と平等，そして個人の権利がある。子どもたちは彼らの具体的な経験を通じて倫理的な価値と規範を学習する。そしてこれらの価値の擁護には，プレスクールの活動が民主主義的に実行される必要があり，そうして社会に積極的に参加する子どもの側の責任と関心を培う。

　第2に，プレスクールは，子どもたちが責任を持つ能力を発達させ，連帯と寛容が早期に形成されるようにしなければならない。そのために，子どもたちが他の人の状態に共感し感情移入するのを励ます。男女，民族，宗教その他の信条，家族の性愛的志向，または機能障害によって差別されてはならない。人々の見方や生活様式の差異を尊重する心を発達させる。国境を越える人々の移動は，プレスクールに文化多様性を生み出すが，それは，背景の異なるそれぞれの個人を尊重し考慮する機会を子どもたちに提供している。

　第3に，プレスクールは生涯学習の基盤を築く。そのためには，すべての

子どもにとって楽しく，安心でき，学習に富んでいなければならない。そして，子どもの全体的な視点とニーズに基づき，保育，発達，学習とが首尾一貫し，全体を形成するようデザインされなければならない。責任ある人，社会のメンバーとしての子どもの発達のためには，家庭との協力が不可欠である。子どもの能力と文化創造性を発達させるだけでなく，世代から世代への文化遺産の継承（その価値，伝統，歴史，言葉，知識）がプレスクールの使命に含まれる。

　第4に，プレスクールは子どもたちが周辺の世界への理解を発展させることに貢献する。探検心，好奇心，そして学習意欲はその活動の土台である。具体的な学習目標として19項目挙げられている。この中には前述の内容が具体化され列挙されている。例えば，「好奇心と楽しさを発達させ，遊びと学習の能力を発達させること」，「自分たちの文化への参加と他の文化への配慮と尊敬の念」，「権利と義務を理解し共通のルールに対して責任を持つ能力」，「聞き，熟考し，自分たちの意見を表明し，他の人々の観点を理解しようとする能力」，「話し言葉と書き言葉の利用を発達させコミュニケーション能力をつけること」，「創造能力と，遊び・絵画・歌と音楽・ダンス・ドラマなどの多くの表現で，経験や考えを伝える能力」，「空間・形・位置・方向・量・順番と数の概念・時間の変化に対する理解」，「算数を使ってさまざまな解決を検討し，試みる能力」，「自然のさまざまな循環についての理解」，「日常生活における技術を確認し，いかに技術が働いているかを探求し，技術・素材・道具の利用を生み出す能力」，「スウェーデン語と母国語の両方でコミュニケーションができる能力」を発達させることである。

　これらの中でも，近年，言語と算数，自然科学と技術における子どもの発達という目的がより明確にされている。

　第5に，「子どもの影響」が強調されている。子どもたちが自分の考えと観点を表現することによって自分自身の状態に影響を与える機会を持ち，また，子どもがさまざまな協力と決定に参加することによって，民主主義原理を理解し，それに沿った行動をする能力を養うことを目標としている。これはまた，彼らの能力の範囲で彼らの活動とプレスクールの環境に責任を持つ

ことである。

　第6に，家庭との関係が明記されていることである。保護者が子どもたちの成長と発達に責任を持つが，プレスクールは子どもの発達が豊かで多様であるための最良の条件を作り出すことによって，家庭を補完する。親たちは，国の目標の範囲内で，プレスクールに参加し影響を与える機会を持つ。

　最後に，スタッフの責任について，ガイドラインでは，個々の教師のレベルと仕事チームとに分けて，明記している。

　なお，2010年の改定で導入されたのは，フォローアップ・評価・発展についての項目である。また，言語，算数，自然科学と技術における能力発達について，より力点が置かれるようになっている。

B. プレスクールの事例

a. プレスクール

　ストックホルムの近郊ナッカ市は人口約9万7,000人である。このコミューンには107のプレスクールがある。その一つに公立の「アラバスタン・プレスクール」がある。定員は61名で18の国の子どもたちがいて文化の多様性がある。クラスは1歳～2.5歳児，2.5歳～4歳児，5歳児に分かれている。

　このプレスクールは西オムリンイェ地区の中心に位置し，あらゆるもの，例えば，バス停留所，市民ホール，図書館，ショッピングモールに近接しているのだが，同時に自然に近いことが重要である。オムリンイェには歩行者用の小道，森，そり滑りのできる丘がある。子どもたちは毎日外に出て遊びそして学ぶ。近くの農園も子どもたちが外で遊ぶのに大変適した場所である。その中には，森，岩山があり，ひなたぼっこやそり滑りをする場所，ブランコ，遊び小屋，砂場，自転車用アスファルトなどがある。

　開園時間は6:30～17:30。7:30に朝食，11:00から昼食，14:00におやつの時間がある。昼食時には自分でメインディッシュをお皿にとる。利用料金は，2015年7月より，週40時間以上の利用の場合で1,287kr（日本円にして約18,000円），週26～39時間の場合で1,123kr（約15,700円），週20～25時間の場合で919kr（約12,800円）とされ，2人目の子どもはその3分の2，3人

目は3分の1, 4人目は無料となっている。そして収入に応じて減額される。中央政府がマックス料金（maxtaxan）を設定しており，各コミューンは料金をそれ以下に設定しなければならない（ナッカ市 ホームページ，参照）。

ピクニックに行くときには黄色いヤッケを着るが，そこにはプレスクールの名前と電話番号が書かれている。そこでは自然を学び，動物を観察し季節を感じることが重要であり，これはカリキュラム（学習指導計画）にも書かれている。例えば，虫を捕まえるために瓶を土に埋めておき捕まえた虫を観察する，森の水たまりにいる虫を観察する，クモの巣に水をかけて（スプレー）様子を観察する，何メートルも飛べる虫がいるとその長さを室内に戻り紐で示してみる，蜂蜜を置いてハチの集まる様子を観察する，疑問があればできるだけ自分たちで答えを見つけるようにする，木登りやキノコの絵を描く，「キュウリ兄弟」という歌を歌いながらキュウリで何かを作る，などである。

さらにここでは，さまざまな実験を行う。例えば，氷の塊に塩をかけひびを入れてその形を学び，作品を制作する（昼には解ける）。水に浮くものと浮かないものを実際に調べることもある。

算数は，まず木と紙を使い，また身体で三角形や円を作ることから始める。そして周辺，例えば窓の上などで三角形のある場所を探す。車，標識，電話番号など数字探しを行う。そしてレゴ®ブロックなどで数字を作る。分類は動物を「家族」ごとに分けたり，ボタンを色，形で分けたりする。

「私と私たち」というテーマで自分の家をプレスクールで作製する。これは，カリキュラムにある「自分の住んでいる近辺と文化を知る」を適用したプログラムである。

このほかに，宇宙について絵を描いたり，アルファベットを学んだり，頭に浮かんだ言葉を絵にしたりする。遊びの中で算数と国語の基盤を作る。実際の勉強は基礎学校（日本の小学校と中学校）で行う（2012年8月の筆者訪問調査より）。

アラバスタン・プレスクールについて親を対象にしたアンケート調査がある。98％の親がこのプレスクールに満足している。各項目について見ると，

①活動に満足している（98％），②私の子どもは毎日プレスクールから課外活動に出ている（96％），③活動は私の子どもにとって非常に興味のあるものである（96％），④私の子どもはプレスクールで楽しく過ごしている（100％），⑤私の子どもが通っているプレスクールは安心である（98％），⑥スタッフは私の子どものことを気遣ってくれている（96％），⑦私の子どもは能力のあるスタッフに付いている（98％），⑧私の子どもの考えや関心が考慮されている（92％），⑨私は私の子どもの発達について明確な情報を得ている（96％），⑩スタッフは私の考えや要望に関心を示している（86％），といずれの項目においても高い満足度を示している。1年以上働くスタッフ一人当たりの子どもの数は，ナッカ市全体で平均5.3人に対して，アラバスタン・プレスクールでは5.1人になっている（ナッカ市 ホームページ，2015年8月20日参照）。

　スンドゥビベリ市にある「オパーレン・プレスクール」では，学校教育法と学習指導計画に基づいて活動を行っている。何よりも個人をよく観ることが大切であるとする。例えば，おしめを替えるときには，子どもを尊重し，子どもと話をして一人の人間として扱う。子どもの話をしっかりと聞くことで民主主義を体感させる。98％が移民者であるというこの地域の特徴もあって，スウェーデン語教育に力を入れている。例えば，Aで始まる言葉はいくつあるかを考えさせる。次にB，Cと続けていく。さらに，環境教育にも力を入れ，リスの歌を歌いながらリスを見せたり，リンゴのかけらを土に埋めて1カ月後に掘り出して観察したりする。算数は多い量と少ない量の対比など具体的教材を用いて進める。親の積極的な参加を大切にしており，会合を開き意見を聞く。例えば，開園時間は両親の意見を反映し，6：00ないし6：30としている（2011年8月の筆者訪問調査より）。

b．オープン・プレスクール

　もう一つ，スウェーデンには，オープン・プレスクール（公開保育室）がある。これは親が昼間家にいる子どもたちに対しての，プレスクールの代わりとなるところで，親と子どもが一緒に自治体の保育者による教育的なグループ活動に参加する（白石 2009：24）。親が育児休業中の0歳の子どもも親

第2章　社会的包摂から社会サービスの質向上へ

写真2-5　ユニバッケン・オープン・プレスクール
育児休業を取得した父親も子どもと一緒に集まる。

と一緒に通うことができる。父親の参加も頻繁である。

　スンズベリ市の「ユニバッケン・プレスクール」は，0歳以上の子どもとその親のミーティングポイントであり，彼らはさまざまな活動に参加することができる（**写真2-5**）。活動の基本理念は，尊敬，子ども中心，そして誰もが通える場所である。例えば，水曜日の11:00〜16:00にはベビーカフェ（歩いていない子どもと親が一緒に遊びながらお茶のできる会）がある。歌の時間は，月曜〜金曜日まで週に8回行われる。また，育児の指導や家庭の問題の相談にも乗ってもらえる。月曜日の午後には，ランスティングの子ども保健センター（barnvårdcentralen）から看護師が派遣され，子どもとの関わり方を教え，保健指導をし，障害について診る。静かな音楽を聴き，ローソクの光の下でベビーマッサージの指導が行われることもある。親が子どもとのふれ合いに時間をかける（15〜20分）ことは子にも親にも良い影響を与え，親は子どもの表情を読み取ることができる。

　毎日子ども約25人，親は30人くらいが訪れる。料金は無料である。隣のソレンチュナ市では，オープン・プレスクールは民間に委託されており，1回25krの料金が必要である（2011年8月の筆者訪問調査より）。

文　献

Concerning Support to Persons with Intellectual disability（＝2012，河東田博・古関・ダール瑞穂訳『スウェーデンにおける施設解体と地域生活支援―施設カールスルンドの誕生と解体までを拠り所に』現代書館）

Ericsson K.（2002）*From Institutional Life to Community Participation : Ideas and Realities*

Korpi, B.M.（2006）*Förskolan i politiken : om intentioner och beslut bakom den svenska förskolans framväxt*（＝2010，太田美幸訳『政治のなかの保育―スウェーデンの保育制度はこうしてつくられた』かもがわ出版）

Larsson J.（1995）*Hemmet* : *Betaniahemmet 1895-1995*, Bergström A.（2000）*Betaniahemmet : vårdhem som avvecklats efter 100 år*, Stenhammar A.M.（1999）*Från misstro till förhopping*（＝2000，河東田博・ハンソン友子・杉田隠子訳『スウェーデンにおける施設解体―地域で自分らしく生きる』現代書館）

Lo-Johansson I.（1952）*Ålderdoms-Sverige*（＝2013，西下彰俊・兼松麻紀子・渡辺弘明訳『スウェーデン―高齢者福祉改革の原点』新評論）

Skloverket（2011）*Läroplan för förskolan Lpfö 98 Reviderad 2010*

Socialstyrelsen（2012）*Värdegrunden i socialtjänstens omsorg om äldre*（SOSFS 2012：3（S））

Socialstyrelsen（2013）*Öppna jämförelser av stöd till personer med funktionsnedsättning 2013-resultat and metod*

Socialstyrelsen（2014）*Kunskaper hos personal som ger stöd, service eller omsorg enligt Sol och LSS till personer med funktionsnedsättning*（SOSFS 2014：2（S））

Sveriges Kommuner och Landsting；SKL（2013）*Köp av verksamhet : Kommuner, landsting och regioner 2006-2012*

Sveriges kommuner och landsting；SKL and Socialstyrelsen（2015）*Öppna jämförelser 2014 : Vård och omsorg om äldre : Jämförelser mellan kommuner och län*

World Economic Forum（2014）*The Global Gender Gap Index 2014*

井上誠一（2003）『高福祉・高負担国家スウェーデンの分析―21世紀型社会保障のヒント』中央法規

奥村芳孝（2011）『スウェーデンの高齢者ケア戦略』筒井書房

河東田博（2013）『脱施設化と地域生活支援―スウェーデンと日本』現代書館

河本佳子（2003）『スウェーデンのスヌーズレン―世界で活用されている障害者や高齢者のための環境設定法』新評論

訓覇法子（2010）「スウェーデンの"EDUCARE"モデルの形成過程と政策視座」『海外社会保障研究』（173）41-48

斉藤弥生（2014）『スウェーデンにみる高齢者介護の供給と編成』大阪大学出版会

佐々木正美（2008）『自閉症児のためのTEACCHハンドブック』改訂新版，学習研究社

「施設変革と自己決定」編集委員会編（2000），『スウェーデンからの報告―施設，地域生活，当事者活動』エンパワメント研究所

白石淑江（2009）『スウェーデン 保育から幼児教育へ―就学前学校の実践と新しい保育制度』かもがわ出版

白石淑江・水野恵子（2013）『スウェーデン 保育の今―テーマ活動とドキュメンテーション』かもがわ出版

西下彰俊（2012）『揺れるスウェーデン―高齢者ケア：発展と停滞の交錯』新評論

二文字理明編訳（2011）『ノーマライゼーション思想を源流とするスウェーデンの教育と福祉の法律』桜井書店

藤原瑠美（2009）『ニルスの国の高齢者ケア―エーデル改革から15年後のスウェーデン』ドメス出版

ベンクト・G・エリクソン・二文字理明・石橋正浩編著（2007）『ソーシャル・インクルージョンへの挑戦―排斥のない社会を目指して』明石書店

宮本太郎（1999）『福祉国家という戦略―スウェーデンモデルの政治経済学』法律文化社

森　眞理（2013）『レッジョ・エミリアからのおくりもの―子どもが真ん中にある乳幼児教育』フレーベル館

渡辺博明（2002）『スウェーデンの福祉制度改革と政治戦略―付加年金論争における社民党の選択』法律文化社

第3章
介護者の現状と支援

はじめに

　2009年7月に「社会サービス法」が改正され，コミューン（市）による介護者支援が義務づけられた。同法第5章10条には，「（コミューンの）社会委員会は，長期の病気を患っているかまたは高齢である近しい人を介護しているか，または障害のある近しい人を支援している人たちの負担を軽減するために，支援を行わなければならない」と規定している。

　近しい人（Närstående）には，両親，配偶者またはパートナー，子ども，兄弟姉妹または他の親族，そして親友，隣人，知人が含まれる。スウェーデンにおける介護者とは，その対象が家族や親族にとどまらず親友・隣人・知人を含むので，インフォーマル介護者のことである。本章では，断りのない限り単に「介護者」と呼ぶ。

　法律改正後，社会保健庁（Socialstyrelsen）[注1]は，①改正について周知すること，②その規定の適用のために支援のガイドラインを作成すること，③コミューンへの補助金の交付（2009，2010年），④変更の結果をフォローアップし評価すること，という責務を負った。

　本章では，介護者の現状と支援の必要性，社会サービス法第5章第10条が改正されるに至った経緯を明らかにするとともに，介護者支援の現状と課題

注1　社会保健庁は社会省に所属する機関で，社会サービスと保健医療についての情報を収集・分析し，基準とガイドラインを定め，法律に基づいて政府決定を実施し，評価する機関。

について述べる。

1 介護者支援導入の背景

　介護者支援の必要が高まり，政府が支援策をとり始めたのは，1990年代である。1990年代とは，スウェーデンの社会にとってどのような時期であったであろうか。

　第1に，エーデル改革，障がい者収容施設の解体とLSS（Lag om stöd och service till vissa funktionshindrate；特定の機能障害を有する人の支援とサービスに関する法律：地域移行に伴うサービス内容を明記）の制定，保育園から就学前学校への移行など，福祉サービスにおける新たな展開が見られた。

　第2に，社会的企業が発展してきた。社会的目的を持ち，事業活動している団体である。最初は，グループの権利と社会的な可能性のために活動する，協同組合や非営利組織から始まった。その活動は公的セクターとの密接な協調の下に行われた。

　第3に，1980年代から続くNPM（ニュー・パブリック・マネジメント）による改革がスウェーデンの地方政府にも影響を与えた。地方政府のNPM改革は，民間委託，選択の自由，購入者―供給者モデルの導入などの形で実施された。

　第4に，1993年をボトムとする不況はスウェーデン社会に大きな影を落とした。社会保障支出がこの時期に削減され（育児休業手当は給与の90％から70％へ削減された。ただし，2000年代には80％に戻った），コミューンでも財政支出が抑制された。地方税率はコミューン議会で決定されるが，この時期は引き上げが一時凍結された。この財政状態が，コミューンの行う福祉サービスにも影響を与えたことは想像に難くない。

　このように，1990年代には社会福祉がさらに発展する軸と，NPMや財政

赤字などの影響を受けた軸が重なり合っている。介護者支援そのものは必要不可欠で，社会福祉発展の一つであるが，その発端になったのは，ホームヘルプサービスの受給者の減少（2000年代には再び増加する）と介護者の増加，そしてその困難さにあった。また，スウェーデン介護者協会（Anhörigas Riksförbund；AHR）が1996年代に結成され，他の団体とともに政府に圧力をかけたことも介護者支援導入の背景として見逃すことはできない。

　バルブロ・クレヴェシュらによると，在宅介護において家族・親族が再認識され始めた背景には，第1に，在宅をベースとした公的介護政策の成功が，多くの場合，家族・親族の役割に依存していたこと，第2に，1990年代前半の景気後退の結果，コストのかかるフォーマル・サービスに代替するインフォーマルケアとその可能性について関心が高まったこと，第3に，家族の重大な役割，介護負担，そして援助の必要を指摘する調査結果が増加したこと，第4に，公的政策を要求している介護者組織の近年における興隆がある，という（Krevers, et al. 2006：13-14）。

2　介護を受けている高齢者の実態と介護者

1．介護を受けている高齢者

　最初に，スウェーデンにおける介護を受けている高齢者の実態を明らかにする。

　2005年に高齢化率は17.3％に達し，80歳以上の後期高齢化率は5.4％である。これらの中で病気や障害にさいなまれ，日常生活において他の人々の介護を必要としている人は少なくない。

　スウェーデンでは，基本的に，必要度に応じて介護がなされ，所得に応じて自己負担する制度になっている。公的な介護が中心で，介護の必要度はコミューンの介護判定員が判断する。社会サービスの中で，通常の家でホーム

ヘルプサービスを受けている65歳以上の人は，13万5,000人で65歳以上人口の8.6％になる。65〜79歳までは3.4％と低いが，80〜84歳では13.7％，85歳以上では27.5％に達する。特別な住居[注2]には10万400人（6.4％）が住むが，65〜79歳では1.8％，80〜84歳では8.9％，85歳以上では25.2％に達する。

65歳以上で訪問医療サービスのみを受けている人は1万4,700人，ホームヘルプサービスと訪問医療サービスの両方を受けている人は3万3,400人である。デイサービスを受けている人は1万2,200人，配食サービスは5万7,300人（3.7％），安全アラームを利用している人は15万7,200人（10％），住宅改修補助を受けた件数は6万4,700件である。送迎サービスを利用した人（2004年）は30万800人（19.4％）で，そのうち65〜79歳は9万1,200人（8.4％），80歳以上の人は20万9,600人（41.2％）であった。65歳以上でショートステイを利用した人は8,700人であったが，合計日数は24万7,300日であった（SKL 2007：21）。

クレヴェシュらは介護を受けている人についてサンプル調査を行っている（Krevers, et al. 2006：56-63）。これによると，介護を受けている人の割合は，男性42.3％，女性57.7％であった。平均年齢は，男性が79.1歳，女性が82.9歳であった。おおよそ3分の2が都市部に住み，残りの3分の1が農村部に住んでいる。また，自宅（彼らの家または子どもの家，マンション）に住んでいる人は83％に達し，15.7％が特別な住居に住んでいる。自宅に住んでいる人のバーセル指数は74.9，特別な住居に住んでいる人は63.9であった。

介護を受けている人のうち，一人暮らしは39％，他の人との共同の暮らしは61％である。後者のうち，共同の相手は，配偶者またはパートナー49.3％，子ども3.4％，他の親戚0.9％で，配偶者またはパートナーとの暮らしの割合が非常に高い。なお，一人暮らしの人のバーセル指数は78.3であるが，他の人と一緒に住んでいる人は65.7であった。

介護が必要となった理由で最も多いのは身体の病気・障害で38.8％，次い

注2　スウェーデンでは高齢者施設という言葉を使わずに，（サービス付きの）高齢者の特別な住居と呼んでいる。そこは高齢者にとって快適な自分の住まいである（第2章参照）。

で老化が23.9％，記憶問題・認知障害19％，移動問題9.7％，知覚問題3.9％，精神心理問題2.2％となっている。上位3つの理由で80％を占めている。

アンケートに，現在，「記憶問題も行動問題もない」と答えた人は全体の45.2％，「記憶問題はあるが，行動問題はない」と答えた人は28.5％，「両方ともある」と答えた人は22.9％，「記憶問題はないが行動問題はある」と答えた人は3.4％であった。「記憶問題がある」と答えた人51.2％の中で，認知症の人はその約3分の1，36.1％であった。

クレヴェシュらは，介護を受けている人の他人への依存度を，「独立」，「わずかに依存」，「中くらいの依存」，「厳しい依存」の4つのレベルに分けて質問した[注3]。結果は，「独立」が3.3％，「わずかに依存」23.4％，「中くらいの依存」38.8％，「厳しい依存」34.6％であった。それぞれの平均バーセルインデックスは，94.1，89.5，79.6，46.0であった。依存度と平均バーセルインデックスには，強い相関関係があった。

表3-1は，高齢者がどのような種類のケアを誰から受けているかを示している。高齢者の大多数は家庭内ニーズ（家事等）に関して全面的にまたは部分的に援助を必要としている。多くの人は介護者に，そして3分の1の人はフォーマル・サービスによっても援助されている。約5分の1の介護者がこの分野で高齢者へのより多くの援助を求めている。

家計管理や組織管理の支援は，高齢者が全面的に必要としているという点で最も突出している。この分野は，介護者が最も多くの支援をしており，フォーマル・サービスは多くない。介護者はこの分野ではより多くの援助を

注3 「独立」，「わずかに依存」，「中くらいの依存」，「厳しい依存」は以下のように分類される（Krevers, et al. 2006：60）。
「独立」：ほとんどのADL（Activities of Daily Living；日常生活動作）を行うことができるが，時々いくつかの援助を必要とする。
「わずかに依存」：ほとんどのADLを行うことができるが，いくつかの活動において援助（買い物，料理，家事等）を必要とする。
「中くらいの依存」：いくつかの基本的なADLを行うことができる（入浴，食事，衣服の脱着等）が，ほとんどのIADL（Instrumental Activity of Daily Living；手段的日常生活動作）を行うのに援助が必要である。
「厳しい依存」：ほとんどのADLを援助なしで行うことができない。

表3-1 高齢者のニーズと援助 (単位：%)

	援助の必要度		誰が援助をしているか？（複数回答）				より多くの援助を希望する家族介護者
	部分的に必要としている	全面的に必要としている	誰も援助していない	家族介護者	他のインフォーマル介護者	フォーマル・サービス	
保健・医療ニーズ	26.6	50.1	0.6	72.3	12.8	36.4	18.1
個人の身体介護	43.0	25.6	1.4	75.5	15.0	40.0	20.9
移動・送迎	51.0	22.3	3.0	91.2	19.1	28.4	25.2
情緒的・心理的・社会的ニーズ	54.5	30.1	1.6	94.8	27.8	26.8	44.6
家庭内ニーズ（家事等）	39.0	53.9	0.8	86.6	17.3	28.9	21.3
家計管理	15.1	70.0	0.5	91.0	11.8	4.8	3.9
経済援助	6.6	6.3	5.3	91.2	8.8	0.9	17.6
組織管理上の支援	22.1	65.3	1.4	92.3	10.6	12.4	12.0

〔Krevers B., Magnusson H., Johansson L. and Öberg B.（2006）*Services for Supporting Family Carers of Older Dependent People in Europe : Characteristics, Coverage and Usage, The National Background Report for Sweden* : 81をもとに筆者作成〕

それほど求めてはいない。

　他の重要なニーズに情緒的・心理的・社会的ニーズがある。高齢者の約半数が部分的に援助を必要としており，約3分の1が全面的に援助を必要としている。これに対する援助の多くは介護者によって担われており，フォーマル・サービスは4分の1強である。半分近い介護者がより多くの援助を求めている，この分野において最も多くの介護者がより多くの援助を求めている。

　約4分の3の高齢者が移動と送迎のサービスを必要としている。この分野で多くの人は家族介護者と他のインフォーマル介護者によって援助されている。フォーマル・サービスは約3分の1である。4分の1の介護者がより多くの援助を求めている。多くの援助を求めている割合は，この分野が2番目に

高い。

　約3分の2の高齢者が保健・医療について援助を必要としている。介護者による援助の割合が高いが，同時に，3分の1以上がフォーマル・サービスを受けている。約5分の1がより多くの援助を必要としていると考えている。

　最も一般的なフォーマル・サービスは，個人の身体介護である。しかし，4分の3が家族介護者によってサービスが提供されており，フォーマル・サービスは5分の2である。5分の1の介護者が高齢者に対してより多くの身体介護の必要を感じている。

2. 介護者との関係

　日本では家族介護ないしは家族に対する支援という表現が一般的であるが，社会サービス法とスウェーデン社会保健庁の報告書には，Familj（家族）ではなく，家族を含むAnhörig（親族）またはNärstående（親族または近しい人）という言葉が使われている。また，より広くインフォーマルケアという言葉が使われている。これは，同居している家族だけでなく近くに住んでいる親族，あるいは友人などが介護者である場合も多いからである。他方，スウェーデンの研究者が英語で表記している論文では，Familyという言葉が使われている。

　次に，介護者の介護されている人との関係は，EUROFAMCARE研究グループの調査[注4]によると，配偶者/パートナーが48.1％，子ども40.5％，嫁/婿4.5％，その他6.9％であった（Lamura, et al. 2008：127）。その他の中には，兄弟姉妹，姪と甥，叔母（伯母）と叔父（伯父），いとこ，孫，そして近隣住民が含まれる。これを他のヨーロッパ諸国と比べると，配偶者/パートナーの割合が大変高く，逆に，子どもの割合が低い。また嫁/婿の割合も低くなっている。配偶者/パートナーの割合は，**表3-2**のように，ヨーロッパ

注4　2003～2005年にかけてヨーロッパ6カ国で行われた，介護者に対するアンケート調査。サンプル数は各国とも約1,000人である。経済的援助のみを受けている人は除かれている（Lamura, et al. 2008：75-76）。

表3-2 介護者の被介護者との関係 (単位：%)

	ドイツ	ギリシャ	イタリア	ポーランド	スウェーデン	イギリス	6カ国平均
配偶者/パートナー	18.4	17.1	10.9	18.2	48.1	22.8	22.2
子ども	53.3	55.4	60.9	51.1	40.5	31.6	48.9
嫁/婿	9.0	13.9	9.7	13.4	4.5	15.3	11.0
その他	19.3	13.6	18.5	17.3	6.9	30.4	17.9
合計※	100.0	100.0	100.0	100.0	100.0	100	100.0

※：四捨五入のため各項目の合計は必ずしも100にならない。
〔Lamura G., Hanneli D., Kofahl K. eds.（2008）*Family Carers of Older People in Europe : A Six-Country Comparative study*, Lit verlag：127をもとに筆者作成〕

6カ国（ドイツ，ギリシャ，イタリア，ポーランド，スウェーデン，イギリス）平均で22.2％であった。

また，介護者は同居しているとは限らない。同調査によると，同居が45.6％，別居の場合，同じ建物内で2.1％，歩ける範囲が21.5％，車・バス・電車で10分以内が14.4％，同じく30分以内が12.3％，同じく1時間超が4.1％である。ほとんどの介護者が30分以内に住んでいるわけである（Lamura, et al. 2008：136）。これを他のヨーロッパ諸国と比較すると，同居と同じ建物の別の住居の割合が全体平均に比べて低く，徒歩圏内と10分以内・30分以内がやや高くなっている。

スウェーデンの介護者の多くは，それぞれ自立して生活しているが，それでも近くに住み，援助を行っている。

次に，介護者の年齢と性別はどうであろうか。年齢については，ヨーロッパの他の国より高い。全体平均が54.8歳に対してスウェーデンは65.4歳である。この6カ国の中で60歳を超えているのはスウェーデンだけである。配偶者/パートナーが多いのと符合する。男女別には，他の6カ国と同様に，女性の割合が非常に高いが，その中で，スウェーデンは男性の割合が相対的に

表3-3 介護者の年齢と性別

	ドイツ	ギリシャ	イタリア	ポーランド	スウェーデン	イギリス	6カ国全体
平均年齢（歳）	53.8	51.7	53.5	51.0	65.4	54.5	54.8
最低年齢（歳）	18	18	18	18	25	15	15
最高年齢（歳）	89	95	88	87	96	88	96
女性（%）	76.1	80.9	77.1	76.0	72.0	75.4	76.3
男性（%）	23.9	19.1	22.9	24.0	28.0	24.6	23.7

〔Lamura G., Hanneli D., Kofahl K. eds.（2008）*Family Carers of Older People in Europe*：*A Six-Country Comparative study,* Lit verlag：126-127をもとに筆者作成〕

高い。男性の割合は，全体平均が23.7％であるのに対して，スウェーデンでは28％と最も高い（**表3-3**）。

3 介護者支援の必要

1990年代に，なぜ介護者支援が必要とされたのか，それを明らかにするために，まず，ホームヘルプサービス（以下，ホームヘルプとする）受給者の減少と介護者の負担増の現状を明らかにする。

1．ホームヘルプの推移

最初に，家族・親族介護が増加する背景として，公的ホームヘルプの減少について，その要因と合わせて検討する。

K・ラションは，中央統計局（Statistics Sweden：SCB）とウメオ大学の

調査に基づいて，1988/1989～2002/2003年まで15年間の，高齢者に対するホームヘルプと家族・親族等による介護の変化について，その特徴をまとめている（Larsson 2006：423-425）。これは政府の公式統計ではないが，公式統計がホームヘルプの受給が決定した人に対してアンケートを実施しているのに対して，この調査では，実際にホームヘルプを受けている人にアンケートを実施した。

この調査は，男女別，年齢別（65～79歳までと80歳以上），そして同居者の有無別に行われた。どのグループにおいても15年間でホームヘルプを受けている人は大きく減少した。特に，80歳以上の年齢層では37％から21％に減少した。80歳以上の層で，女性よりも男性で，同居者のいる世帯よりも単独世帯のほうが，減少の幅が大きい。

次に，ホームヘルプの必要について，掃除，買い物，調理，洗濯，入浴，起床・就寝，着替えに分けて，その変化を分析している。15年間に，男性はすべての項目で，若年・老年高齢者とも必要が減少した。特に，掃除・買い物，調理，洗濯，入浴で半減した。女性の老年高齢者で必要の高いのは，掃除，買い物，洗濯であるが，必要はやはり減少した。減少の幅は男性ほど大きくない。

必要が減少した原因はどのようなものであろうか。ラションによると，①1888～1909年の間に生まれた人と1903～1923年生まれの人とを比べると，後者のほうが男女の家事分担が通常になったこと，②運動能力が向上し，食材を運んだり掃除をするのに，重いものを運べるようになったこと，③シャワーをバスタブに置くのではなくシャワーキャビンに置いたり，洗濯機をアパートの地下に置くのではなく，各戸に置き，自分で洗濯するなど，高齢者の住宅に変化が生じたこと，などを挙げている。また，技術的な発展（例えば，電子レンジが多くの家庭に普及し調理をたやすくしたこと）も要因として挙げている。

しかし，ホームヘルプを受けることができると考えるかどうかによっても，ヘルプが必要という意向が影響を受ける。ホームヘルプが認められにくくなった場合，ヘルプの必要は過小評価されている可能性がある。

ホームヘルプ受給者の割合の減少は，必要な人の減少よりも大きい。（少なくとも一つの項目で）ヘルプが必要だと述べた人の中でのホームヘルプを受けている人の割合は，どのグループでも減少した。全体として変化は大きなものではなかったが，80歳以上の女性（その多くが一人住まい）は，58％から50％へと明らかな減少が見られた。

マルタ・セベヘリは，ホームヘルプの減少の要因は明らかになっていないとしながらも，可能性として，①コミューンの厳しくなった基準，②料金の引き上げ，③ホームヘルプの内容上，組織上の変化，を挙げている（Szebehely 2005：159-160）。家事サービスのみの場合，ホームヘルプを拒否するコミューンがあり，また，援助のできる親族者がいれば必要を入念に判断することなどが行われている。そして，公的ヘルプから家族・親族等による介護へのシフトは，高齢者とその家族・親族等の選好の変化の結果ではなく，コミューンの高齢者福祉と医療の変化に関連していると，述べている。

社会保健庁の調査では，2000～2007年までに特別な住居に住んでいる65歳以上の高齢者は11万8,300人から9万5,200人に，2万3,100人も減少した。同時にホームヘルプを受けている人は12万900人から15万3,700人に，3万2,800人増加した。合計で23万9,200人から24万8,900人に増加した（Socialstyrelsen 2007b：23，2008：19）。

したがって，両調査から明らかなことは，1993年の大きな不況の影響を受け，コミューンにおいてホームヘルプを受給している人が，必要としている人の減少を上回って減少したが，2000年頃から再び充実されつつあるといえる。

2. 介護の実態

ラションの調査によると，15年間の間に，家族・親族等による介護は増加した（Larsson 2006）。顕著なのは，80歳以上で一人住まいの女性である。同様の傾向は一人住まいの男性にも見受けられる。まず1988/1989年で，すでにどの程度の家族・親族等による介護が行われていたか，それに対して

表3-4 援助の必要な高齢者の中で近しい人の介護を受けている人の割合 (単位:%)

		女性	男性	同居	一人住まい
65歳~79歳	1988/1989年	81	82	94	58
	2002/2003年	85	84	95	69
80歳以上	1988/1989年	68	74	88	57
	2002/2003年	76	77	88	69

〔Larsson K. (2006) Hemtjänst och anhörigvård, SCB *Äldres levnadsförhållanden-arbet, ekonomi, hälså och socialt nätverk 1980-2003*：427をもとに筆者作成〕

2002/2003年にどの程度増加したかを同氏らの調査から見ることにする。

表3-4は，援助の必要な人の中で近しい人の介護を受けている人の割合を示している。1988/1989年において，この割合はすでに高い水準にある。65~79歳の同居では，94％に達している。全体として80歳以上よりも65~79歳のほうが，家族・親族等による介護を受けている人が多い。男女別に見ると男性が，同居と一人住まいを比べると同居がより高い割合である。特に同居と一人住まいとの差は大きい。2002/2003年には，1988/1989年よりも，80歳以上の同居を除いて，どの層でも増加している。顕著なのは，一人住まいで，65~79歳では58％から69％へ11ポイント，80歳以上では57％から69％へ12ポイント増加した。80歳以上の女性も68％から76％へ8ポイント増加した。他はそれほど顕著な変化はない。

援助の必要な人の中で，ホームヘルプを受けている人の減少が見られ，それと同じ程度，家族・親族等による介護が増加している。**表3-5**は，援助の必要な80歳以上の高齢者の中でホームヘルプと近しい人の介護を受けている人の割合を示している。全体として，一人住まいの高齢者は近しい人の介護よりもホームヘルプのほうが高い割合である。同居の高齢者は，逆に，ホームヘルプよりも近しい人の介護のほうが割合は高い。しかし，2002/2003年には，一人住まいの女性は，近しい人の介護のほうがホームヘルプを受けている割合よりも高くなり，逆転現象が生じている。男性と比べてホームヘルプを受けている割合は低く，近しい人の介護の割合は高い。

表3-5 援助の必要な80歳以上の高齢者の中でホームヘルプと近しい人の介護を受けている割合

(単位：%)

	一人住まい			
	女性		男性	
	1988/1989年	2002/2003年	1988/1989年	2002/2003年
ホームヘルプ	66	56	74	64
近しい人	59	71	50	60
	同居			
ホームヘルプ	40	35	31	28
同居者	64	77	81	80
近しい人	33	42	21	29

〔Larsson K.（2006）Hemtjänst och anhörigvård, SCB *Åldres levnadsförhållanden-arbet, ekonomi, hälså och socialt nätverk 1980-2003*：428をもとに筆者作成〕

同居者のいる男性について，ホームヘルプの減少は大きくない。同居者のいる女性の場合，夫の援助を受ける割合が大きく増大した。ラションは，高齢男性の身体機能が向上したためで，これによってより広い範囲の援助ができるようになったと述べている（Larsson 2006：427）。さらに1910〜1920年までに生まれた人は，19世紀末以前に生まれた人よりも家事に慣れている傾向がある。それぞれの家族が，家事の配分に関する基準を持ち，能力に応じて相互に援助し合うようになっている。

援助を必要とする多くの高齢者は，近しい人と公的サービスなど複数の援助を受けている。掃除や買い物のような家事サービスにおいては，民間の援助サービスを購入している人もいる。

表3-6は，80歳以上の援助が必要な高齢者が受けている援助のさまざまな組み合わせを表わしている。家族・親族等が援助の必要な人を援助するのは極めて普通のことである。「近しい人の介護とホームヘルプ」と「近しい人の介護のみ」を合わせると，1988/1989年と2002/2003年とも，同居の場合は90％近くなる。一人住まいの場合は，男性では51％から約59％へ，女

表3-6　援助の必要な80歳以上の高齢者が受けている援助の組み合わせ　(単位：%)

		援助なし	民間の援助のみ	ホームヘルプのみ	近しい人の介護とホームヘルプ	近しい人の介護のみ	合計
夫婦同居女性	1988/1989年	1	4	7	33	55	100
	2002/2003年	0	4	8	26	62	100
夫婦同居男性	1988/1989年	0	2	11	21	67	100
	2002/2003年	0	2	9	19	70	100
一人住まい女性	1988/1989年	2	4	35	32	28	100
	2002/2003年	4	4	21	35	36	100
一人住まい男性	1988/1989年	0	4	46	28	23	100
	2002/2003年	2	10	29	34	25	100

〔Larsson K.（2006）Hemtjänst och anhörigvård, SCB *Äldres levnadsförhållanden-arbet, ekonomi, hälsä och socialt nätverk 1980-2003*：430をもとに筆者作成〕

性では60％から71％へ増加した。

　夫婦同居の男性の場合，援助の必要な人の5分の1が近しい人とホームヘルプの両方から援助を受けている。夫婦同居の女性の場合は4分の1～3分の1が両方から援助を受けている。女性が夫を一人で介護し，ホームヘルプを受けない例は，男性が妻を一人で介護するよりも多い。ラションは，1988/1989～2002/2003年の間に，「平等化」が進行し，同居の夫が妻を介護する割合が以前より増加し，ホームヘルプを受けないことがより多くなっていると指摘している（Larsson 2006：429）。

　援助の必要な一人住まいの高齢者の中にも近しい人から援助を受けている人は大勢いる。一人住まいの中でホームヘルプと近しい人の両方の援助を受けている人は約3分の1に達する。1988/1989～2002/2003年の間に，ホームヘルプだけを受けている人の割合は，男性が46％から29％へ，女性が35％から21％へと減少した。民間のホームヘルプを購入する人が男性の一人住

第3章　介護者の現状と支援

まいではより多くなったことがわかる。

さらに，この15年の間にフォーマルケアからインフォーマルケアへのシフトがあった。特に，一人住まいの80歳以上の女性の場合顕著である。一人住まいの男性の場合は2002/2003年に，ホームヘルプと近しい人の介護が同じくらいの割合になった。

セベヘリは，中央統計局編集の報告書において，インフォーマル介護者について論じている。その中で，インフォーマル介護者を3つのグループ，同居介護者（被介護者と同居で毎日または週数回介護をする），非同居介護者（被介護者と同居していないが毎日または週数回介護をする），そして援助者（最大で週1回援助を行う）に分け，次のように分析を加えている（Szebehely 2006：435）。

同居介護者は55歳以上の人口の3％を占め，その5分の4は妻または夫であり，残りが他の家族・親族である。これらの同居介護者の10分の9は毎日包括的な介護を行う（Szebehely 2006：435）。

非同居介護者は55歳以上の人口の6％を占め，そのうち親族が10分の6で，残りは友人，隣人，同僚，その他の親族でないものである。非同居介護者の10分の3は毎日介護を行い，10分の7が週数回の介護を行う。援助者は同じく15％を占め，そのうちの96％が非同居である。10人に6人が家族・親族である。インフォーマル介護者は3つのグループの合計で24％である。年齢別には，55～64歳が最も多く，女性が約31％，男性が約28％である。歳が上がるにつれて少なくなり，85歳以上の女性は約7％，男性は約13％である。

次に，55歳以上のインフォーマル介護者のうち，男性の48％，女性の36％が仕事に従事している。インフォーマル介護を行っていない人（その他）の就業割合は，男性38％，女性24％であった。インフォーマル介護者のほうが就業割合は高い。

表3-7は，55歳以上のインフォーマル介護者の就業状況を表わしている。表の内容からも明らかなように，女性の同居介護者と非同居介護者の就業割合は，援助者やその他の人よりも低い。さらに，男性と比べると，全体とし

表3-7 インフォーマル介護者（55歳以上）の就業割合　　　　　　　　　　（単位：％）

		非就業	パートタイマー	フルタイマー	農業・自営業	合計※
女性	同居介護者	42	17	34	7	100
	非同居介護者	44	17	31	8	100
	援助者	29	26	41	4	100
	その他	31	27	36	5	100
男性	同居介護者	24	4	54	19	100
	非同居介護者	19	10	49	23	100
	援助者	21	6	53	20	100
	その他	26	6	52	17	100

※：四捨五入のため各項目の合計は必ずしも100にならない。
〔Szebehely M.（2006）Informella hjälper, SCB *Äldres levnadsförhållanden-arbet, ekonomi, hälså, och sociala nätverk 1980-2003*：448をもとに筆者作成〕

て女性の就業割合は低い。また，女性のパートタイマーが男性よりも多いことがわかる。セベヘリの分析によると，55〜64歳までの女性の非同居介護者が仕事を離れるリスクは，同年齢のインフォーマルケアをしていない（その他の）女性の2倍に達している（Szebehely 2006：449）。

　表3-8は，インフォーマル介護者の疲労や落胆について示している。一般的に，「しばしば疲れる」と述べているのは男性よりも女性のほうが多い。疲労感は女性の場合も男性の場合も，同居介護者が最も高い。この割合の高さは他のグループと比べて顕著である。同居介護者の「しばしば疲れる」と回答した女性は57％であるが，他のグループでは41〜44％まで，そして同回答をした男性の割合は47％であるが，他のグループは32〜35％までであった。同居介護者以外のグループ間の差はあまりない。「最近2週間以内に，落ち込んだことや気落ちしたことがある」と答えた人は，「しばしば疲れる」と答えた人よりも少ない。しかし，疲労感と同じように，女性のほうが男性よりも多く，同居介護者において最も割合が高くなっている。この高さは，他のグループと比べて顕著な差がある。女性の「最近2週間以内に落ち込ん

表3-8 インフォーマル介護者の疲労・落胆 (単位：％)

	しばしば疲れる		最近2週間以内に落ち込む・気落ちする	
	女性	男性	女性	男性
同居介護者	57	47	31	21
非同居介護者	44	33	21	9
援助者	41	35	21	9
その他	44	32	23	12

〔Szebehely M.（2006）Informella hjälper, SCB *Åldres levnadsförhållanden-arbet, ekonomi, hälså, och sociala nätverk 1980-2003*：451をもとに筆者作成〕

表3-9 最近2週間の自分の活動時間の不足 (単位：％)

	女性	男性
同居介護者	51	53
非同居介護者	61	47
援助者	49	52
その他	33	38

〔Szebehely M.（2006）Informella hjälper, SCB *Åldres levnadsförhållanden-arbet, ekonomi, hälså, och sociala nätverk 1980-2003*：453をもとに筆者作成〕

だことや気落ちしたことがあった」と答えた人は，同居介護者では31％であったが，他のグループでは21〜23％までであった。同居介護者以外のグループ間の差はない。

表3-9は，「最近2週間以内にあなたがしたいことに十分な時間をとるのが困難でしたか？」という問いにイエスと答えた人の割合である。全体的に男女とも介護者と援助者は，その他に比べて高い割合を示している。非同居介護者においては，男女差が著しい。男性の非同居介護者は47％であるが女性は61％となっている。これは女性が男性よりも家事労働をより多く行っていることと関係している。また，就業をしている介護者の場合，より自分の活動時間が削られることになる。

セベヘリによると，コミューンまたは国から経済的支援を受けている介護者の数が，1980年代以降減少しており，同時に，インフォーマル介護者が増加した。そして，今日，経済的な支援を受けている人よりも，パートタイマーとして働くか全く働かない人のほうが多い。経済的支援は，女性の労働市場での地位を低下させる可能性があり，アンビバレントである。また，経済的支援のないインフォーマル介護は，コミューンにとって安上がりとなる。セベヘリは，重要なことは，介護者への経済的保障が，他の高齢者介護施策にとって代わるのではなく，それによって無償の介護労働をなくすことである，と述べている（Szebehely 2006：460）。

　介護を行う基本的な理由についての調査がある（The Eurofamcare Consortium 2006）。これによると，スウェーデンでは，「感情の絆」（愛情など）と答えた介護者が72％に達する。ドイツ，ギリシャ，ポーランド，イギリスなど，他の国に抜きん出ている。これに対して，「義務感」と答えた介護者は8.3％に過ぎない。他のヨーロッパ諸国の中で最も低い数字になっている。ここに，スウェーデンにおける介護者と被介護者との関係が如実に表われている（**表3-10**）。

4　介護者支援の経緯

1. 経　緯

　介護者支援の新しい展開は，1998年，社会サービス法に新しい条項が付け加えられたことに始まる。その条項において，「社会福祉委員会は，長期の病気を患っているか，高齢であるか，または機能障害のある近しい人を介護している人に対して，援助と一時休息（レスパイト）によって，その負担を軽減するべきである」と定められた。2009年の改正が，コミューンの義務として規定しているのに対し，このときはまだ義務ではなく，推奨であった。

表3-10 介護をする理由　　　　　　　　　　　　　　　　　　　　　　　（単位：%）

	ドイツ	ギリシャ	イタリア	ポーランド	スウェーデン	イギリス	6カ国平均
感情の絆	45.2	57.1	71.2	47.5	72.0	52.8	57.3
義務感	16.6	15.8	11.2	22.0	8.3	13.3	14.7
個人的な恩義	17.9	14.4	6.5	21.1	6.9	12.9	13.4
満足感がある	3.6	2.6	3.3	1.8	4.9	5.0	3.5
他の選択がない	6.1	4.7	1.7	2.1	1.1	2.5	3.1
高齢者が他の介護者を望まない	2.9	1.9	1.3	1.4	1.8	3.3	2.1
介護の機会を見つけた	1.9	2.1	1.7	1.1	1.6	4.4	2.1
宗教的な信条	0.5	0.7	0.8	1.3	0.2	0.7	0.7
専門的なサービスが高価すぎる	1.7	0.6	0.5	0.2	0.1	0.3	0.6
両方にとっての経済的メリット	0.6	0.1	0.1	0.8	0.0	0.6	0.4
その他	3.0	0.0	1.7	0.7	3.1	4.2	2.1
合計	100.0	100.0	100.0	100.0	100.0	100.0	100.0

〔The Eurofamcare Consortium（2006）*Services for Supporting Family Carers of Older Dependent People in European Characteristics, Coverage and Usage-the Trans-European survey Report*：120をもとに筆者作成〕

　この法改正に基づいて1999〜2001年までの3年間，合計3億krの介護者支援補助金が国からコミューンに交付された。これを「介護者300」（Anhörig 300）と呼ぶ。各コミューンは介護者支援実施計画を立て，そしてそのための補助金を受け取った。「介護者300」は，この後，国民保険・医療発展計画に引き継がれた。この計画のもとでは，補助は，必要度の高い病人，高齢者，機能障がい者への介護が優先された。しかし継続的施策の責任はコミューンにあった。そのため，「介護者300」はコミューンのさまざまな形の援助の実行を可能にしたが，その終了後，活動は継続されず，補助のあった多くの活動が中止された（Socialstyrelsen 2005：43）。

2005年初めに，政府は新しい決定を行った。その目的は介護者へのコミューンの支援の継続的な発展を促進することであった。それは2005～2007年までの3年間に毎年2,500万krを介護者への援助のために補助することと，そして，コミューンの介護支援の発展を評価する方法を開発することから構成された（Socialstyrelsen 2008：8）。

　コミューンが補助金を申請するための条件として，援助の一部にボランティア組織との共同が盛り込まれていること，そしてそれがコミューンの責任ある委員会で了承されていることが求められ，2,340万krが配分された。社会省（Socialdepartmentet）は国レベルで情報と経験の宣伝と普及，レーン行政局（Länsstyrelsen）は地域レベルでの情報と経験の宣伝と普及に責任を持った。どのレーン行政局も毎年レポートを社会省に提出し，それに基づいて社会省はフォローアップを行った。

　2005年末に政府は，新たな取り組みとして，さらに年間1億krの追加補助の決定を行った。新たな取り組みには，介護者および年金者組織についての決定と介護者問題のための介護者能力センター（Nationellt Kompetenscentrum anhöriga）の開設が含まれる。2006年と2007年にはそれぞれ年間1億1,425万krの配分となった。

　申請のために，コミューンは2年間の介護者支援計画を立てることが必要とされた。配分基準には，①援助資金は，介護者支援のためのインフラを整備するためのものであって，一時的なものであってはならないこと，②その5分の1がボランティア組織や非営利組織との共同を新たに行うかまたは前進させるものであること，が挙げられた。

　2008年には，政府はコミューンの申請に対して，9,000万krの配分を行った。配分基準は2006年・2007年と同じである。さらに，これとは別に500万krを介護者能力センターに，500万krを年金者および介護者組織に配分した。

　2008年秋に，政府は大きな法律上の転換を提案し，2009年に介護者支援はコミューンの義務になった。

2. コミューンへの配分

　レーン行政局は中央政府の地方機関である。管轄区域はランスティング（県）と同じである。2007年には，65歳以上の人口に基づいて介護者支援補助金の割当額が決められ，コミューンの申請に対してレーン行政局が配分を決定した。割当額は，合計で1億1,425万クローノルになった。その2％が行政経費に充てられた。2005/2006年から継続している費用を合わせて，2007年の各レーン内のコミューンへの配分予定額は，合計1億1,430万krとなる。レーン行政局によって認められた額はそのうち1億801万krであった。

　配分後の残額は628万krである。このうちウプサラ・レーンが最も多く228万krが残った。この原因には，配分時期のずれ，および前の配分の終了前に配分決定が行われなかったことが挙げられている。残額は2008年に繰り越し配分される。一方で，ヴェストマンランド・レーンでは，コミューンの申請額が配分予定額に達しなかった。コミューンによっては逆に申請額が上回るところもある。ヴェストライェタランドではレーン独自の活動のためにコミューンへの配分の一部が留保された（Socialstyrelsen 2008a：15）。

　ストックホルム，マルメ，イェテボリ，そしてボロスの4つのコミューンでは，地区委員会[注5]から直接申請が行われた。2007年には，285のコミューンと64のコミューン地区委員会のうち，256のコミューンと49のコミューン地区委員会より申請が行われた。約90％に相当する。これは2006年とほぼ同じ数字であった。

　社会保健庁は，2007年度の補助金に関して，コミューンとコミューン地区委員会に申請するかどうかについてのアンケート調査を行い，27のコミューンが申請しないと答えた。この理由として，7コミューンは遂行するのに十分な人員が不足していることを挙げ，6つのコミューンと地区委員会は，2006年に申請して認められた資金がまだ十分に残っていること，他の6

注5　ストックホルム，イェテボリ，マルメなどの規模の大きなコミューンに地区行政区があり，予算や行政の詳細な決定権が議会から地域ごとの地区委員会に委任されている。

つは高齢者介護の別の補助金申請をしていること，さらに5コミューンは介護者の支援に特別の必要がないことを挙げた。

　申請が通らない場合もある。5コミューンがレーン行政局によって申請の全額を不許可にされた。また，153のコミューンと27のコミューン地区委員会が部分的な申請不許可になった。不許可または部分的不許可の理由は，申請額が配分予定額よりも多かったこと，補助を通常の活動，手当や借地料に充てる申請であったこと，レクリエーション旅行や海外旅行などの持続的とは見なされない活動に関する申請であったこと，計画された活動が高価すぎたことなどであった。

5　介護者支援の内容

1．介護者のサービス利用

　スウェーデン社会保健庁は，介護者支援について各コミューンまたはコミューン内の地区にアンケートを行い，どのような取り組みを実施しているか調査している。**表3-11**は，支援の形態別に実施しているコミューンとコミューン地区の割合を示している。何よりも，ほとんどのコミューンおよびコミューン地区で実施しているのが，レスパイトである。レスパイトにはショートステイによるレスパイト，デイケアによるレスパイト，家庭訪問によるホームレスパイトがある。次に多いのが，カウンセリングと介護者援助グループである。介護者の教育や介護者出会いセンターも急速に増加している。2004年にいずれも32％であったが，2008年にはそれぞれ78％と65％になっている。ただし，これらの分類には明確な基準がなく，あるコミューンで介護者援助グループに分類されている活動が他のコミューンでは介護者出会いセンターに分類されていることもある。

　EUROFAMCARE研究グループの調査から，ヨーロッパ6カ国（ドイツ，

第3章　介護者の現状と支援

表3-11　形態別家族・親族援助の実施状況（実施コミューン・コミューン内地区の割合）

(単位：%)

	実施しているコミューンの割合					協働で実施※		
	2004年	2005年	2006年	2007年	2008年	2006年	2007年	2008年
ショートステイによるレスパイト	99	100	99	100	99	1	2	0
デイケアによるレスパイト	92	92	93	94	93	4	3	4
ホームレスパイト	91	94	94	97	98	7	7	7
カウンセリング	74	81	84	90	90	12	11	15
介護者援助グループ	74	76	82	87	90	34	32	40
介護者の教育	32	33	38	69	78	19	23	27
介護者出会いセンター	32	40	50	59	65	12	16	20
ボランティアセンター	—	—	26	30	37	13	22	27
健康増進活動	12	18	35	48	57	14	18	21
介護者の健康チェック	3	2	4	4	4	1	2	1
他の援助	31	34	41	52	46	7	12	9

※：ボランティア・非営利組織との協働で実施したコミューンの割合。

〔Socialstyrelsen（2007a）（2008a）（2009）をもとに筆者作成〕

ギリシャ，イタリア，ポーランド，スウェーデン，イギリス）における介護者のサービス利用状況の比較を見ると，スウェーデンでは社会感情的援助（カウンセリング，ソーシャルワーク，自助グループなど）とレスパイトが他の国に比べて抜きん出ている（Lamura, et al. 2008：170）。

表3-11の右側は，ボランティア・非営利組織との協働で実施しているコミューンとコミューン地区の割合である。実施しているコミューンとコミューン地区委員会の多いのは，介護者援助グループ，介護者の教育，ボランティアセンターなどで，新しい協同の取り組みが始まっている。2005年に，ボランティア・非営利組織との協働に，コミューンないしコミューン地区の介護者支援の事業の一定割合を充てなければならないという条件が政府

によって設けられた。それ以降急速に拡大している。

2. ホームレスパイト

　ホームレスパイトは，介護者の孤立を避け，彼らの生活の質を維持するために，「自分自身の時間」を確保することを目的にしている。

　ホームレスパイトは，その実施に当たり，コミューンまたはコミューン地区委員会の決定が必要なものが多い。2007年には，75％のコミューンが調査をして決定がなされた後に実施している。そして70％のコミューンで利用を無料としている。認められた月利用時間はコミューンによって2時間から30時間と開きがあるが，料金を課せられない利用時間の平均は12.5時間で前年（2006年）の12時間を上回っている。

　事前決定のあり方はコミューンによって異なる。アンケートによれば（複数回答），レスパイト実施ごとに事前決定を行うコミューンは17％，レスパイトを行う日と時間等（例えば，毎週火曜日に3時間）を決定するコミューンが39％，一般的な決定はするがいつ行うかは決定せず介護者の要請に応じて実施するコミューンが54％，その他が16％であった。

　表3-12は，ホームレスパイトの実施日と時間帯を示している。多くのコミューンが平日と休日の両方で実施している。平日のみが減少傾向にあり平日と休日の両方の日に実施しているコミューンが増加した。また，ほぼすべてのコミューンが，昼に実施しており，夕方に実施しているコミューンも圧倒的多数に上る。休日の夜の実施が増加している。

　誰が介護を行っているのかについての問いに，「ホームヘルパーのみ」と答えたコミューンは，2007年には全体の68％と高い割合を示した。次に，「介護者とホームヘルパー」と答えたコミューンが2006年には7％であったが2007年には14％と倍増した。「ホームヘルパーとボランティアまたは友人」と答えたコミューンが9％，介護者のみと答えたコミューンが6％であった（Socialstyrelsen 2008a：21-23）。

表3-12 ホームレスパイトの実施日と時間帯　　　　　　　　　（単位：%）

		2006年	2007年	2008年
実施している日	平日と休日	67	73	69
	平日のみ	32	23	31
	休日のみ	1	0	0
平日の時間帯	昼	100	98	98
	夕方	79	78	76
	夜	33	38	36
休日の時間帯	昼	100	97	97
	夕方	90	90	92
	夜	43	50	51

〔Socialstyrelsen（2009）*Kommunernas anhörigstöd-Slutrapport*：22-23をもとに筆者作成〕

3. 介護者出会いセンター

　2007年に，申請を行ったコミューンの59%が介護者出会いセンター(Anhörigcentral/träffpunkt för anhöriga）をすでに設置済み，または新たに開設したとしている。2004年の32%から27ポイント増加した。この増加の背景には，2005～2007年までの介護者支援の補助金制度が関わっていると考えられるが，その80%は，継続的な活動と位置づけられている。

　介護者出会いセンターは，月曜～木曜日までは約3分の2のコミューンで開所している。しかし，金曜日は約49%，土曜日は4%，日曜日6%と少ない。回数では週5回開所と週1回開所が多い。2005年以前に開設されたセンターでは，週5回が全体の50%を占めているが，2006年以降に開設されたセンターでは週1回が最も多く全体の41%である。週あたり開所時間は，コミューンによって大きなばらつきがある。2005年以前に開設されたセンターでは週2～4時間開所が32%，週30時間以上開所が22%であったのに対して，2006年以降に開設されたセンターでは，2～4時間開所は48%，30時間以上

表3-13 介護者出会いセンターの活動内容 (単位:％)

	2007年	2008年
カフェ活動	93	90
インフォメーション	78	78
グループ談話	75	67
カウンセリング	67	61
講演会	63	66
健康促進活動	62	63
趣味	56	62
教育	51	56
一時的レスパイト	44	41
その他	34	34

〔Socialstyrelsen（2009）*Kommunernas anhörigstöd-Slutrapport*：25 をもとに筆者作成〕

開所は10％であった。

センターを訪問した介護者の数は，2007年11月には，100人以上が30％，71～99人が10％，41～70人が17％，21～40人が18％，20人以下が25％であった。中には1,000人以上の訪問があったコミューンもある。2005年以前に開設されたセンターでは100人以上が38％と多く，20人以下が12％と少ないが，2006年以降に開設されたセンターでは，100人以上が18％と少なく，20人以下が37％と多い。この差は，大都市か地方コミューンか，どのような活動をしているか，従事者の数，どのような団体がどれくらい参加しているか，センターの広さなどに依存する。

最も普及している活動（表3-13）は，カフェ活動（2007年には93％で実施，以下2007年の割合を示す）で，インフォメーション（78％），グループ談話（75％）と続く。半分以上のコミューンで実施しているのは，カウンセリング（67％），講演会（63％），健康促進活動（62％），趣味の活動（56％），教育（51％）である。一時的レスパイトが44％，その他34％となっている。

その他には，遠足，食事，お祭り，娯楽，IT援助などが該当する（Socialstyrelsen 2008a：23-25）。

これらはすべてが無料ではない。約5分の1の活動が有料である。

4. 経済的援助

　経済的援助には2種類ある。家族介護職員として，家族がコミューンの職員とされて給与が支給される制度，そして介護手当として，家族の介護が必要な人にコミューンから手当が支給される制度である。

　社会保健庁が毎年発表している「コミューンの介護者援助」の2006年版には経済的援助の項目があったが，2007年版にはない（Socialstyrelsen 2007a, 2008a）。したがって経済的援助については，2006年版をもとに述べる。
表3-14は，受給者と実施コミューンの推移である。家族介護職員として給与を受け取っている人は，2000年に2,375人いたが次第に減少し2005年には1,764人になった，実施しているコミューン数も2001年の216から2006年には189まで減少した。介護手当の受給者は，2000年の4,619人から2003年の5,547人まで増加したが，その後減少している。実施コミューン数も同様の傾向を示している。ホームレスパイトや介護者出会いセンターの増加と対照的に，経済的援助は減少している。

　家族介護職員の約70％が他の民族を背景に持つ人たちである（Socialstyrelsen 2007b：15）。介護者が経済的援助を受けることが困難になっているが，言語や文化上適切な公的介護が必要ない人々には，経済的援助を行う十分な理由があるとされる。

5. ボランティア・非営利組織との協働

　スウェーデンでは，コミューンによってその取り組みのあり方は異なっている。介護者出会いセンターをコミューン自身が実施しているところもあれば，介護者協会に委託しているところもある。例えば，ナッカ市ではこの活

表3-14 家族介護職員と介護手当の実施状況

	家族介護職員		介護手当		両方実施のコミューン
	受給者数	コミューン数	受給者数	コミューン数	
2000年	2,375	不明	4,619	不明	不明
2001年	2,139	216	4,978	150	113
2002年	2,081	212	5,513	150	116
2003年	2,002	208	5,547	153	117
2004年	1,856	196	5,280	143	95
2005年	1,764	194	5,279	140	94
2006年	1,881	189	5,162	131	84

〔Socialstyrelsen（2007a）*Kommunernas anhörigstöd Utvecklingsläget 2006*：25をもとに筆者作成〕

動を介護者協会のナッカ支部に委託している。ビルディングのワンフロアを借り切って，事務所，カウンセリング室，休息室，そしてグループ活動を実施する部屋に充てている。月に数回グループ活動を実施し，要介護者が介護者とともに参加する。コーヒーを飲み，お菓子やケーキを食べながら雑談をし，歌を歌う。最高齢は95歳であった。このフロアの賃借料はすべてコミューンが支払う。スタッフは介護者協会のメンバーでボランティアである。オルガンやアコーディオンを弾くスタッフもボランティアである。ボランティアの年齢は60～65歳が多く，すでに早期退職した人たちであるという。スウェーデンでは，60歳頃に早期退職する人が比較的多い。そして彼/彼女らもいずれ要介護者になるのである（2009年5月の筆者による調査より）。

　コミューンが協働しているボランティア組織には，介護者協会，認知症協会，赤十字社，アルツハイマー協会などがあり，その活動には政府から補助金が交付されている。

　表3-15は，他の団体と協働しているコミューンの割合である。年金者組織，赤十字社，宗教団体，障がい者・患者団体，介護者協会，移民者協会，他のコミューン，プライマリーケアなどが協働相手として挙げられる。これ

表3-15 他の団体と協働しているコミューンの割合 (単位:%)

	2005年	2008年
年金者組織	65	81
赤十字社	64	78
宗教団体	60	77
障がい者・患者団体	—	59
介護者協会	42	55
移民者協会	7	14
他のコミューン	46	67
プライマリーケア	48	66
終末ケア	22	30
その他ケア	25	31

〔Socialstyrelsen（2009）*Kommunernas anhörigstöd-Slutrapport*：26 をもとに筆者作成〕

らのうち1990年代以降の介護者支援を主導している2つの団体について述べる。

A. スウェーデン介護者協会（AHR）

　AHRは，1996年に協会の規約が決定されスタートした。メンバーは個人と地方介護者協会で，後者は51地域で組織されている。政治や宗教には関わらない団体で，要介護者と介護者を支援することを目的にしている。「AHRは介護に関わるあらゆる問題のプラットホーム」であるといわれている。実際に援助の活動をするとともに，世論を形成し，政府の改革案に意見を述べるレミスの組織でもある。介護者の支援を改善するあらゆる人やグループと連携することを目的とする。介護者支援の活動としては上述したナッカ市の取り組みが一つの典型である。協会の施設フロアの賃借料はすべてコミューンによって補助されている（**写真3-1**）。

写真3-1 介護者協会ナッカ市支部の活動（介護者と要介護者がともに集まる）

B. スウェーデン赤十字社

1970年代以降スウェーデン赤十字社は，親族等を介護している人々に対する教育活動を行ってきた。この教育活動を通じて，介護する中で孤独や孤立感のある高齢者と接触するようになった。スウェーデン赤十字社は，これらの人々に対して，それまでとは異なる援助の必要を認識した。このときに形成された基本的な考え方が，コミューンと協働して，彼らを集めてグループ活動を率先することであった。その目的は，新しい知識を獲得し，経験を交流し，それによって介護者の介護力を改善し，彼らの抱えている問題について討論するために集まる機会を提供することによって，同じような状態にある人々を強くすることであった。

1998年に介護者支援のためのグループが形成された。ボランティアが採用されこれらの目的達成のために教育が開始された。この活動は，スウェーデン各地に急速に広がった。グループはコミューンあるいはコミューン地区委員会の職員によって指導された。この協働の中で，リーダーは赤十字社の2，3人のボランティアによって補助されて，最終的に介護者を援助するグ

ループを形成していった。これが，介護する人々に対する赤十字社の典型的な援助のスタイルになった。スウェーデン赤十字社は，900人の専門的なリーダーを養成してきた（開発補助労働者，地区看護師，准看護師，福祉労働者など）。この教育期間は，「介護者300」の期間に一致していた。

6 社会サービス法改正後の実態

1．介護者の概要

2012年初めに，社会保健庁は中央統計局の協力を得て，18歳以上の人口約1,500人をランダムに選び，アンケート調査を実施した。その目的は，介護者の実態を調査することであった。この結果は，2012年8月に出された社会保健庁の報告書（Socialstyrelsen 2012a）で以下の通り明らかにされている。なお，今回の調査は，高齢者を介護（Vård）・援助（Hjälp）・支援（Stöd）している人だけでなく，障がい者と，病気や障害がある子どもを介護・援助・支援している人たちも対象にしている。

回答者8,202人のうち18.4％の1,513人が介護をしていると答えた。これは18歳以上のスウェーデン人口約757万人のうち約139万人に相当する。内訳は，①「毎日介護をする」が回答者全体の約6％，②「少なくとも週1回介護をする」が約8％，③「少なくとも月1回介護をする」が4％であった。

介護の時間および頻度において大きな男女差は見られない。

介護者は全体として誰に対して介護・援助・支援を行っているかという問いに対し（複数回答可），最も多いのが両親（女性49％，男性46％），次に妻または夫（女性21％，男性33％），そして兄弟姉妹などの親族（女性21％，男性22％），子ども（女性20％，男性21％），親友・隣人・知人（女性19％，男性18％）と続く。

介護者はあらゆる年齢からなるが，最も多いのは45〜64歳である。18〜

29歳では回答者の12％，30〜44歳では13％，45〜64歳では24％，65〜80歳では19％，81歳以上では15％になっている。介護の対象は年代とともに変化する。30〜44歳の介護者は何よりも子どもに対して介護を行う。45〜64歳では多くが両親に対するものであるが，65歳以上の介護者のほとんどがその夫，妻，そしてパートナーである。

スウェーデンでは移民者の人口が大変多くなっている。2010年には，外国生まれの人は130万人で総人口の14％に達する。ヨーロッパ以外で生まれた介護者は24％に達し，スウェーデン生まれの18％を上回る。毎日介護をしている外国生まれの介護者の割合はスウェーデン生まれの同じ数字より高い。逆に，最低週1回介護をしている人の割合は，スウェーデン生まれが非常に多い。

どのような介護・援助・支援かという問いに対し（複数回答可），「生活援助（買い物・掃除・洗濯・調理）」が64％（女性63％，男性64％），「他の生活援助（金銭管理・申告・電球の交換・除雪・芝刈りなど）」が69％（女性64％，男性76％），「連絡援助（診療所予約・コミューンとの連絡等）」49％（女性51％，男性46％），「経済的支援」23％（女性19％，男性29％），「身体介助（衛生・食事介助・脱着衣・整髪など）」29％（女性29％，男性28％），「見守り（危険なことをしないか・服薬の気づき・動機づけ・励まし）」51％（女性55％，男性47％），「社会交流・レクリエーション」69％（女性73％，男性63％）であった。

2. 介護者の問題点

2012年の調査では，介護者が3つのカテゴリーに分類されている。第1カテゴリーは，週1時間以内の介護・援助・支援を行う介護者で，「適度な介護者」と名づけられている。人口に換算すると約18万人，介護者全体の14％に当たる。第2カテゴリーは，週10時間まで介護・援助・支援を行う介護者で，「濃密な介護者」という。人口に換算すると約85万人，介護者全体の65％である。第3のカテゴリーは，週11時間以上の介護・援助・支援を

行う介護者で,「非常に濃密な介護者」と呼ばれている。人口に換算すると約27万人で,介護者全体の21％になる。

　第1カテゴリーの介護者の79％が,非同居の近しい人を介護している。また,第2カテゴリーの介護者の67％が非同居の近しい人を介護している。ところが,「非常に濃密な介護者」である第3カテゴリーの介護者の70％は被介護者と同居しているという。

　では,介護者は一体どのような問題を抱えているであろうか。介護者の健康,仕事や勉学との両立,生活の質について調査が行われた。

①健　康

　健康状態を「大変良い」「かなり良い」「普通」「かなり悪い」「非常に悪い」に分けている。全体として,「大変良い」「かなり良い」「普通」を合わせると95％,「かなり悪い」と「非常に悪い」を合わせると5％になる。健康状態は概して良好である。ただし,第3カテゴリーの介護者は「かなり悪い」8％,「非常に悪い」が2％と,ほかに比べてやや高くなっている。

②仕事と勉学への影響

　介護者の約70％が労働年齢である。約30％が年金生活者である。

　介護者の8％に相当する約7万人が介護により労働時間が減少した,3％に相当する約2万9,000人が退職を余儀なくされた,2％の介護者が介護のために労働の困難が増した,と回答している（**表3-16**）。そして,介護による労働時間の減少は男性よりも女性のほうが多い。

　また,労働時間の減少の割合は,第3カテゴリーの介護者で最も多く,約40％の労働時間減少であった。第1,第2カテゴリーでは,介護が労働に与える影響はさほど大きくないと回答しているが,第3カテゴリーでは55％の人が影響を与えると回答している。学業時間の短縮を余儀なくされた介護者もいた。

③生活の質

　生活の質について多くの質問が行われ,回答は「いつも」「しばしば」「たまに」「全くない」から選択された。

　まず,介護によって「友達と過ごすことを困難にしているか」どうかにつ

表3-16 「介護が労働に影響を与えているか」についての回答　（回答数を除く単位：%）

	労働時間短縮	退職を余儀なくされた	労働に困難を伴う	病気リストに入っている	ほとんどない	全くない	合計	回答数
女性	9	3	3	2	57	26	100	473
男性	6	3	2	1	66	22	100	361
18〜29歳	2	1	2	—	67	28	100	68
30〜44歳	13	4	2	3	56	22	100	157
45〜64歳	7	4	2	1	61	25	100	493
平均	8	3	2	2	60	25	100	—

〔Socialstyrelsen（2012a）*Anhöriga som ger omsorg till närstående-omfattning och konsekvenser*：35 をもとに筆者作成〕

いて，「いつも」と回答した介護者が5％，「しばしば」が10％，「たまに」が29％，「全くない」が56％であった。介護される人が，配偶者，パートナー，子どもの場合は，ネガティブな回答がより多くなっていた。また，第3カテゴリーの介護者のほうが，第1，第2カテゴリーの介護者よりもネガティブな回答が多い。

「介護が経済問題の原因になるか」について，82％の介護者が全くないとこと答えているが，第3カテゴリーの介護者の16％が「いつも」または「しばしば」と回答し，さらに，週60時間以上介護をする人の22％がそのように回答した。

介護による精神的な負担と身体的負担を比べると，全体として，精神的な負担のある介護者のほうが多い。「いつも」「しばしば」「たまに」を合わせると精神的負担のある介護者が63％に対して，身体的な負担のある介護者が35％であった。女性のほうが男性よりも精神的かつ身体的な負担のある場合が多い。

「介護することを自分自身にとって良いと感じるか」という質問に対して，

58%の介護者が「いつも」良いと感じると答え，28%が「しばしば」感じると答えた。全く感じなかったのは2%のみであった。しかし，「十分な介護ができていると実感するかどうか」については，「しばしば」が一番多く35%。次に「たまに」で29%，そして全く実感しないが12%あった。

「介護がきついと感じるかどうか」という質問には，41%の介護者が「全くない」と答え，46%が「たまに」あると感じ，「いつも」と答えたのは3%に過ぎなかった。やや高かったのが子どもの介護をしている人で，年齢では30～44歳の介護者であった。

介護者は，他の家族・友人・隣人からの支援を十分に受けているが，公的な医療や社会サービスは十分とは思っていない。「家族などから十分な支援を受けているか」という質問に「いつも」「しばしば」と答えた介護者が73%に達した。「全くない」との回答は7%であった。一方で「公的な医療や社会サービスは十分か」との質問には，48%の介護者が「いつも」または「しばしば」と答え，30%が「たまに」，22%が「全くない」と答えた。特に，第3カテゴリーの介護者には公的な支援が不十分であると考えている人が多い。

3. 法改正とその認知度

社会保健庁の同調査によると，2009年の社会サービス法の改正と介護者支援のコミューンへの義務化を，介護者の4分の1しか知らなかったという。男性よりも女性のほうが，29歳未満よりも65歳以上のほうが，よく知っていた。「介護者として公的支援を受けた人」は7%，「支援を受けていないが将来必要になる」と答えた人が15%，「支援は必要ない」という介護者が77%と高かった。このように法改正についての介護者の認知度は低く，また，どのような支援を受けられるかについての情報が少ないことが，必要ないという回答の多さの一つの要因になっている。

4. 責任配分についての意見

　調査では，介護の責任をどこが担っているか，また，担うべきであるかについて介護者に質問をしている。現在は，親族などの介護者が主で社会が補助であるとする見解が全体の40％，社会が主で親族などの介護者が補助であるとする見解は35％であった。将来については，介護者が主であるべきとする見解は半分以下の18％となり，社会が主であるべきという見解は60％と高くなった。

　この報告書では，「近しい人への介護者の支援は，社会の基本的機能である。介護者による介護がなければ，社会は市民の介護の必要を満たすことはない。介護者による介護は，医療や社会サービスなどの社会的な取り組みの基礎をなす。」（Socialstyrelsen 2012a：47-48）と述べられている。

7　問題点と対策

1. 情報の提供

　社会保健庁は，社会サービス法改正後，フォローアップと評価の責務を負った。「近しい人を介護または支援している人への援助」という年次報告が出されている。2012年の報告は，その年の介護者へのアンケート調査の結果を踏まえたものになっている。

　特筆すべきは，「非常に濃密な介護者」（第3カテゴリー）の3分の1しか社会サービス法の規定を知らないこと，そして介護者全体で約4分の3が，そして「濃密な介護者」（第2カテゴリー）の約半数が支援の必要なしと答えていることである。必要なしという答えは，どのような支援が行われているかを知らない，または，必要に応じた支援が行われていない，どちらかが要因として考えられる。ほかに，被介護者が社会サービスを受けるべきと考

えていることも考えられる。

　また，報告書では，慢性病を患っている人は，しばしば，ランスティングの保健医療サービスに最も関心を持っている，としている（Socialstyrelsen 2012c：7）。医療従事者が介護者支援とより連携を強めることも重要である。

　とはいえ，介護者への支援が着実に広がりを見せていることは事実であると指摘している。

　社会保健庁の結論と提案は次の通りである。

- コミューンは，介護者の必要を可視化し，コミューンが提供できる支援についての情報を提供するために，介護者の取り扱いを改善し，手順を作成する必要がある。
- ランスティングは，これまで介護者の観点での取り組みを十分に行っていなかった。多くの介護者はランスティングの保健医療と長期のコンタクトをとっている。したがって，保健医療と社会サービスが協働して，介護者と被介護者のために最善を尽くすことが重要である。

2. ガイダンスの必要と介護者の観点

　社会保健庁のフォローアップにおいて，さまざまなガイダンスの必要性について述べられている。ガイダンスの目的は，支援を必要とするすべての介護者が支援を利用することができ，介護者の視点がそこに貫かれることである。介護者の視点とは，①介護者との協働，②支援の検討に介護者が参加すること，③支援の判断と実施に際して介護者の意見を考慮すること，④介護者の必要について検討し，コミューンの支援について情報提供すること，⑤定期的なコンタクトを持ち，支援についてフォローアップすること，⑥医療と社会サービスが協働すること，である。

3. コミューンの対策

　社会保健庁がコミューンとコミューン地区委員会に対してアンケートを実

表3-17 社会サービス法当該条項の適用状況（コミューンとコミューン地区へのアンケート結果より「イエス」と答えたコミューンまたはコミューン地区の割合）

（単位：％）

	高齢者ケア	障がい者ケア	個人・家族ケア
戦略，目標，活動計画を作成している	76	56	39
介護者と早いコンタクトをとっている	84	79	70
介護者の観点で支援を行っている	82	83	80
予算措置をとっている	86	70	51
どのような支援があるかについて情報提供手段がある	94	72	54

〔Socialstyrelsen（2012c）*Stöd till personer som vårdar eller stödjer närstående-Lägesbeskrivning 2012*：14-22をもとに筆者作成〕

施している（**表3-17**）。回収率は高齢者ケア86％，障がい者ケア72％，個人・家族ケア69％で，結果を見るとやや低い項目がある。

　第1に，社会サービス法の当該条項を適用するために，戦略，目標，または活動計画を作成しているかどうかである。高齢者ケアでは，作成したコミューンまたはコミューン地区が76％に達するが，障がい者ケアでは56％，個人・家族ケアでは39％であった。社会保健庁は，すべてのコミューンが戦略を持たなければならないと指摘している。

　第2に，介護者支援において介護者と早いコンタクトをとっているかどうか，そして，介護者の観点で支援が行われているかが尋ねられている。コミューンの戦略等において，早いコンタクトと活動における介護者の観点が重要である。前者の質問について，「イエス」と答えたコミューンまたは地区委員会は，高齢者ケア84％，障がい者ケア79％，個人・家族ケア70％であった。後者については，同じく，82％，83％，80％であった。早いコンタクトをとるためには，文書やマスメディアによる宣伝，さまざまな組織や保健医療の活動を通じた情報提供が不可欠であるとしている。また，介護者の観点で活動するためには，特別な教育や職場での対応等によるさまざまなタイプの教育活動が必要とされている。

第3に，予算措置をとっているかどうかである。高齢ケアでは86％，障がい者ケアでは70％，個人・家族ケアでは51％のコミューンまたは地区委員会で介護者支援のための予算措置をとっていた。

　最後に，介護者がどのような支援を利用することのできるかについて，コミューンに情報提供の手段があるかどうか質問している。高齢者ケアでは94％，障がい者ケアでは72％，個人および家族ケアでは54％が「イエス」と答えた。社会保健庁は，中心的問題は支援についての情報をコミューンがいかに広げるかにある，と指摘している。

4．小規模・過疎地コミューンと大規模・人口密集コミューン

　社会サービス法の当該条項を適用するに当たっての問題点の一つは，一般に，資源，すなわち，時間・資金・力量の不足である。特に，小規模または過疎地のコミューンでは，介護者支援に特別な資源を振り向けることが困難である。一方で，大規模または人口密集しているコミューンでは，私的であれ公的であれ，多くのアクターが存在するが，それらのアクターの協働に難点がある。また移民者を多く抱える大規模コミューンでは，それらの文化に応じた支援を行うのに特別な配慮がなされなければならない（Socialstyrelsen 2012c：23-24）。

　社会サービス法の当該規定についての情報を広めるため，社会保健庁は2012年に20のカンファレンス開催を支援した。その一つが介護者協会によって運営された「介護者の日」であった。

　2013年4月23日と24日に15周年記念の「介護者の日2013」が開催された。介護者により，自分の活動の可能性，健康の重要性，交流の仕方，介護と仕事の両立などが話し合われた。さらに経済や政治について議論された。「介護者の日」は，介護者と他のあらゆる人々が出会い，集まり，教え合い，そしてネットワークを作るために開催される。つまり，介護者支援を発展させ

る長期的な取り組みに新しいエネルギーと強い忍耐力を与える取り組みである。

　介護者協会はこのほかに，介護者新聞の発行，介護者ハンドブックの出版，介護者ボックスによる多くの経験と支援の仕方・技術についての伝達，介護者により良い労働環境を整備するための雇い主プロジェクト「介護者のための雇い主」（介護者能力センターとの共同プロジェクト）などを行っている。

　介護者支援についてのさまざまな経験を集約し，研究者による科学的知識と方法を発展させる組織である介護者能力センターもさまざまな広報活動とカンファレンスを行ってきた（Socialstyrelsen 2012b：10）。

　さらに，社会保健庁は2013年に社会サービス法の当該条項を適用するためのコミューンに対するガイドラインを発表した（Socialstyrelsen 2013a）。その中で，これまでの介護者とその支援についての知識と経験を集約するとともに，コミューンで自ら議論すべき課題が述べられている。

　2009年の社会サービス法の改正は，介護者支援を発展させるための一つの通過点である。1990年代末の社会サービス法における奨励規定とそれ以降の政府補助金によって，そして2009年の義務規定によって，介護者支援は大きく前進した。しかし，まだ多くの問題が残されている。

　第1に，介護者には，高齢者や障がい者を介護している者だけでなく，障害または長期疾病の子どもを介護している者も含まれるが，まだ，子どもを介護している者への支援が他に比べて不十分である。

　第2に，「非常に濃密な介護者」（第3カテゴリー）に健康，就労，生活の質において問題が残っている。

　第3に，介護者支援について知らない介護者が多い。コミューン等による周知とともに医療現場での説明も必要である。これについては，介護者協会などのボランティア組織や介護者能力センターなどでは，政府やコミューンと協力して，知識や経験の交流や普及を行っている。

　第4に，公的な介護者支援が進む一方で，民間からのサービス購入も行われている。家事援助サービスを民間から直接購入し，その価格の50％を課

税所得から控除(上限:10万kr)する仕組みが2007年に導入されており(第8章参照),高学歴者や高所得者の利用が多い(Szebehely & Trydegård 2012:306)。

最後に,介護者による介護・援助と社会サービスによる介護・援助との関係が問題となる。特に第3カテゴリーに属する介護者に対しては,負担を軽減するために,介護者支援とともに,社会サービスそのものをさらに充実させることが求められている。

文 献

Dahlberg L. (2004) Substitution in statutory and voluntary support for relatives of older people, *International Journal of Social Welfare*, 13 (2), 181-188

Johansson L. (2004) *Services for Supporting Family Carers of Older Dependent People in Europe : Characteristics, Coverage and Usage, The National Background Report for Sweden*

Krevers B., Magnusson H., Johansson L. and Öberg B. (2006) *Services for Supporting Family Carers of Older Dependent People in Europe : Characteristics, Coverage and Usage, The National Background Report for Sweden*

Lamura G., Hanneli D., Kofahl K. eds. (2008) *Family Carers of Older People in Europe : A Six-Country Comparative study*, Lit verlag

Larsson K. (2006) Hemtjänst och anhörigvård, SCB *Äldres levnadsförhållanden-arbet, ekonomi, hälså och socialt nätverk 1980-2003*

Larsson K. (2007) The social situation of older people (chapter 8), *International Journal of Social Welfare*, 16, 203-218

SKL:Sveriges Kommuner och Landsting (2007) *Care of the elderly in Sweden Today*

Socialstyrelsen (2005) *Nationell handlingsplan för hälså-och sjukvården : slutrapport*

Socialstyrelsen (2007a) *Kommunernas anhörigstöd-Utvecklingsläget 2006*

Socialstyrelsen (2007b) *Vård och omsorg rd och omsorg om äldre-lägesrapporter 2006*

Socialstyrelsen (2008a) *Kommunernas anhörigstöd-Utvecklingsläget 2007*

Socialstyrelsen (2008b) *Äldre-vård och omsorg år 2007*

Socialstyrelsen (2009) *Kommunernas anhörigstöd-Slutrapport*

Socialstyrelsen（2012a）*Anhöriga som ger omsorg till näastående-omfattning och konsekvenser*

Socialstyrelsen（2012b）*Nationellt kompetenscentrum Anhöriga coh Svenskt demenscentrum-Redovisning av verksamhet 2011*

Socialstyrelsen（2012c）*Stöd till personer som vårdar eller stödjer närstående-Lägesbeskrivning 2012*

Socialstyrelsen（2013a）*Stöd till anhöriga-vägledning till kommunerna för tillämpning av 5 kap. 10§ socialtjänstlagen*

Socialstyrelsen（2013b）*Äldre-vård och omsorg den 1 oktober 2012-Kommunala insatser enligt socialtjänstlagen samt hälso-och sjukvårdslagen*

Sundström G., Johansson L., Hassing LB.（2002）The shifting balance of long-term care in Sweden, *Gerontologist*, 42（3）, 350-355

Szebehely M.（2005）*Anhörigas betalda och obetalda äldresomsorgsinsatser*,（SOU 2005：66）

Szebehely M.（2006）Informella hjälper, SCB *Åldres levnadsförhållanden-arbet, ekonomi, hälså, och sociala nätverk 1980-2003*

Szebehely M. and Trydegård GB.（2012）Home care for older people in Sweden：a universal model in transition, *Health and Soc Care Community*, 20（3）, 300-309

The Eurofamcare Consortium（2006）*Services for Supporting Family Carers of Older Dependent People in European Characteristics, Coverage and Usage-the Trans-European survey Report*

石黒　暢（2003）「スウェーデンにおける介護家族支援策―「家族300」（Anhörig 300）補助金とその成果」『IDUN―北欧研究―』（15）, 209-224

訓覇法子（2008）「サービス格差に見るケアシステムの課題」上野千鶴子・大熊由紀子・大沢真理・ほか編『ケアを支えるしくみ』岩波書店, 27-52

斉藤弥生（2006）「高齢者の生活を支える」岡沢憲芙・中間真一編『スウェーデン―自律社会を生きる人びと』早稲田大学出版部, 141-170

袖井孝子（2008）「家族介護は軽減されたか」上野千鶴子, 大熊由紀子, 大沢真理・ほか編『家族のケア　家族へのケア』岩波書店, 135-153

藤岡純一（2008）「スウェーデンにおける家族介護者に対する公的支援」『関西福祉大学研究紀要』（11）, 101-107

藤岡純一（2009）「スウェーデンにおける家族・親族介護者支援の課題」『関西福祉大学社会福祉学部研究紀要』（12）, 189-197

藤岡純一（2009）「スウェーデンにおける家族・親族介護者支援とボランティア組織」『北ヨーロッパ研究』（6）, 95-103

藤岡純一（2013）「スウェーデンの介護者支援」『海外社会保障研究』（184）,

4-15
三富紀敬（2000）『イギリスの在宅介護者』ミネルヴァ書房，1-640

第4章
社会的企業と公的部門

はじめに

　近年,社会的企業が注目されている。欧米だけでなく日本においても,多くの新しい社会的企業が創設され,その事例が紹介されている。東日本大震災復興関係の起業も見られる。経済産業省はソーシャルビジネス推進研究会の報告書の中では,これらをソーシャルビジネス事業に位置づけ,その定義について,「さまざまな社会的課題(高齢者問題,環境問題,子育て・教育問題など)を市場として捉えて,その解決を目的とする事業」としている(ソーシャルビジネス推進研究会 2011：4)。

　社会的企業としての位置づけは,日本より欧米で先行した。アメリカでは,伝統的でチャリティー的な性格を持つ非営利組織が積極的に市場取引への関与を強め,「商業化」し「企業化」した。非営利と営利の境界が曖昧化したとも言えよう。一方で,ヨーロッパでは,社会的企業(ソーシャル・エンタープライズ)は,参加的な枠組みのもとで,雇用や特定のケアサービスを提供するために設立された社会的協同組合や非営利組織を意味する(塚本・山岸 2008：26)。

　本章では,スウェーデンの社会的企業について論じていく。スウェーデンはヨーロッパに属するとともに,公的な社会サービスの高い水準を誇る国であるが,近年,福祉供給の多元化が進みつつある。一方で,労働統合型の社会的企業が着実に増加し,それに対する公的な支援が行われている。他方で,社会サービスの提供は,協同組合だけではなく,社会サービスを目的と

した株式会社にも委託され，公的部門に社会サービスを提供する社会的企業の数も増加している（このタイプのスウェーデンの社会的企業については本書第7章で取り上げる）。現在のスウェーデンの労働統合型社会的企業は，長期失業者や障がい者などの就業困難者のための訓練と労働の場であると同時に，公的部門に社会サービスを提供するという二重の役割を果たしている。

　日本における，スウェーデンの社会的企業についての論稿として，親協同組合保育園の紹介などで協同組合について論じたもの，あるいは地域再生のための組織について紹介したものなどいくつかある[注1]。1980年代後半にスウェーデンでは親協同組合保育園と職員協同組合保育園が設立され始め，社会的企業の一形態となった。また，過疎地域等における地域再生の取り組みは大きな示唆に富んでいる。その後，今日までに，社会的企業はそれらだけではなく多種多様な形態を含み大きく発展した。本章では，今日の労働統合型社会的企業の全体像とその意義について分析し論じていく。

　社会的企業はこれまでの協同組合や非営利組織とどのように区別されるのであろうか。ジャック・ドウフニエによれば（Defourny 2001＝内山ら2004：19），その違いはイノベーション活動としての企業家活動にある，とされる。新しいサービスの創出，組織または生産の新しい方法，新しい生産要素，新しい市場関係，新しい企業形態である。「社会的」と呼称されるのは，利潤を生み出すことよりもメンバーやコミュニティに貢献することを目的としている，非貨幣的資源（ボランティアなど）を活用する，そして，組織が固有の意志決定組織を持ち自律的あるいは自立的である，とされているからである。この点では，社会経済や非営利組織と共通する。

注1　文献として，秋朝（2004），太田（2005，2010），福地（2010），吉岡（2006，2010），中道（2012），小内（2012）などが挙げられる。

1 社会的企業とは

1. 日本における定義

谷本寛治によれば,「ソーシャル・エンタープライズ（社会的企業）とは,非営利形態であれ,営利形態であれ,社会的事業に取り組み,社会的課題の解決に向けて新しい商品,サービスやその提供の仕組みなど,ソーシャル・イノベーションを生み出す事業体である」(谷本 2006：13) とされる。そのソーシャル・エンタープライズの要件として,「社会性」:社会的ミッション (social mission),「事業性」:社会的事業体 (social business),「革新性」:ソーシャル・イノベーション (social innovation) の3つを挙げている。社会的企業の形態は,さまざまであるが,非営利組織はもちろんのこと,営利組織である株式会社においては,社会志向型企業や企業の社会的責任 (Corporate Social Responsibility；CSR) をも含むとしている (**表4-1**)。CSRを含むとする理由には,「ソーシャル・イノベーション・クラスター」と言われるソーシャル・イノベーションを創発させていく地域のまとまりについて考察するのに不可欠であるからだと考えられる。このクラスターには大学や研究機関も含まれる。

ソーシャルビジネス推進研究会では,前述の通りソーシャルビジネスを「さまざまな社会的課題（高齢化問題,環境問題,子育て・教育問題など）を市場として捉え,その解決を目的とする事業」と定義しているが,そこでもまた,「社会性」「事業性」「革新性」の3つを要件に挙げている (ソーシャルビジネス推進研究会 2011：4)。「社会性」とは,現在,解決が求められている社会的問題に取り組むことを事業活動のミッションとすること,「事業性」とはミッションをビジネスの形に表わし,継続的に事業活動を進めていくこと,「革新性」とは,新しい社会的商品・サービスやそれを提供するための仕組みを開発したり,活用したりすること,また,その活動が社会に広がることを通して,新しい社会的価値を創出すること,である。そして,ソー

表4-1 ソーシャル・エンタープライズの形態

非営利組織形態	NPO法人，社会福祉法人など	
	中間法人，協同組合（ヨーロッパでは多様な形態）	
営利組織形態	株式会社	社会志向型企業
		企業の社会的事業（CSR）

〔谷本寛治（2006）『ソーシャル・エンタープライズ―社会的企業の台頭』中央経済社：7〕

シャルビジネスを行うことを主な目的としている事業主体を，ソーシャルビジネス事業者としている。この報告の中では，社会的企業という表現は使われていないが，ソーシャルビジネス事業者というのは，社会的企業と多くの共通点を持つと考えられる。この事業者には，CSRは含まれていないが，ソーシャルビジネス事業者が企業と連携・協働を進め，ソーシャルビジネス市場の成長を図ることの重要性が指摘されている。

　この研究会の目的は，ソーシャルビジネス事業者のいっそうの支援と普及啓発，およびそのさらなる成長に向けた環境整備にある。具体的には，資金調達，人材育成，事業展開支援，普及・啓発，ソーシャルビジネス事業者と企業との連携・協働の促進，新たな市場の創出とされている。それについては，経済産業省からソーシャルビジネス事例集が出され報告されている。2007年現在，日本の事業者数は8,000，市場規模は2,400億円，雇用者は3万2,000人と推定される（ソーシャルビジネス研究会 2008：8）。

　藤井敦史らは，社会的排除問題に対して，失われたコミュニティを紡ぎ直し，今まで顧みられなかった社会的なニーズを満たすためのサービスを提供し，またはさまざまな不利な状況を抱えた人々に就労の機会を提供しながら，社会的包摂を可能にする担い手として，社会的企業を位置づけている（藤井ら 2013：1-2）。そして社会的企業の本質はハイブリッド性にあるとし，社会的企業は2つの意味でハイブリッドであると述べている。すなわち，第1に社会的企業がハイブリッドな組織構造を持つこと，第2に，社会的企業がコミュニティと市場と政府の媒介領域に存在し，それぞれの長所を引き出

しながらポジティブなシナジーを生み出す組織であることとしている。第1に挙げたハイブリッド性には，①事業上の目標と同時に多様な社会的目標を追求していること，②マルティ・ステイクホルダーの参加に開かれた組織であること，③市場からの事業収入，公的資金，ソーシャルキャピタルなど多元的経済によって組織としての持続性を生み出していることを挙げている。社会的企業の定義としては，次に検討するEMES（L' Emergence des Enterprises Sociales en Europe, European Research Network）の定義を高く評価しており，それをもとに日本の労働者協同組合とワーカーズ・コレクティブに焦点を当てて分析をしている。

2. ヨーロッパにおける定義

　ヨーロッパにおける社会的企業の概念は，1990年代初頭にイタリアで，「社会的協同組合」として登場した。イタリア議会で法的形態を与えられ大きく成長していった。続いて，ヨーロッパを中心とした研究センターと研究者のネットワークであり，社会的企業とサードセクター（社会経済，非営利組織，あるいはボランティア組織）などについての研究プロジェクトを進めているEMESが，国際的非営利組織として結成され，社会的企業についての研究プロジェクトが行われた。その成果が2001年にボルザガとドゥフルニによって公表された（Borzaga & Defourny 2001）。さらに，イギリスにおいて，ブレア政権が社会的企業局を立ち上げ，社会的企業についての概念を発展させた。2004年に「コミュニティ利益会社」が法的な形態として議会にかけられた（Defourny & Nyssens 2006：4）。

　本項では，スウェーデンの社会的企業を検討する際に大変重要となるであろうEMESの社会的企業の定義を取り上げることとする。EMESの定義では，当初9つの基準が経済的指標と社会的な指標の2つに区別されていた（Defourny 2001＝内山ら 2004：27-29）。しかしその後，同じ9つの基準が3つの次元に，すなわち「経済的次元および起業家的次元」「社会的次元」「参加型ガバナンスの次元」に区分されるよう改められた（Defourny 2012：12-15）。

まず，経済的かつ起業家的な次元に関わる以下の3つの基準が挙げられる。
①財・サービスの生産と販売の継続的活動
②経済的リスクの高い水準
③有償労働のミニマムレベル
次に，社会的な次元に関わる基準が以下の3つに要約される。
④コミュニティに貢献するという明確な目的
⑤市民グループのイニシアティブ
⑥利益配分の制限
最後に，参加型ガバナンスの次元に関わる3つの基準である。
⑦高度の自律性
⑧資本所有に基づかない決定権
⑨活動によって影響を受けるさまざまな関係者の参加

強調されているのは，これらの基準が規範的なものというより，むしろ，研究者が社会的企業の「銀河」内に自分たちを位置づけるための「理想的な型」を表わしていることである (Defourny & Nyssens 2006：7)。

EMESのホームページには，社会的企業の定義が以下のように要約されている。

「社会的企業は，コミュニティに貢献するという明確な目的を持ち，市民によって主導され，そして投資家の物的な利益が制限されている組織として定義される。それらは，自らの独立性と，社会経済活動の継続に関わる経済的リスクテイキングに高い価値を置く」(EMES ホームページ http://www.emes.net，2012年3月5日参照)。

社会的企業は，サードセクターの既存の概念に取って代わるものではなく，むしろ，サードセクターの特別な活動力に光を当てることでこのサードセクターの概念をより高めるものである。

EMESは社会的企業の理論的な課題を図4-1に表わしている。第1の軸は協同組合である。第2の軸は非営利組織である。社会的企業の性格が協同組合と非営利組織という両タイプの組織的特徴を併せ持つようになるにつれて，

第4章 社会的企業と公的部門

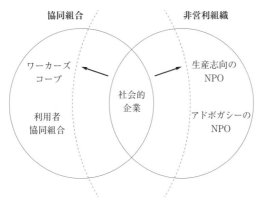

図4-1 協同組合と非営利組織の交差空間に存在する社会的企業
〔Borzaga C. and Defourny J. eds. (2001) *The Emergence of Social Enterprise*, Routledge（＝2004, 内山哲朗・石塚秀雄・柳沢敏勝訳『社会的企業―雇用・福祉のEUサードセクター』日本経済評論社：35）〕

図の中心部分が大きくなり、それぞれの輪が近づく。さらに点線内の部分は、社会的企業の一部が新たに創出された組織からなることを示唆している。

ドゥフルニとニッセンスは、EMESの社会的企業の定義について、次のように特徴づけている（Defourny & Nyssens 2006：11-12）。

第1に、社会的企業のガバナンスにおける多次元方式が強調される。公式のチャンネル（役員会）であれ非公式のチャンネルであれ、組織のガバナンスにさまざまな利害関係者が参加することである。もちろん社会起業家は重要であるが、これらの人々は社会的企業の公的な利益に責任を持つ利害関係者によって支援されている。

第2に、社会的企業は取引活動を通じて経済的な持続性を達成しなければならないということを、必ずしも意味するものではない。社会的企業の経済的な資源は、取引活動、公的補助金、そして社会関係資本の動員によって得られたボランティア資源のハイブリッドであるという性格を持つ。

第3に、財・サービスの生産は、それ自体、社会的なミッションのための支援を構成する。経済的活動の性質は社会的ミッションに結びついていなけ

ればならない。アメリカやイギリスでは，しばしば，経済活動は収入資源としてのみ考えられている。

最後に，イノベーションの観点は，組織と公共政策との相互作用の分析に基づいている。社会的企業と公共政策との関係は一方的なものではない。社会的企業は，公的な規制のもとで市場と政府の狭間を埋める，単なる「残余」アクターではなく，現実に，制度的な環境に影響を及ぼし，制度と公共政策の形成と発展に貢献するものである。

スウェーデンにおいても，EMESの定義を引用しながら，EMESと同じ9つの基準を用いて社会的企業を定義している（Tillväxtanalys 2011：18-19）。

3. ヨーロッパの労働統合型社会的企業

社会的企業は大変多くの分野で活動を行っているが，とりわけ，労働市場，社会サービス，都市再生，環境サービス，そして他の公共財・サービスの供給から排除されている人々の構造的な失業に対して闘う分野で，積極的に活動している。EMESは，ヨーロッパにおける社会的企業の比較を行うために，社会的企業の成長の成果であり現在のヨーロッパでは主要な分野とされる「労働統合型社会的企業」(Work Integration Social Enterprises；WISEs) を取り上げている。労働統合型社会的企業の目的は，労働市場からの継続的な排除の危機にある不利な失業者を援助することにある。労働統合型社会的企業は生産的な活動によって，彼らを労働と社会に復帰させる。

ヨーロッパの多くの国では，いくつかのグループ（例えば女性，ヨーロッパ以外からの労働者，高齢者，そして非熟練労働者）の雇用率は大変低い（**表4-2**）。北ヨーロッパとポルトガルを除いて，中学校以下の教育しか受けていない人の2人に1人は働いていない。女性の雇用率は特にイタリアとスペインで低い。ヨーロッパ以外の人々の雇用率は北ヨーロッパを含むすべての国で低い値を示している。

労働統合型社会的企業の数，活動内容，法的形態，そして公的な支援の形態は国によりさまざまである。しかし，ヨーロッパではすべての国に存在

表4-2 EU諸国における雇用率（15～64歳，2002年）　　　　　　　　　　（単位：％）

	全体	女性	ヨーロッパ以外の人々	高齢者(50～64歳)	(60歳未満で)中学校以下の教育しか受けていない人
ベルギー	59.7	51.3	30.4	41.2	42.4
デンマーク	76.4	72.6	49.7	67.2	61.9
フィンランド	69.1	67.0	54.6	60.8	51.1
フランス	62.9	56.6	43.4	51.6	47.8
ドイツ	65.4	58.9	51.0	50.4	43.8
アイルランド	65.0	55.3	58.5	55.3	48.1
イタリア	55.4	42.1	n/a	40.4	46.5
ポルトガル	68.6	61.1	76.1	59.7	67.9
スペイン	58.4	43.8	67.2	47.3	53.7
スウェーデン	74.0	72.5	49.6	74.0	59.2
イギリス	71.5	65.1	57.2	62.2	48.6
EU全体平均	64.2	55.2	52.6	52.0	50.1

〔Defourny J. and Nyssens M.（2006）Defining social enterprise, Nyssens M. ed. *Social Enterprise. At the crossroads of market, public policies and civil society*, Routledge：14をもとに筆者作成〕

し，積極的労働市場政策の重要な手段となっている。労働統合型社会的企業は大きく4つのグループに分けることができる（Davister, et al. 2004）。

第1のグループは，継続的な「補助金」によって支援され，職業的な統合を行っている企業である。このグループは労働統合型社会的企業の最も古い形態である障がい者のための統合型企業を含む。スウェーデンにおける保護作業場のサムハル[注2]もこれに含まれる。

第2のグループは，労働市場において不利な立場にある人に継続的で安定した雇用を提供するタイプである。経済的には中期的に持続が可能である。

注2　サムハルとは，国が100％株式を所有する障がい者雇用のための株式会社である。イケア社やボルボ社の下請け生産を行うと同時に，清掃や人材派遣などのサービス業を行う。

表4-3 労働統合型社会的企業の活動分野

	社会サービス	リサイクル	企業サービス	個人サービス	造園・都市再生	IT	建築	レストラン・ホテル	交通・通信	文化・余暇	教育	商業	職業紹介	農業	合計
企業数	29	28	19	14	12	10	9	8	7	7	5	3	3	1	155
企業割合（%）	19	18	12	9	8	6	6	5	5	5	3	2	2	1	100

〔Defourny J. and Nyssens M.（2006）Defining social enterprise, Nyssens M. ed. *Social Enterprise. At the crossroads of market, public policies and civil society*, Routledge：18をもとに筆者作成〕

公的な補助金は最初の段階で提供されるが，それは一時的である。イギリスにおけるコミュニティビジネスやソーシャルファームがそれに含まれる。

　第3のグループは，生産活動を通じて人々の社会適応を図ることを主な目的にしている。例として，フランスの労働生活適応センターやスウェーデンの社会的協同組合が挙げられる。これらの企業は，身体機能に障害はないが重度の社会心理的障害のある労働者，または心身障がい者を対象にしている。提供されるのは，実際の労働ではなく保護雇用である。

　第4のグループは，就労移行または実習を提供する企業で，労働統合型社会的企業の中で最も大きなグループである。公的な補助金に依存する企業もあれば全く独立した企業もある。これらは相対的に早く主要な労働市場と労働者を再統合させる。フィンランドの労働協同組合，フランスの一時的労働統合企業などがある。

　EMESは労働統合型社会的企業について調査研究を行った。11カ国の165企業が選ばれアンケート調査が行われた。これらの企業の活動分野はさまざまである（**表4-3**）。最も多いのが社会サービスとリサイクルで，企業サービス，個人サービス，造園・都市再生，ITがこれに続く。

4. 社会経済

　社会的企業と同じ社会的意義を持つ組織の組織名称として「社会経済」がある。以下の展開において，社会的企業とともに社会経済が概念として用いられることがあるので，簡単に定義を述べる。社会経済は，社会的目的を持った自主組織であり，連帯と一人1票制を基礎とするメンバー参加を基本原則としている。一般的に，これらの組織は協同組合，共済組織あるいはアソシエーション（非営利組織）という形態をとっている。社会的企業の上位概念であり，すでに19世紀にはフランスで誕生していた。1989年に欧州連合（European Union；EU）の前身であるEC（European Communities）において，社会経済の振興を目的とする社会的経済局が設けられている。利潤を生み出すことよりも，メンバーやコミュニティへの貢献を目的としている（山本 2014：12）。地域活性化の実践例として，スペインのバスク地方のモンドラゴン協働組合が有名である。

2 スウェーデンの労働統合型社会的企業

1. 経　緯

　スウェーデンでは1990年代に社会経済の内部で，協同組合保育園，地域開発グループ，サードセクターの社会サービスの形で，起業の波が発生し，労働統合型社会的企業が発展してきた（Tillväxtanalys 2011）。最初は協同組合運動や，グループの権利と社会における可能性のために働く団体としてであった。どちらの場合も，公的セクターが供給しない個人向けの事業でグループまたはメンバーの必要を満たすための「権利」から出発した。それらの活動は公的セクターとの密接な協調のもとに行われた。イタリアやEUによる政策の影響も相対的に強いものであった。

障がい者・顧客組織はメンバーの労働の必要や意義深い職の必要を満たすために，長期にわたり起業家として事業を行ってきた。全国レンカナ・シンスカダデス連盟（視覚障がい者のための団体）はこの典型例である。

　スウェーデン政府は2007年に産業発展庁（Verket för näringslivsutveckling, 以下，NUTEKとする）[注3]に対して，社会的企業が発展するためのプログラムを検討するように命じ，NUTEKは2008年に「より多くの成長する社会的企業のためのプログラム提案」（2009-2013）を発表した（NUTEK 2008）。このプログラムが提案する内容は次の通りである。

①行政内の部門を超えた協働と教育活動
②潜在力のある起業する社会的企業のためにプログラム事業を発展させること
　・情報提供，助言など企業を発展させるための事業
　・社会的企業のための教育と能力開発
　・資本提供
③教育，統計の整備，必要性の研究を進めること

　政府はさらに2010年に，労働統合型社会的企業のためのアクションプランを立てた。その概要は次の通りである。
①補助金の現状を調査すること
②政府機関と関連アクターとの間で共同の情報提供機関を検討すること
③労働市場制度と社会保険制度において，労働統合型社会的企業に関わる共通の文書を作成すること
④どのような補助または保障を労働統合型社会的企業の共同労働者が得ることができるか検討すること

注3　NUTEKは1991年に設置され，2009年に廃止された。その業務は成長庁（Tillväxtverket）と成長分析局（Tillväxtanalys）に引き継がれた。

2. 定義と特徴

　前節で述べたプログラム提案の中で，労働統合型社会的企業の定義として，それが産業活動をどのように推進するかが書かれており，定義とともに注釈（括弧内）が付け加えられている。

- 労働生活と社会の中で，就労し労働を継続することに大きな困難を伴う人々を統合するという包括的な目的を持つ（すなわち，新しい労働機会を創造するとともに，ほかの雇用主のところで就労することができるように，職業訓練やリハビリテーションを行うこと）。
- 所有，協定，またはほかの記録様式によって共同労働への参加を作り出す（すなわち，社会的企業は共同労働として運営されるとともに，企業とその発展についての決定にすべての人が参加できるように，企業活動が組織されること）。
- 自身の活動によって得られた利益を主に再投資する〔すなわち，利益（余剰）は，より多くの人を雇い，活動をさらに発展させ，技能開発を行うために，また，新しい社会的企業を設立するために，利用される〕。
- 公的活動から組織的に独立した企業である（すなわち，社会的企業は，コミューンまたは公的に所有された組織に所有者を持たない）。

　「労働統合型」という意味は，リハビリテーション（以下，リハビリとする）または社会的なつながりと就業に焦点が当てられている。また，プログラム提案によると，他の企業との違いについて次のように書かれている。
　「その源泉は公的な部門でも市場でも満たされない必要にある。それは何よりも労働の必要に関わっているが，同時に，リハビリテーションの新しい方法，起業への新たな道筋，そして新たな産業活動などの新しいサービスを発展させることに関わっている」（NUTEK 2008）。
　スウェーデンの労働統合型社会的企業は，二重のビジネスというアイデアによって特徴づけられる。すなわち，その企業は労働訓練とリハビリサービスを公的セクターに販売すると同時に，企業が生産した商品とサービスを市

場にて販売する。

　企業の中には，ほかにも社会的目的を持ち，その主な目的を保健・介護・教育などの社会サービスを生み出すこととして労働者を雇用するところもあるが，これらの企業は労働統合型社会的企業とは呼ばない。社会的企業のもう一つの形態だといえる。

　スウェーデンの労働統合型社会的企業の定義は，所有を含めている点でEMESの定義と異なっている。社会的企業を構成するのは，協同組合，NPO，そして株式会社である。ただし，ここでいう株式会社は小規模な会社を想定していると思われる。スウェーデンでは，協同組合は，資本金不要で3（法）人以上で設立可能である。株式会社の場合は，資本金が必要であるが，1（法）人以上で設立可能である。

3．現　状

　現在，職業安定局，成長庁，そして社会保険局が共同で，社会保健庁，地方自治体連合（Sveriges Kommuner och Landsting；SKL），社会労働協同組合（Skoopi）の協力のもとに，「ソフィサム（Sofisam）」という組織を立ち上げ，そのホームページ上で社会的企業の情報提供を行っている。それによると，2014年には，労働統合型社会的企業の数は約300，従業員約3,000人，活動を行った人（従業員を含む）は約9,000人に上るとしている。2015年には企業数は350社を超えるほどになった（Sofisam ホームページ http://www.sofisam.se/，2015年12月24日参照）。2000年代前半には企業数は約50であったが，その後著しく増加し発展していることがうかがえる。

　Sofisamは，労働統合型社会的企業の活動分野についての情報を提供している。**表4-4**は活動分野別の企業数を示している。複数の分野で活動している社会的企業が多いため，同じ企業が複数の分野に登場している。最も多い分野は「ブティック・小売り」で118社ある。次いで「喫茶店・レストラン・ホテル・会議場」が104社，そして「家事サービス」85社，「栽培・ガーデニング」68社，「不動産管理・建設」67社，「工芸・芸術」65社と続く。

表4-4 スウェーデンの労働統合型社会的企業の活動分野

自動車と自転車の修理・整備	ブティック・小売り	喫茶店・レストラン・ホテル・会議場	不動産管理・建設	工芸・芸術	犬預かり・動物の世話	家事サービス	情報・コミュニケーション・教育	事務所サービス，経済	文化・娯楽・余暇	請負工事	栽培・ガーデニング	スタッフの配置	輸送	観光	リサイクル	その他
企業数 31	118	104	67	65	24	85	57	29	24	25	68	19	18	9	46	64

〔Sofisam ホームページ（http://www.sofisam.se/，2015年12月24日閲覧）より筆者作成〕

表4-5 スウェーデンにおける労働統合型社会的企業の規模

従業員数	労働統合型社会的企業		全企業	
	企業数	割合（％）	企業数	割合（％）
1〜4人	57	44	173,763	69
5〜9人	28	21	38,952	15
10〜49人	43	33	32,806	13
50〜249人	3	2	5,398	2
250人以上	0	0	1,429	1
合計	131	100	252,348	100

〔Tillväxtanalys（2011）(Myndigheten för tillväxtpolitiska utvärderingar och analyzer) *Arbetintegrerand sociala företag-använding och behov av statliga finansieringsstöd*, Rapport：24 より筆者作成〕

このようにさまざまな分野に進出している。

次に，労働統合型社会的企業の規模について述べる。残念ながら2009年の統計資料しか公表されていないが，全体として小規模であることに変わりない。**表4-5**の通り，従業員数が1〜4人および10〜49人の企業が多い。前者が44％，後者が33％である。全産業の割合に比べると5〜9人と10〜49人

表4-6　スウェーデンの労働統合型社会的企業の設立からの年数

年数	労働統合型社会的企業		全企業	
	企業数	割合（％）	企業数	割合（％）
0〜4年	49	26	186,375	19
5〜9年	60	31	214,221	22
10年以上	82	43	564,894	59
合計	191	100	965,490	100

〔Tillväxtanalys（2011）（Myndigheten för tillväxtpolitiska utvärderingar och analyzer）*Arbetintegrerand sociala företag-användning och behov av statliga finansieringsstöd*, Rapport：25より筆者作成〕

が高くなっている。これに対して，従業員250人以上の大企業は0であった。ちなみに，この表から従業員のいない企業は省かれている。

　では，企業の設立からの年数はどのくらいであろうか。全企業の59％が10年以上経過しているのに対して，労働統合型社会企業では，10年以上が43％，5〜9年が31％，0〜4年が26％であった（**表4-6**）。労働統合型社会的企業が全企業より平均して若いことがわかる。この統計の調査時からすでに5年以上経過しているので，調査時から現在まで存続している企業の経過年数はやや長くなるが，この間にも100社以上の起業があったことを考慮すると，全体として経過年数が短いことに変わりがないと考えられる。

　設立時の資金調達の仕方については，43の企業が回答した調査をもとに述べる（Tillväxtanalys 2011：48）。この調査では複数回答が可能とされている。**表4-7**に示すように，最も多いのが「公的金融支援・補助金」で，56％の企業がそれを受け入れた。公的資金のうち，多いのがコミューン（市）の資金とEUの社会ファンド（European Social Fund；ESF，後述参照）である。

　8社が銀行ローンを受けたと回答した。社会的企業は信用の問題から銀行の借り入れが困難な場合が多いのだが，私的住宅などの担保によって借り入れ可能となったと思われる。同じく8社がファンド資金を利用したと回答した。ファンドにはさまざまなタイプがあるが，最も一般的なのが遺産ファンドである。

第4章　社会的企業と公的部門

表4-7　労働統合型社会的企業の設立時の資金

	自己資金	銀行ローン	知人・親戚の資金・借入	多くの共同出資者の資金	企業の後援	遺産ファンドなどのファンド資金	ALMIによる企業融資	公的金融支援・補助金	理念的・経済的団体からの援助	その他	資金の必要なし
企業数 N=43	18	8	1	1	6	8	1	24	8	5	3
割合（％）	42	19	2	2	14	19	2	56	19	12	7

〔Tillväxtanalys（2011）(Myndigheten för tillväxtpolitiska utvärderingar och analyzer) *Arbetintegrerand sociala företag-använding och behov av statliga finansieringsstöd*. Rapport：48より筆者作成〕

　設立後に外部資金を必要としたかについての質問では，「はい」が回答企業43社のうち72％に相当する31社に上っている。その内訳は，「公的金融支援・補助金」が61％，「銀行借入」が23％，「ファンドの資金」が23％，「理念的・経済的団体からの援助」16％などであった（Tillväxtanalys 2011：49-50）。

　社会的企業は，設立後，実際にどのような公的資金を受け取ったのであろうか。受け取ったと回答した31社のうち最も多かったのが，コミューン，ランスティング（県），そして国の資金であった。このカテゴリーで最も一般的なのがコミューンの資金である。ランスティングからの補助はまれで調査回答では2例のみであった。国の資金の中で6社が社会保健庁からの交付を受けた。これは，労働統合型社会的企業の活動を奨励するための資金で，精神障がい者の有意義な職を提供する法人に対する資金であった。国のレーン（地方）行政局からの補助は1例だけであった。これは女性の職を増やすことを目的としたものであった。社会基金と遺産ファンドからのプロジェクト資金を5社が受け取った。さらに，EUプログラムであるLEADER（Liaison Entre Actions de Développement de l'Écomomie Rurale：農村と農業への補助事業）からの補助を受け取った企業が1社あった。

表4-8 社会的企業が対象にしているグループ

	精神障がい者	身体障がい者	薬物中毒であった人	前犯罪者	傷病休業者	失業者	外国に背景を持つ人	若者	複数のグループ	その他
企業数	134	73	47	20	83	173	24	15	126	70

〔Sofisam ホームページ（http://www.sofisam.se/，2015年12月24日閲覧）より筆者作成〕

労働統合型社会的企業はどのようなグループの人を対象に活動を行っているのであろうか。Sofisam（**表4-8**）によると，2015年には，「精神障がい者（神経精神障がい者を含む）」134社，「身体障がい者」73社，「薬物中毒であった人」47社，「前犯罪者」20社，「傷病休業者」83社，「失業者」173社，「外国に背景を持つ人」24社，「若者」15社，「複数のグループ」126社，「その他」70社である。企業は複数の対象者の就労を目的としているので，この企業数には同じ企業が複数回登場している。失業者，精神障がい者，傷病休業者，そして身体障がい者を対象としている企業の多いことがわかる。

労働統合型社会的企業の法的形態は，2015年現在，64.3％の225社が経済団体（主として協同組合）であり，21.4％の75社が理念的団体（主として非営利組織），11.1％の38社が株式会社，その他が6社，不明6社であった。スウェーデンでは，協同組合の法的形態である経済団体が最も多い（Sofisamホームページ，参照）。

4．経　営

労働統合型社会的企業は，就労し労働を継続することに大きな困難を伴う人々を統合するという包括的な目的を持っているが，それではその「就労し労働を継続することに大きな困難を伴う人」とはどのような人のことであろうか。企業によってそれぞれ違いはあるが，LSS（特定の機能障害を有する

人の支援とサービスに関する法律）に規定のある障がい者，病気などのために長期失業中となった人，薬物中毒の経験者，移民者らである。障がい者に対する日中活動はコミューンから，長期失業者には職業安定局から，そして薬物中毒経験者には法務局とコミューンから職業訓練やリハビリの依頼を受ける。労働統合型社会的企業は職業訓練とリハビリを行って，そのサービスをこれらの公的部門に販売している。この関係は契約書に記載される。

　労働統合型社会的企業はさまざまな活動を行う。例えば，レストラン・カフェ，ベイカリー，木材加工，衣服のリサイクル，介護，ガーデニング，会計事務，自動車清掃，家電のリサイクルなどである。これらの労働の産物は市場で販売される。それぞれの仕事チームにはチューターが存在し，このチューターは社会的企業の雇用者であり給与が支払われる。スウェーデンでは，基本的に雇用者の給与は全国の産別労働組合と経営者協会との交渉によって決められる。この給与に社会保険料の事業主負担（社会保険料全体のおよそ90％）が加わる。この財源は，社会サービスの公的部門への販売と生産された財・サービスの販売によって調達される。労働統合型社会的企業によって両財源の構成は異なるが，筆者が調査（2015年8月実施）した限りでは，後者の割合が50％から5％くらいまでさまざまであるが，多くの企業では前者の収入が圧倒的に多い。平均的に5人の職業訓練またはリハビリを引き受けることによって，一人の雇用者の費用を賄うことができる。雇用者の労働能力が通常よりも劣る場合には，賃金補助が職業安定局から支払われる。

　このほかに，コミューンによっては家賃補助と運営費補助などが支払われている。

　コンパニオン（Coompanion，後述参照）やスクーピ（Skoopi，後述参照）などの中間組織は，労働統合型社会的企業の設立から運営までのアドバイスを行い，公的部門と労働統合型社会的企業を結ぶ役割を果たしている。ESFへの応募についてもこれらの中間組織が関わることが多い。これらの関係を示すと**図4-2**のようになる。

　近年，労働統合型社会的企業間で連携する試みが始まっている。労働統合

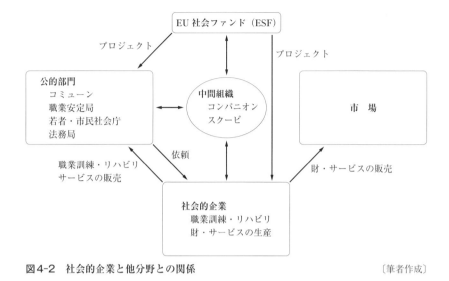

図4-2　社会的企業と他分野との関係　　　　　　　　　　　　　　　〔筆者作成〕

型社会的企業それ自体は小規模であるが，連携すると大きな勢力になり，競争力も強化される。また，バスタ（Basta，後述参照）のように，労働統合型社会的企業を親会社とするいくつかの子会社を創設する動きもある。

3　公的機関

　スウェーデンの労働統合型社会的企業は，公的機関と密接な関係にある。まず第1に，労働統合型社会的企業は，職業訓練やリハビリサービスを職業安定局やコミューンに販売する。これらの公的機関には労働継続に困難を伴う人のためのプログラムがあり，労働統合型社会的企業と契約を結ぶ。第2に，社会的企業の雇用者の労働能力が通常よりも劣る場合には，職業安定局より賃金補助が支給される。第3に，コミューンによって家賃補助や運営費補助が支払われることがある。

本節では労働統合型社会的企業に関わる公的機関について述べる。

1. 職業安定局と社会保健庁

　職業安定局は求人と求職の効果的なマッチングを行うが，同時に，職業訓練などの積極的労働市場政策を推進する機関でもある。援助の対象は個人のみであったので，かつては企業援助が考慮されることはなかった。しかし近年，企業経済への援助機関としての重要性が認識されるようになった。

　職業安定局は，2000年1月1日から2011年9月までに137の労働統合型社会的企業と契約を交わした。決定件数は11万7,669件で，合計金額は約10億krであった。最も多いのが「賃金補助」で，全件数の36％，全金額の51％に達した（Tillväxtanalys 2011：46）。

　職業安定局と社会保険事務所の共同で，精神障がい者であり労働能力が低下している人にリハビリと就労支援を行う「Resaプロジェクト」がある。これは，2009年に実施され37の社会的企業と契約を結んだが，2011年に廃止された（Tillväxtanalys 2011：38）。

　現在，職業安定局が行っているプログラムには，「開発雇用（utvecklingsanställning）」，「安心雇用（trygghetsanställning）」，「特別就労プログラム（särskilt anställningsstöd）（12カ月間）」などがある。開発雇用と安心雇用は，機能障害のため労働能力が低下している人にも適用される。この意味でResaプロジェクトは形を変えて存続しているといえる。特別就労プログラムは長期失業者のための訓練等のプログラムで，失業者が「職業開発プログラム（jobb-och utvecklingsgarantin）」を適用されて職業訓練等を行う場合に企業に適用されている。

　これらは労働統合型社会的企業に限定されたプログラムではなく，公的部門や民間企業にも適用される。職業安定局でこれらのプログラムを受ける失業者は，自分に合ったプログラムとその提供先を選ぶことができる。労働統合型社会的企業を選ぶと，職業安定局は企業と契約を結び，プログラムを適用して，訓練等の諸費用が企業に支払われる。支払われる費用は，プログラ

ムによって異なるが，2015年には一人当たり月4,100～6,000krであった（2015年8月筆者調査より）。

　失業者には，職業開発プログラムが適用され，給付金が支給される。労働経験，職業リハビリ，補強職業リハビリ，雇用訓練，起業支援などの種類がある。これらは300日間の失業手当が終了した人，18歳未満の子どものいる失業者，14カ月間失業者として職業安定局に登録されていた人などに適用される。このプログラムは3つの段階に分かれている。フェイズ1では150日間コーチの指導のもとに求職活動を行いながら職業訓練を受ける。フェイズ2では次の300日間，営業活動，労働教育，職業訓練などのさまざまな活動に参加する。フェイズ3では，フェイズ1～2の450日の職業訓練等を終えた失業者に適用される。個人に給付金が出るとともに，フェイズ3の活動を行っている企業に対しても契約の内容に基づいて訓練等への対価が支払われる。これは労働統合型社会的企業にとって重要な財源である。

　個人に支給される給付金は，総称して「活動支援開発給付（aktivitetsstöd och utvecklingsersättning）」と呼ばれている。これには職業開発プログラムだけではなく，雇用訓練，労働経験，若年就労プログラム，職業リハビリなどの就労準備方策なども含まれる。近年の特徴として，失業率の高い若年者と急増している移民者の就労支援に重点が置かれるようになった。

　社会保健庁は2010年に政府の指示で，精神障がい者に有意義な職を提供する法人に対し，950万krの国家補助を行った。これはコミューンとランスティングの事業への追加補助金であった。提供される職は精神障がい者にとって，個人の自立生活を送る可能性を発展させるものでなければならない。2014年におけるこの補助額は約3,000万krで，3,281人が対象となった。48の企業等に適用され，そのうち労働統合型社会的企業は21社であった。この事業への応募金額総数は約7,500万krであったので，そのうちの約40％しか適用されなかったことになる（Socialstyrelsen 2015：7）。

2. 若者・市民社会庁

　若者・市民社会庁は，若者が影響を与え福祉にアクセスできるようにし，市民社会組織との協働を進めるための国家機関である。その目的は，アソシエーション（非営利組織），民間組織および他の非営利活動のための条件を改善し，それによって市民を巻き込み，より大きく民主主義に貢献するようにすることである。

　若者・市民社会庁は，民間組織，プロジェクトおよび国際共同の形で市民社会に基金を配分する。配分される分野は次の通りである。

①民主主義，政治，影響（EUの市民間での連帯，女性の組織，若者と若者政策に責任を持つ人々のセミナー，市民社会の学習，若者の組織）

②差別と平等（反差別活動，男女平等プロジェクト）

③人種差別と過激主義（暴力的な過激主義と闘い，そのような環境にいる人を減少させる活動）

④民間組織〔子どもと若者の組織，民族の組織，LGBTQ（lesbian, gay, bisexual, transgender, questioning）組織，女性の組織〕

⑤ボランティア活動・交流（ヨーロッパのボランティア活動，若者交流，若者の労働を改善する目的を持つインフォーマルなグループ）

⑥労働と訓練（国際的なプロジェクトにおける訓練やネットワーク形成）

　これらの活動と補助は，EU，職業安定局，コミューンなどとの共同で行われる。このほかに，若者および市民社会庁独自に，大会の開催，訓練プログラムの実施，朝食セミナーなどが行われる。

3. コミューンと広域連合

　コミューンは住民への社会扶助，義務教育と高等学校，そして職業安定局では取り扱われない不利な立場にあるさまざまなグループの就業にも責任を持つ。社会サービス法（Socialtjänstlagen，以下SoLとする）とLSSによっ

て，機能障がい者の就業支援（SoL第5章第7条第2項，LSS第15条4項），薬物等依存症の人の支援（SoL第5章第9条）も義務づけられている。これらの人々に適切な職場を提供する労働統合型社会的企業とコミューンが協働することは大変有益である。多くのコミューンは，労働統合型社会的企業と協働し人材や金銭の形で資源を配分している。また，これらの企業から教育訓練・リハビリなどのサービスを購入するとともに，企業への家賃補助，インストラクター補助等を行っている。しかし，各コミューンによって取り組みには大きなばらつきがある。

　労働統合型社会的企業が最も発達しているとされるヴェストラ・ヨーターランド・リージョンの中心都市イェテボリ市（コミューン）では，「社会資源委員会」とその行政組織である「社会資源課」が2007年に発足した。社会資源委員会は，障がい者団体への補助や薬物依存症の人と刑満期退所者のサポート事業，DV被害者やホームレスへの支援，移民者への支援などを行っている。その活動の中心は，社会経済・労働統合型社会的企業・市民社会との協働であり，共同のさまざまな資源がその活動の源である（**図4-3**）。犬の預かりを行っている「クリッパン協同組合」では，脳障害（脳血管障害や高次脳機能障害など）のある人が働いているが，指導員はコミューンから派遣され，組合の家賃・運営費補助が行われている。

　首都ストックホルム市のあるストックホルム県（ランスティング）では，いくつかのコミューンが共同して「広域連合（samordningsförbundet）」を立ち上げている。これは2003年に，法的に自立した広域連合を創設できることが，スウェーデン議会で決定されて，法的根拠が与えられたことによるものである。主な目的はリハビリと就労の分野で公的機関の共同を発展させることである。広域コミューン連合は，近年ますます，社会経済と協働し活動を広げるようになってきている。

　例えば，広域連合「エストラ・セーダテン（Östra Södertörn）」では，ハニンゲ市，ニーネスハムン市，ティーレセ市，ストックホルム県，そして社会保険局と職業安定局がそのメンバーになっている。2014年に実施された事業には「若者ハニンゲ」，ESFプロジェクト「若者ニーネス」，「若者ティー

第 4 章　社会的企業と公的部門

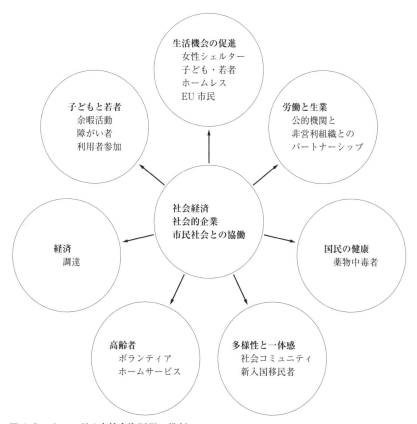

図4-3　イェテボリ市社会資源課の役割
〔イェテボリ市 ホームページ（http://www.goteborg.se，2015年9月25日閲覧）より筆者作成〕

レセ」、「セーダテン資源モデル」、セーダテン資源モデルの一部としての「社会的企業」、遺産ファンドプロジェクト「労働への道─社会的企業」、若者プロジェクトの一部としての「職業定着教育」、などがある（Samordningsförbundet Östra Södertörn 2015）。

それぞれのメンバーが出資を行っているが、ESFや遺産ファンドをも導入しながら、3つのコミューンの地域で、特に若者の訓練と就労に力を入れていることがわかる。そのプロジェクトの中に社会的企業との協働も含まれ

149

ている。

4. EUの社会的ファンド（ESF）

　ESFは就労を支援し，人々がより良い仕事に従事することを援助し，EU市民のためにより公正な就労の機会を確保することを目指すEUの機関である。それは，ヨーロッパの人的資源，すなわち労働者，若者，職を求めるすべての人を対象に投資を行う。年間100億ユーロ（日本円にして約1兆3,500億円）の予算が，およそ数百万とされるヨーロッパの人々の就労の可能性を改善している。

　EUはより多くのより良い仕事を生み出し，社会的包摂社会を実現することを目的としている。これらの目標は，EUの活力ある持続可能な包摂的成長のための「欧州2020戦略」の核心をなす。

　EUの報告によると，スウェーデンは，ESFによって労働市場を押し上げること，特に，若者と移民（外国に背景を持つ人々），その中でも女性を支援することに貢献してきた。また，低い労働能力や障害によって特別な困難に直面している人の労働生活に適切な道を提供している。これらの道には新しい技能習得のための個人的指導や訓練がある。例えば，不利な状態にある人々のための「北の光」プロジェクト（スウェーデン北部の病気休業者と失業者を減らすためのプロジェクト）がそれに当たる。ほかにも，若者のための支援として，ある地域では「若者雇用イニシアティブ」が，地域活動のための欧州地域発展ファンド（European Regional Development Fund；ERDF）には「若者未来」プロジェクトがある（EUホームページ，参照）。

　ESFはすでに述べたように，労働統合型社会的企業の発展において重要な役割を演じてきた。そのイニシアティブによって社会経済の発展を支援してきた。ESFはまた，労働統合型社会的企業の創設とさまざまなネットワークの形成，労働統合型社会的企業と政府機関のスタッフや政治家のための技能開発モデルの提供に貢献してきた。しかし一方で，ERDFは社会経済に大きなインパクトを与えていないという批判もある（Tillväxtverket 2014：3）。

5. その他の公的機関と資金

A. 地域成長政策

　国の「企業発展のための地域補助金」は過疎地域または農村地域の中小企業に対して配分される。目的は、「補助企業の成長を図り、それによって地域を成長させること」である。レーン（地方）行政局がどの地域を過疎または農村地域に指定するかを決定する。補助対象は建物、設備、生産物の開発、能力開発、そしてマーケティングである。補助額は投資額の25〜50%とされ、上限は3年間で120万krである。

　190の労働統合型社会的企業のうち8社が1995〜2010年までにこの補助金を合計130億kr受け取った（Tillväxtanalys 2011：43）。補助額は投資額の25〜30%であった。しかし、2006年にこの制度によって配分された補助金の総額は340億krである。このことから、社会的企業への配分がいかに限られたものであったかがわかる。

　このほかには、地域成長政策として、地域投資補助、雇用補助、技術発展補助、商業サービス補助、農村プログラムがある。

B. アルミによる企業ローン

　「アルミ企業パートナー株式会社」（以下、アルミとする）は国所有の会社で19の子会社を持つ。17の地域子会社と「アルミ投資株式会社」および「IFSアドバイスサービス株式会社」である。地域子会社の株を親会社が51%所有し、ランスティング連合が残りの49%を所有する。

　アルミの業務は、企業の資金調達とアドバイスサービスである。資金調達業務は、ほかでは行われないときにベンチャーキャピタルを提供するという市場補完的な業務である。市場補完的であるのでアルミはやや大きなリスクを伴うことになる。また、信用保証も主な業務の一つである。

　地域子会社である「ローンファンド」は親会社に所有され管理されている。親会社の指示で資金を貸し付ける。高いリスクを伴うため通常より高い利子率になっている。

アルミ投資会社は，成長段階に入ったスウェーデン企業に投資するアルミのベンチャーキャピタルである。この会社は，初期の成長資本を必要とする企業のために，ベンチャーキャピタルを利用する機会を増やすことによって長期的な地域の成長を作り出す（ALMI ホームページ http://www.almi.se/，2012年4月5日参照）。

2000～2010年までの間に，労働統合型社会的企業4社がアルミによって企業ローンを承認されている。その合計金額は70万 kr であった。同期間でアルミはおよそ2万9,000社の企業ローンを承認し，総額は1,320億 kr に達する。労働統合型社会的企業のローン承認は極めて少ないことがわかる。

C．遺産ファンド

労働統合型社会的企業が遺産ファンドからプロジェクト援助を受けることは比較的多い。子ども，若者，そして障がい者のための活動を発展させる新しいアイデアを持つ理念的団体や非営利組織に補助が与えられる。その目的は，福祉，生活の質，参加，平等を発展させ，社会的・人種的・文化的な統合を図ることである。その資金源は，3親等までの近親者（いとこよりも近しい人）がいない人の遺産によって構成されている。

2012年2月には6,950万 kr が60のプロジェクトに配分された。そのうちの15プロジェクトが新規の補助対象であり，1,990万 kr がそれらのプロジェクトに配分された（Arvsfonden ホームページ http://www.arvsfonden.se/，2012年4月9日参照）。

6．問題点の指摘

経済成長局は，2009年に社会的企業に対して必要な資金を調達するうえでの最も大きな困難についてアンケート調査を実施したところ（複数回答可），「公的資金形態が社会的企業に適していないこと」〔23/43（43社のうち23社が指摘）〕，「公的な資金提供者と銀行等の態度に問題があること」（公的補助提供者に問題がある16/43，銀行等に問題がある16/43），「公的資金

第4章 社会的企業と公的部門

提供者と民間信用提供者の知識不足」(14/43) という回答結果が得られた。
　また，労働統合型社会的企業の統計上の困難が指摘された。労働統合型社会的企業はNUTEKにより前述のように定義されているが，その定義に則して労働統合型社会的企業についての情報を得ることが，登録データ上は困難であった (Tillväxtanalys 2011：59)。
　現在では，職業安定局，成長局，社会保障局が共同で，社会保健庁，地方自治体連合 (SKL)，スクーピ (Skoopi, 次節参照) の協力を得てSofisamという組織を立ち上げ，情報収集とホームページ上での情報提供が行われるようになった。
　スウェーデンには，労働統合型社会的企業についての法律はなく，統一的な政策も十分にあるとは言い難い。労働政策，福祉政策，移民政策などのそれぞれの分野の政策実施の一環として労働統合型社会的企業が活動している。これらの分野を統一的に把握し労働統合型社会的企業の発展に貢献しているのが，中間支援組織であるといえる。そして現在，2009年の当時とは状況が大きく変わり，労働統合型社会的企業の数は増え続けている。

4　事　例

1. 中間支援組織

A. コンパニオン (Coompanion)

　コンパニオンの前身は協同組合発展協会 (Förening för Kooperative Utveckling；FKU) であり，FKUは地方協同組合発展組織であるLKUの連合組織であった。LKUは消費協同組合，農業協同組合，住宅協同組合，銀行・保険協同組合，協同組合保育園・学校，労働組合，各種新協同組合，コミューン，ランスティング，アルミなどが加盟する自主的な組織であり，社会的協働組合の発展，協同組合による高齢者ケアモデルの推進，社会的な監

査の普及などのために活動する地域組織であった。1987年には全国で8つのLKUが活動していたが，1992年には18に増加した。LKUの連合組織であるFKUの設立は1994年で，スウェーデンのEU加盟と時期をほぼ同じくしていた。FKUはボランティア団体（理念団体）として登録され，理事会は選挙にて選ばれる代議制を採用した（Stryan 2015）。

このような伝統を維持しながらも，FKUがコンパニオンに編成替えされたのは2007年であった。コンパニオンは協同組合を設立し発展させるための支援を行う組織であり，社会経済内で起業についてアドバイスを行う団体である。この10年間，労働統合型社会的企業の設立と発展のための各種のプロジェクトに関わってきた。現在，コンパニオンには全国25カ所に事務所が設置されている（Tillväxtverket 2014：4）。

B．スクーピ（Skoopi）

スクーピ（全国社会的労働協同組合協会）は，労働統合型社会的企業のための全国組織で，140の会員企業で構成されている。スウェーデンの労働統合型社会的企業の半数近くが会員であるにもかかわらず，組織は経済的に安定していない。その財源はプロジェクト資金とメンバー企業の会費によって調達される。スクーピは社会的企業の声を代弁し，メンバーのために教育を行い，大会を開催する。また，ニュースレターを発行し，労働統合型社会的企業のためのロビー活動を行う（Tillväxtverket 2014：4）。

2．ヨッブヴェルケット（Jobbverket）

労働統合型社会的企業である「ヨッブヴェルケット」は，ストックホルム市郊外のティーレセ市にある。ヨッブ（Jobb）は英語のJob（ジョブ）で，すなわち仕事である。その理念は，誰でも能力を持ち，社会に貢献する機会を有するというものである。基本的な価値は，①参加と影響，②男女平等—すべて人々の平等な価値，③連帯，である。収益は企業に再投資される。社会経済の発展と世界の考えを同じくする人と協同し交流することを望み，環

第4章 社会的企業と公的部門

写真4-1 労働統合型社会的企業ヨッブヴェルケットのパン菓子工房

境を考慮して地球資源の保全を図る。

 利用者は知的障がい者と長期失業者である。2015年8月の筆者訪問時には，全部で75人の利用者が労働リハビリのために職業安定局とコミューンから派遣されていた。利用者はその技能に応じて，週2日働く人，1日2時間のみ働く人などさまざまである。職業安定局から派遣された人は6カ月間などと期間が限定されていることが多い。これに対して，コミューンから派遣された人は数年単位の長期間にわたる場合もある。

 この企業の収入は職業安定局とコミューンから支払われるものがほとんどである。利用者一人につき1カ月5,000krないし6,000krの収入が企業に入る。これによって雇用者を雇うことができる。雇用者はそれぞれの労働グループのチューターとして働く。およそ5人の利用者に対して一人のチューターが付く。労働費用は雇用者の給与だけではなく社会保険料も含まれる。これに対して，企業で生産された財・サービスの販売収入は収入全体の約5％である。商品は非常に低料金で販売されている。

 業務内容は，カフェ・レストラン，ベイカリー，木材加工，手芸，衣類のリサイクル，車の整備，ガーデニング，電気器具のリサイクルなど多様である（**写真4-1，4-2**）。それぞれの分野でチューターを中心とした労働グルー

155

写真4-2 労働統合型社会的企業ヨップヴェルケットの手芸作品

プが形成されている。社内には,ジムと音楽の部屋があり,企業内新聞が発行されている。労働環境は良く,グループとしてのまとまりがあり,利用者は仕事に専念しているようである。中には,好まずにこの企業に派遣された人もいて,その人には当然不満がある。

グループミーティングが2～3カ月に1回開かれる。チューターでもあるグループ責任者と利用者2～4人が出席し,利用者の希望などを話し合う。もし,問題点が出されればそれを改善するための方策を考え実行する。また,月に1回すべての利用者が集まり,職場会議が開催される。その会議で出されるクレームは少ないようだ(2015年8月の筆者訪問調査より)。

3. エックスパンディア・ヴィジョン(Xpandia Vision)

ストックホルム市内であるが中心部から地下鉄で約20分行ったところに,移民者が多く貧困地域とされているテンスタがある。この地域で長年NPOとして活動を続けている社会的企業「エックスパンディア・ヴィジョン」では,2015年8月の筆者訪問時,職業訓練を受けている人が19人,それに雇

用者14人が働いている。訓練を受けているのは病気や薬物中毒のために長期失業者となった人たちである。政府の要職に就いていたが途中で挫折し精神的疾患を患っていた人もいる。移民者もいる。失業期間が2年以上の人が多く，フェイズ3（前述参照）のプログラムなどを採用している。職業安定局から月に一人当たり4,100krのコストが支払われる。雇用者の給与は平均して月額2万krで，それに社会保険料が加わる。一定期間の訓練を終えて，雇用者として採用される人もいる。

仕事はコンピューターを使って行うことが多い。簿記，経営，ウェブサイト制作，銀行経営などを自ら学び必要に応じてチューターの指導を受ける。外部からの簿記等の相談，そして代行をも引き受ける。ここを終えて起業する人もいる。

あるイラクからの移民者は，本国で配管工事の仕事をしていた。スウェーデンに移り学ぶべきことはスウェーデン語，それも配管工事に関する言葉であった。これさえ習得できればスウェーデンで仕事をする技能を十分に備えていた。訓練のためのコンピュータープログラムには，配管業務に関するスウェーデン語講座があり，それに従って学習しその後自立していった。

エチオピアからの移民者は，エチオピアにありスウェーデンにはない花などを輸入する貿易会社を立ち上げることを目標に学習している。

職場ではいつでもドアを開けており，入退所を強制しない。自分の意思でどのコースの学習をするかを決める（2015年8月の筆者訪問調査より）。

4．バスタ（Basta）

ストックホルム中央駅から電車で約25分，駅から車で約10分の田園地域ニクヴァンに，薬物中毒者またはその経験のあった人のためにリハビリ・職業訓練を行う社会的企業バスタがある。訓練者を派遣するのは，コミューンと法務局である。コミューンは薬物中毒者をはじめとする社会サービスに責任を持つ。バスタは90のコミューンと契約を結んでいる。また，法務局から派遣されるのは，違法な薬物利用のために服役し，一定期間後に本人の選

写真4-3　労働統合型社会的企業バスタの木工所

択により，職業訓練を受けるようになった人たちである。ここで雇用者として働いている人の中にはもと薬物中毒者もいる。20年間薬物中毒であったという人もいれば，3年間の服役経験者もいる。もちろん，ここでの薬物使用は一切禁止されている。木々や湖のある田園地域は彼らのリハビリに大変有効である。何よりも自尊心を取り戻すことが目標とされている。

　歴史をたどれば，1989年に創設者アレック・カールベリがイタリアの社会的企業を訪問し，そこで学んだ経験を生かして，1994年にバスタが設立された。54ヘクタール（54万m^2）の広大な土地を購入したが，その購入費用は5つの近隣コミューンが融資した。コミューンから支払われる派遣費用によって，10年でその借金を返済することができた。今ではこのような融資を受けられることはまれで，バスタは大変幸運であったともいえる。

　仕事は，馬の繁殖，犬のデイケア，木工，建設，落書き除去，クリーニング，大規模仕出し，資産管理，リハビリサービス，会計，EUプロジェクトの管理業務などである。顧客は自分たちで探してくる。これもエンパワメントの一環である（**写真4-3**）。

　2015年9月現在，リハビリを受けているのは32人である。期間は1年間と

限定されているが，その間にはリハビリをどのように感じているかを幾度となく議論する。1年間のリハビリを終え平均して約22％の人がバスタに残る。雇用者になる前の中間段階にいる人が10人，そしてこの段階を経て雇用者になっている人が25人いる。雇用者になると雇用期間に制限はない。

　バスタは利用者によって管理される組織である。それぞれの仕事チームにはマネージャーであるチームリーダーがいる。チームごとに顧客の開発や日程を決めていく。生産の質は大切であり，誰もが自分の仕事が企業の成功のために必要であることを知っている。多くの人には責任を持ち指導する機会が与えられ，これが人間としての成長と自尊心を生み出す。

　「レインボウ・クオリティー・システム（Rainbow Quality System；RQS）」と呼ばれるシステムがある。これは，薬物中毒者のリハビリを行う利用者主導組織において，その質を保持するためのシステムである。RQSはバスタのようなサービス利用者組織とルンド大学ソーシャルワーク学部の研究者との共同研究によって考案され，1996年には「レインボウ・スウェーデン（Rainbow Sweden）」という組織が結成されていた。

　バスタの財政で驚くべきことは，収入約6,000万krのうち，リハビリ・職業訓練サービスで約50％，財・サービスの販売が残り50％を占めていることである。つまり，それぞれの作業チームがそれだけの成果を上げているということである。リハビリを受けている人には，月に2,100krのポケットマネーも支払われる。バスタはリハビリという観点でも経済成果という観点でも成功している例である。

　今日においてもバスタは発展し，大きくなりつつある。現在計画されているのは，NPOバスタの下に「バスタニクヴァン株式会社」と「バスタ西株式会社」という組織形態を置き，さらにそれら株式会社の下に各仕事チームを別々の子会社として設置するという案である（2015年9月の筆者訪問調査より）。

5. フンドダーギス・クリッパン

　イェテボリ市のクリッパン協同組合は，陶芸，ベイカリー，紙細工，犬の預かりを業務とする4つの協同組合から構成される。その一つ「フンドダーギス・クリッパン」は家庭の飼い犬を昼間預かっている。これは共働きの多いスウェーデンでは不可欠なサービスである。1989年に設立され，労働統合型社会的企業の発展の道を切り開いたパイオニアとされている。その協同組合は，脳に障害（脳血管障害，高次脳機能障害など）のある9人のメンバーで構成され，そこで働くことがリハビリや労働の訓練にもつながっている。重度障がい者の2人にはパーソナルアシスタントが付く。全員に役割が与えられていて，1日2交代制で週4日働く。犬15匹を預かっており，預かり料は月額最高1,800krである。ウェイティングリストには10匹が登録されている。指導者はイェテボリ市の社会資源課の職員である。建物の家賃は市が払う。メンバーはそこで働くことに幸福感を抱いている（2012年9月の筆者訪問調査より）。

6. 口と足で描く芸術家株式会社

　労働統合型社会的企業のリストには株式会社も数少ないながら載っている。ストックホルム市近郊のソルナ市に「口と足で描く芸術家株式会社」がある。この会社は，1956年にスウェーデンの口で描く芸術家エリック・ステグマンとスウェーデン以外の8カ国の障害のある芸術家が，自助のための協会として設立したことに始まる。この協会は本部をリヒテンシュタインに置き，現在スウェーデンには2人の協会メンバーと7人の奨学生がいる。奨学生は絵を学び，高いレベルにあると判断されるとメンバーになることができる。口と足で描く芸術家株式会社は，世界のメンバーたちの絵を複製し絵葉書やカレンダーにして販売している。展示会も行う。常勤換算で4.5人の従業員がいる。この会社は，コミューンなど公的機関からの支援を受けておらず，経済的に独立している。全株式は協会によって所有されている。売り

第4章 社会的企業と公的部門

上げの58％が協会に，20％が付加価値税として国に支払われ，12％が絵葉書などの材料購入に，10％が管理運営に充てられる。協会と会社は，手で作業のできない障がい者に自己の能力を発展させる機会を提供している。同時に障がい者は高い芸術性が要求されている（2013年5月の筆者訪問調査より）。なお，日本にも「口と足で描く芸術家有限会社」がある。

5 労働統合型社会的企業の評価

1. ペストフによる位置づけ

　ビクター・ペストフは，まず，スウェーデンにおけるサービス供給の多元化が社会的企業の成長を導くとしている。サードセクターへの外部委託，購入者―供給者モデル，協同組合社会サービス，ボランティアおよび第3者供給というスウェーデン社会の変化の中で，民営化と外部委託が社会的企業の成長を促し，社会サービスの公的供給への代替となった（Pestoff 1998＝藤田ら2000：15）。

　社会的企業は同時にいくつかの目的を実現しようとする事業体であり，資本収益を最大化するために存在するのではない。それは，従業員に対してはより価値のある職業といっそうの市民参加を，そして企業に対しては社会的に意味のある目標を与える。従業員は，金銭的報酬，刺激的で柔軟な労働条件，保育活動などのいくつかの目標を同時に達成したいと望んでいる。

　社会的企業の主な競争上の優位性は，それがスタッフとクライアント，利用者の間の信頼を生み出すことである。社会的目標を含む複数の目標を持ち，最大ではなく納得のいく資本収益を受け入れることが，顧客または地域コミュニティに対して最低限の信頼を与える。

　ペストフが考えている社会的企業は，ボランタリー組織または協同組合（スウェーデンでは経済的アソシエーションという法的形態をとる）である。

その社会的価値は，協同組合およびボランタリー組織によって進められているものである。私的企業として法人化されたものも社会的企業に含まれる場合があるが，それは信頼を掘り崩すものであるとして考察の対象から除外している。

　社会的企業の3つの潜在的な貢献は，労働生活の再生と豊富化，消費者ないしクライアントのエンパワメント，そして他の社会的価値や公共部門の目標達成の高度化である。

　ペストフは，マルティ・ステイクホルダー組織を大変評価している。この組織は，財・サービスの生産者と消費者との対話を促し，単一のステイクホルダー組織につきものである情報の不均衡を取り除く。

　社会的企業による社会サービスは本来地域的であり小規模である。また，公的福祉供給は福祉サービスの標準化を含んでいることに，ペストフは批判的である。標準化によってフォーディズム的な大量生産原理を対人社会サービスに適用することになり，従業員とクライアントの両方を疎外する。ポストモダンまたはポストフォーディズムは分権化，柔軟な専門化と大量特注化を強調する（Pestoff 1998＝藤田ら 2000：19）。

　ペストフは，利用者あるいは市民の公共サービス供給への参加を高く評価し，それを共同生産として位置づける。「共同生産は公共サービスの提供者と市民との両方が公共サービスの供給に貢献する混合活動である。前者は専門家または『正規生産者』として関わるが，『市民生産』は個人またはグループの自発的な努力に基づく」（Pestoff 2009：276）。

　そして，将来の福祉社会の選択肢として，第1に「猛威を振るう（rampant）民営化」を，第2に「福祉サービスの公的供給と民間営利の供給の両方に代わるサードセクターを中心とした福祉多元主義」を挙げ，後者を福祉国家の民主主義的建築と述べている（Pestoff 2009）。

2．ストルイヤンの位置づけ

　ヨハナン・ストルイヤンはEMESの研究にも参加し，さまざまな文献の

中でスウェーデンの社会的企業について論じている (Stryjan 2001, 2006)。特に，スウェーデンの福祉国家の中に労働統合型社会的企業を位置づけ，論じているのは興味深い。

スウェーデンモデルの核として歴史的に追求されてきた社会的目標である完全雇用と普遍的福祉は，国・ビジネスコミュニティ・大衆運動によるコーポラティズム的な分業によって支えられてきた。この分業内で，富の創造と仕事の創造はビジネスコミュニティに任され，他方で，国は再分配を行い労働市場の機能の最適化を進めた。時とともにこの分業は福祉供給と労働市場管理の両方を公的部門が独占するように変わっていった。組織化された市民社会は労働市場の活動に直接の役割を割り当てられなかった。労働統合型社会的企業はこの伝統からの際立った乖離である (Stryjan 2006：207)。

積極的労働市場政策はスウェーデンモデルの中心的な要素である。しかし，現在までの20年間で，既存の積極的労働市場政策の不十分な点がますます明らかになってきた。それとともに社会的企業という新しい活動に道が開かれた。

最初は，「雇用困難」(less employable) な人々の問題は，積極的労働市場政策の技術的な問題と見なされていた。これらの人々は階層的に取り扱われた。①雇用困難な人々には彼らが労働市場に吸収されやすいように賃金補助が支払われた，②低技能でも規則的労働ができる人は国家運営の保護作業場のネットワーク（後のサムハル）に受け入れられ，そのネットワークはスウェーデンの多国籍企業から簡単な雑用業務を請け負った，③職場の規律に適さないと判断された残余のグループは，長期病欠として扱われ，障害年金の受給や閉鎖的な施設（1980年代まで）への入所によって労働市場政策から（そして雇用統計から）除外された (Stryjan 2006：208)。

ストルイヤンは，現在，積極的労働市場政策のシステムを利用できないという問題を抱える2つのカテゴリー参加者がいるとしている。

- 現在の労働市場で必要とされる資質のレベルにもともと達しない人々
- 適切な社会的技能または社会的関係資本の欠如のためにますます選択的になる労働市場において足がかりを得ることのできない人々

既存の労働市場政策の欠陥についての認識は新たな取り組みの引き金になった。この取り組みの発展は，1980年代末の精神保健福祉改革を受けて，参加者によって運営される社会的協同組合によって切り開かれた。1990年代の半ばには，コミュニティ企業が社会的統合を志す地域の関係者によって設立された。前者は現在，乗馬の訓練とレンタル，落書き除去，工業団地における食堂やカフェテリアの経営などを行っている。後者は主に企業向けの活動に集中している。コミューンや公的機関と購入者―供給者の関係をも結びつつある。両タイプの社会的企業は，主な事業に加えて，訓練施設やリハビリサービスを提供している。

　労働統合型社会的企業の最初の世代は，労働市場政策の制度にある矛盾への対応として生まれた。それらは労働市場政策手段から除外された人々に焦点を当てた。後の世代は，公共部門と共同プロジェクトのパートナーや主唱者として，あるいは下請け契約者として，また時には公共政策機関（例えばサムハル）へのあからさまな競争者として，ますます労働市場そのものに従事するようになった。いずれにせよ，労働統合型社会的企業がその参加者の幸福（well-being）に貢献しているのは確かであるとしている（Stryjan 2006：220）。

　本章で最初に取り上げたのは，社会的企業の定義であった。何よりも社会的企業とは社会的目的を持ち，事業活動を進める組織である。それには，社会的協同組合や非営利組織だけでなく社会的課題の解決を主な目的とする株式会社などの営利企業も含まれる。これに対してヨーロッパでは，資本所有に基づかない決定権を定義に含め，営利企業を含めることに必ずしも肯定的ではない。ペストフもこのような見解を支持する。しかし，福祉国家における福祉供給の多元化が進みつつあり，労働統合型の組織の中にすら株式会社が含まれている。この動向を理論の中で反映しなければならないであろう。

　スウェーデンにおける労働統合型社会的企業は着実に増加している。特に2つのビジネス活動という表現で表わされているように，財・サービスの市

第4章　社会的企業と公的部門

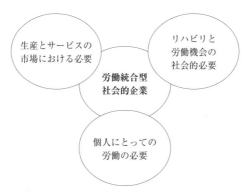

図4-4　労働統合型社会的企業の役割
〔Sofisamホームページ（http://www.sofisam.se/，2015年9月25日閲覧）より筆者作成〕

場への販売だけではなく，公的部門にリハビリや職業訓練サービスを販売していることが，その経済状態に安定性を与えている。それらは創設からの年数も浅く小規模であるが，近年社会的企業同士が連携し合ったり，親会社・子会社のような会社組織にしたりして，その限界を突破しようとしている。ドゥフルニとニッセンスが述べているように，社会的企業の経済的な資源は，取引活動だけではなく，公的資金や社会の関係資本の動員によるボランティア資源のハイブリッドである。スウェーデンでは，職業安定局，成長局，そして社会保障局が共同で，社会保健庁，SKL，スクーピの協力のもとに，Sofisamという組織を創設し，社会的企業の情報を提供し支援を行っている。最も関わりの深い公的機関はコミューンと職業安定局である。両者からリハビリや職業訓練の必要な人が紹介される。コミューンからは，活動補助，インストラクター補助，そして家賃補助を受けている企業もある。

　Sofisamは労働統合型社会的企業の役割を，**図4-4**のように，生産とサービスの市場における必要，リハビリと労働機会の社会的必要，個人にとっての労働の必要という3つの必要によって説明している。ここで社会的必要はコミューンや職業安定局などの公的部門によって具体化されている。

　労働統合型社会的企業は，ペストフの言う公共サービスの提供者と利用者

165

と共同生産のいわば典型である。利用者自身がリハビリや職業訓練サービスを受けると同時に，チューターである雇用者とともに財・サービスを生産している。スウェーデンの労働統合型社会的企業で大切なことは，この雇用者の多くが，もとはその企業の利用者であったことである。したがって，雇用者と利用者との関係は，単なる並列ではなく，利用者が雇用者になるという時間的プロセスを伴うものであり，それによって意味のある労働が実現し，エンパワメントが発揮されているといえる。ペストフは，将来の福祉社会のデザインとして，サードセクターを中心とする福祉多元主義を主張しているが，サードセクターの発展は，公共部門との協働に基づいて発展するというのがスウェーデンの労働統合型社会的企業の示すところである。ここに，スウェーデンにおける福祉国家型の労働統合型社会的企業の特徴がある。

　ストロイヤンが，労働統合型社会的企業の最初の世代は，労働市場政策の制度にある矛盾の対応として生まれたと述べているのは，大変興味深い。現在では，公共部門と共同プロジェクトのパートナーや主唱者，時には公共政策機関への競争者として，労働市場そのものに従事するようになっている。このことは，スウェーデンの福祉社会が1990年代以降の新しい動きを包摂しつつ発展していることを示しているように思われる。

文　献

Borzaga C. and Defourny J. eds.（2001）*The Emergence of Social Enterprise*, Routledge（＝2004，内山哲朗・石塚秀雄・柳沢敏勝訳『社会的企業―雇用・福祉のEUサードセクター』日本経済評論社）

Davister C., Defourny J. and Gregoire O.（2004）Work Integration Social Enterprises in the European Union：an Overview of Existing Models, *Working Papers Series*, WP no.04/04, EMES（European Reseach Network）

Defourny J.（2001）From Third Sector to Social Enterprise, Borzaga C. and Defourny J. eds. *The Emergence of Social Enterprise*, Routledge.（＝2004，内山哲朗・石塚秀雄・柳沢敏勝訳『社会的企業―雇用・福祉のEUサードセクター』日本経済評論社）

Defourny J. and Nyssens M.（2006）Defining social enterprise, Nyssens M. ed. *Social Enterprise. At the crossroads of market, public policies and civil society*, Routledge

第4章　社会的企業と公的部門

Defourny J. and Nyssens M.（2012）The EMES approach of social enterprise in a comparative perspective, *Working Papers Series*, WP no.12/03, EMES (European Reseach Network)

Janella A.K. ed.（2009）*Social Enterprise : Global Comparison*, Tufts University Press

NUTEK（2008）*Programförslag för fler och växande sociala företag*

Nyssens M. ed.（2006）*Social Enterprise. At the crossroads of market, public policies and civil society*, Routledge

OECD（2009）*The Changing Boundaries of Social Enterprises*（＝2010, 連合総合生活開発研究所訳『社会的企業の主流化―「新しい公共」の担い手として』明石書店）

Pestoff V.（1998）*Beyond the Market and State : Social enterprises and civil democracy in a welfare society*, Ashgate Publishing Limited（＝2000, 藤田暁男・ほか訳『福祉社会と市民民主主義―協同組合と社会的企業の役割』日本経済評論社）

Pestoff V.（2009）*A Democratic Architecture for the Welfare State*, Routledge

Pestof V., Branden T. and Verschere B. eds.（2012）*New Public Governance, the Third Sector and Co-Production*, Routledge

Samordningsförbundet Östra Södertörn（2015）*Årsredovisning 2014*

Social Enterprise Alliance（2010）*Succeeding at Social Enterprise : Hard-won Lessons for Nonprofits and Social Entrepreneurs*, Jossey-Bass

Socialstyrelsen（2015）*Sysselsättning för personer med psykisk funktionsnedsättning―Uppföljning av 2014 års verksamhetsbidrag*

Stryjan Y.（2001）Sweden, Borzaga C. and Defourny J. eds. *The Emergence of Social Enterprise*, Routledge（＝2004, 内山哲朗・石塚秀雄・柳沢敏勝訳『社会的企業―雇用・福祉のEUサードセクター』日本経済評論社）

Stryjan Y.（2004）Work Integration Social Enterprises in Sweden, *Working Papers Series*, WP no.04/02, EMES (European Reseach Network)

Stryjan Y.（2006）Sweden : social enterprises within a universal welfare state model, Nyssens M. ed.（2006）*Social Enterprise. At the crossroads of market, public policies and civil society*, Routledge

Stryan Y.（2015）Central support and local embeddness in support system : The Swedish Cooperative Development System, 未公表論文

Tillväxtanalys（2011）（Myndigheten för tillväxtpolitiska utvärderingar och analyzer）*Arbetintegrerand sociala företag-använding och behov av statliga finansieringsstöd*, Rapport 2011：12

Tillväxtverket（2014）*The status of social entrepreneurship in Sweden 2013*

167

秋朝礼恵（2004）「スウェーデンにおける非営利活動」神野直彦・澤井安勇編『ソーシャル・ガバナンス―新しい分権・市民社会の構図』東洋経済新報社, 58-78

太田美帆（2005）「スウェーデン過疎地域における保育サービス提供―その背景と最初の試み」『年報人間科学』(26), 53-74

太田美帆（2010）「スウェーデンのイェムトランド県における地域創生の基盤づくり―『実現するもの』と『可能にするもの』の協働」『神戸学院大学人文学部紀要』(30), 215-229

太田美帆（2015）「社会的経済政策から見る就労支援―スウェーデンにおける長期失業者の社会包摂」福原宏幸・中村健吾・柳原剛司編著『ユーロ危機と欧州福祉レジームの変容―アクティベーションと社会的包摂』明石書店, 156-177

小内純子（2012）「『社会的企業』による地域づくり活動と住民自治」中道仁美・小内純子・大野　晃編著『スウェーデン北部の住民組織と地域再生』東信堂, 137-181

経済産業省（2011）『ソーシャルビジネス・ケースブック―地域に「つながり」と「広がり」を生み出すヒント』(http://www.meti.go.jp/policy/local_economy/sbcb/casebook.html)

小池洋次（2015）『ソーシャル・イノベーション―思いとアイデアの力』関西学院大学出版会

坂井宏介（2011）「社会的企業とワークインテグレーション―日本・アメリカ・ヨーロッパにおける議論と歴史的展開」宮本太郎責任編集『働く―雇用と社会保障の政治学』風行社, 87-123

ストリイヤン Y.（2005）「社会民主主義, 労働市場と第三セクター―スウェーデンの事例から」山口二郎・宮本太郎・坪郷　實編著『ポスト福祉国家とソーシャル・ガヴァナンス』ミネルヴァ書房, 303-323

ソーシャルビジネス研究会（2008）『ソーシャルビジネス研究会報告書』(http://www.meti.go.jp/policy/local_economy/sbcb/sbkenkyukai/sbkenkyukaihoukokusho.pdf)

ソーシャルビジネス推進研究会（2011）『ソーシャルビジネス推進研究会報告書―平成22年度地域新成長産業創出促進事業（ソーシャルビジネス/コミュニティービジネス連携強化事業）』(http://www.meti.go.jp/policy/local_economy/sbcb/sb%20suishin%20kenkyukai/sb%20suishin%20kenkyukai%20houkokusyo.pdf)

谷本寛治（2006）『ソーシャル・エンタープライズ―社会的企業の台頭』中央経済社

塚本一郎・山岸秀雄編著（2008）『ソーシャル・エンタープライズ―社会貢献をビジネスにする』丸善

富沢賢治・中山雄一郎・柳沢敏勝編著（1996）『労働者協同組合の新地平―社会的経済の現代的再生』日本経済評論社

中川雄一郎・柳沢敏勝・内山哲郎編著（2008）『非営利・協同システムの展開』日本経済評論社

中道仁美（2012）「協同組合の展開と住民による地域再生運動―オーレ・コミューン・フーソー集落を事例として」中道仁美・小内純子・大野　晃編著『スウェーデン北部の住民組織と地域再生』東信堂，79-107

野中郁次郎・廣瀬文乃・平田　透（2014）『実践ソーシャルイノベーション』千倉書房

福地潮人（2004）「スウェーデンにおける障害者雇用対策―保護雇用会社サムハルの事例を中心に」『北ヨーロッパ研究』1，37-51

福地潮人（2010）「障害者雇用をめぐる新しいガバナンス―スウェーデンを事例に」『中部学院大学・中部学院短期大学部研究紀要』（11），110-121

藤井敦史・原田晃樹・大高研道編（2013）『闘う社会的企業』勁草書房

藤岡純一（2012）「スウェーデンの社会的企業と公的支援」『関西福祉大学社会福祉学部研究紀要』16（1）9-20

藤岡純一（2014）「スウェーデンの社会的企業」山本　隆編著（2014）『社会的企業論―もうひとつの経済』法律文化社，130-137

牧里毎治監修（2015）『これからの社会的企業に求められるものとは何か―カリスマからパートナーシップへ』ミネルヴァ書房

山本　隆編著（2014）『社会的企業論―もうひとつの経済』法律文化社

吉岡洋子（2006）「社会と関わる―NPO論」岡沢憲芙・中間真一編『スウェーデン―自律社会を生きる人びと』早稲田大学出版部，103-118

吉岡洋子（2010）「スウェーデンにおける社会福祉分野のNPOへの国庫補助金―政治の志向はNPOの『存在』か『成果』か？」『北ヨーロッパ研究』7，13-21

第5章
移民者と社会的包摂

はじめに

　ヨーロッパの先進国ではこれまで，多くの移民・難民を受け入れてきた。スウェーデンも例外ではなく，移民者の人権保障を基本的な考えとして，移民政策が重要な政策分野の一つとして実施されてきた。2014年現在の統計によると，スウェーデンの中で外国生まれの人は161万人に上り，人口の約16.5%に達する。そして近年，インテグレーションをその政策の考え方の柱にするとともに，子どもは親から引き離さないこと，そして移民者に起業の機会を与えるなど，新たな政策の動きがある。

　一方で移民者受け入れに反対する勢力もある。反対する政策を掲げた政党（スウェーデン民主党）が，2010年の総選挙で初めて国会に議席を獲得し，2014年の選挙では得票率12%を得た。これをもってスウェーデンは社会的にヨーロッパ並みになったという人もいる。しかし，この勢力は今のところ少数である。中道右派のアライアンス（穏健党，中央党，自由党，キリスト教民主党）も中道左派の赤緑連合（社会民主労働党，緑の党）も移民政策において大きな差異はない。国内の政策において，さまざまな場面で，男女平等とともに，人種多様性が強調されている。

　日本では，1981～2005年までにインドネシア難民を受け入れ，また，1990年に「出入国管理及び難民認定法」改正により日系人の単純労働分野における就労が可能となった。いくつかの地域で多文化社会が形成され始めている。

日本において，スウェーデンの移民政策についての研究は少ない。近年では，太田美幸が，スウェーデンの成人教育との関わりで，スウェーデンの移民とインテグレーション政策について述べている。中でもムスリムの学習運動とその組織に焦点を当てて分析しているのは興味深い（太田 2011）[注1]。
　本章では，スウェーデンの移民政策，とりわけ近年のインテグレーション政策の全体像を明らかにし，それが移民者の文化的アイデンティティを維持しつつ，いかにスウェーデン社会に統合されているか，あるいはどのような問題を引き起こしているかを探究し，多文化社会のあり方に迫ることを目的としている。

1　移民・難民の定義と移民者の推移

1. 移民・難民の定義

　「移民」（invandrare, immigrant）とは，「長期間の滞在のためにある国から他の国に移住した人」，と定義される。スウェーデンでは「12カ月以上スウェーデンに居住者として滞在している人」を指す。ただしEU/EEA（European Union/European Economic Area）諸国の市民でない人がスウェーデンに居住するためには居住許可を得なければならない。居住許可を認められた人は次のような居住根拠に基づき分類される。難民またはそれと同等の人，家族・親族，労働，教育である。
　また，スウェーデンでは次のようなカテゴリーがよく使われる。
　「外国生まれ」：スウェーデンの居住者として登録されているが，外国生まれの人。
　「外国に背景を持つ人」：両親が外国で生まれたスウェーデン生まれ＋外国

注1　近年の論考として，このほかに，藪長（2006），篠田（2014），清水（2015）の文献がある。

生まれの人。

「スウェーデンに背景を持つ人」：1人の親または両親がスウェーデンで生まれたスウェーデン生まれの人。

「難民」(refugees) については，国際連合（以下，国連とする）の「難民の地位に関する条約」(United Nations Convention Relating to the Status of Refugee) の中で定められている。これは，1951年の「難民及び無国籍者の地位に関する国際連合全権委員会」において，難民の人権保障と難民問題解決のための国際協力を促進するために採択した国際条約で，1954年に発効された。さらにこの条約を補完するために「難民の地位に関する議定書」が作成され，1967年に発効された。2006年の時点で，これら「国連難民条約」の加盟国数は条約・議定書ともに143カ国である。

国連難民条約によると，「難民」とは「人種，宗教，国籍，政治的意見やまたは特定の社会集団に属するなどの理由で迫害を受けるあるいは迫害を受ける恐れのあるために国籍のある国から逃れた人々」である。スウェーデンもこのような保護の必要な人々に認可保護施設を提供している。

スウェーデンには「外国人法」がある。この第4章第1条で国連難民条約に基づく難民の定義が規定されている。だがそれだけではなく，同章第2条で，保護の必要な外国人として，①死刑または肉体的処罰や拷問などの非人道的で下劣な処罰を受ける根拠のある恐れがある人，②内外の武力による紛争または他の耐え難い紛争のために重大な損傷を受ける根拠のある恐れがある人，③大災害のために母国に戻ることのできない人，が挙げられている。さらに，パレスティナ難民などの無国籍者に対しても同様の扱いがなされる。このように，スウェーデンでは，法律において「難民」または「保護の必要な外国人」を広く定義している。

2. 移民者の推移

1900年代初めのスウェーデン人口は510万人であった。そのうちの3万6,000人足らずが外国生まれであった。2004年には人口900万人を超え，外

表5-1 スウェーデンの人口推移 (単位：人)

	人口	増加	自然増	移民超過
2000年	8,883	21	−3	24
2005年	9,048	36	9	27
2010年	9,416	75	25	50
2014年	9,747	103	26	76

〔SCB統計資料（http://www.scb.se/sv_/Hitta-statistik/）をもとに筆者作成〕

国生まれは110万人に、さらに2014年には人口975万人のうち161万人が外国生まれとされている。1900～2014年までに外国生まれの人口に占める割合は1％以下から16.5％になった（SCBホームページ http://www.scb.se/sv_/Hitta-statistik/、参照）。

　移民が増加し始めたのは第二次世界大戦中であり、多数の難民が他の北欧諸国やバルト諸国からスウェーデンに入国し居住者になった。スウェーデンは1950年代と1960年代に高度経済成長を経験し、多くの新規労働者を必要とした。北欧諸国からの移民者は1969～1970年にピークに達し、4万人を超えたが、それは主にフィンランドの高い失業率が招いた結果であった。

　1967年にスウェーデンは新しい移民規則を導入し、北欧以外の国からの労働移民を制限した。1970年代半ばに北欧以外からの労働者の流入がほぼ終了し、政府が新たな多文化共生の統合政策（次節で詳述）を決定してからは、北欧以外からの移民者のほとんどが、難民とその家族・親族から構成されるようになった。スウェーデンは、チリ、イラン、イラク、ソマリア、そして旧ユーゴスラビアなど、世界の多くの紛争地域から難民を受け入れてきた。

　外国からの移民数から外国への移民数を引いた移民超過は、出生数から死亡数を引いた出生超過を、過去30年間のほとんどの年で上回ってきた。1980年以降今日まで、人口は100万人以上増加した。1990年代の終わりには、出生超過がマイナスになったが、移民超過の結果、人口は増加し続けた。表5-1の通り、2000年には自然増がマイナスであったが、その後は増

表5-2　カテゴリー別居住許可者の推移

(単位：人)

	合計	難民	家族 (うち難民の家族)	労働	学生	養子	EEA協定
2000年	60,490	10,546	22,840 (3,538)	15,759	3,073	867	7,396
2005年	62,463	8,859	21,908 (2,004)	5,985	6,837	805	18,069
2007年	86,095	18,414	28,975 (7,691)	9,859	8,920	540	19,387
2010年	91,458	12,130	29,837 (3,166)	16,373	14,188	450	18,480
2012年	111,090	17,405	40,873 (7,897)	19,936	7,092	283	25,501
2014年	110,610	35,642	42,214 (13,100)	15,872	9,267	221	7,394

〔Migrationsverket（2015）*Statistik Översikter//tidsserier*をもとに筆者作成〕

加し続けている。移入超過は急速に増加しており，自然増と移入超過で，人口は1,000万人に近づいている。

　EU/EEA以外の国からの移民は，スウェーデンにおいての居住許可が必要であり，申請に際して居住の理由，居住根拠を述べなければならない。EU/EEAの市民では，スウェーデンで労働するか，勉学するか，あるいはすでに居住権を持つ人の家族・親族は，スウェーデンに居住する権利を持つが，到着後3カ月以内に移民局に登録しなければならない。北欧の市民であれば，許可も登録もしないでスウェーデンに住むことができる。

　表5-2は2000～2014年までの根拠別の移民者の推移である。難民は2000年の約1万人から2005年の約9,000人へと一時減少するが，2006年と2007年（約1万8,000人）に急増した。この増加は，2005年11月～2006年5月までの一時的な「避難所法」が発効したことによる。この年，イラクからの難民が約9,000人に上った。その後減少したが，2012年から再び急増する。2014年に約3万6,000人に達した。後で述べるように，シリアからの難民が急増している。いくつかの移住根拠の中で最も多いのは，すでに家族がスウェーデンに居住していることである。家族を呼び寄せる人の中で，難民の家族が急増し，2014年には約1万3,000人に達している。労働移民者は2005年に一時減少したが，全体としてほぼ横ばいである。学生は2000年代に急増したが，

表5-3 出身別保護申請者数の推移 (単位:人)

		2010年	2011年	2012年	2013年	2014年
1	シリア	421	640	7,814	16,317	30,583
2	エリトリア	1,443	1,647	2,356	4,844	11,499
3	ソマリア	5,553	3,981	5,644	3,901	4,631
4	アフガニスタン	2,393	4,122	4,755	3,011	3,104
5	イラク	1,977	1,633	1,322	1,476	2,666
6	モンテネグロ	6,343	2,705	2,697	1,669	1,513
7	コソボ	1,567	1,210	942	1,209	1,474
8	イラン	1,182	1,120	1,529	1,172	997
9	ロシア	988	933	941	1,038	879
無国籍・不明※		1,358	1,480	2,697	7,197	8,089
総計(上記以外を含む)		31,819	29,648	43,887	54,259	81,301

※:多くがパレスティナ難民。
〔Migrationsverket (2015) *Statistik Översikter//tidsserier* をもとに筆者作成〕

その後減少ないし横ばいである。

　ヨーロッパ以外からの移民者の数は,近年急増した。そのうち多いのはアジアとアフリカからの移民である。20世紀には北ヨーロッパからの移民が多数を占めていたが,この傾向は,アジアからの移民が北ヨーロッパからの移民を上回った1990年代に崩れた。2009年にスウェーデンへの移民に占めるアジアとアフリカからの移民者の割合はそれぞれ31%と14%であった。

　表5-3は,保護申請を提出した難民の出身別内訳の推移である。移民者の出生地を2014年の申請者数の多い順(1〜9)に並べてある。2012年以降,内戦状態にあるシリアからの難民保護申請が急増している。2011年には640人であったのが,2014年には3万人を超えている。次に急増しているのは,独裁政権の続くエリトリアである。2011年の1,647人が2014年に1万1,499人に増加した。保護申請の多い出身国は,さらにソマリア,アフガニスタン,イラク,モンテネグロ,コソボと続く。無国籍・不明も2014年には8,089人

表5-4 人口に占める外国生まれ　　　　　　　　　　　　　　　　（単位：万人）

	2005年	2010年	2014年
外国に背景を持つ人	146.3（16.2％）	179.7（19.1％）	209.2（21.5％）
外国生まれ	112.5（12.4％）	138.4（14.7％）	161.4（16.6％）
外国生まれでスウェーデン市民	60.9（6.7％）	81.9（8.7％）	93.7（9.6％）
スウェーデンに背景を持つ人	758.4（83.8％）	761.7（80.9％）	765.5（78.5％）
合計	904.7（100％）	941.4（100％）	974.7（100％）

〔SCB統計資料（http://www.scb.se/sv_/Hitta-statistik/）をもとに筆者作成〕

に達しているが，この中にはパレスティナ難民が多数含まれている。

　これらの保護申請者がすべて難民認定されるわけではない。難民には，先ほど述べた国連による定義があるが，スウェーデンでは人道的な配慮から「外国人法」によってより多くの保護の必要な外国人を認定している。例えば，帰国すると死刑や拷問などの恐れのある人，戦争状態にある国から逃れた人，自然大災害により逃れて来た人などを含む（外国人法：第4章）。難民と認定されると保護施設での生活が始まり，教育や職業訓練が行われる。その後，保護施設を出て全国に散らばり引き続き教育と訓練が行われ，就業機会を得るよう努めることになる。近年，この新入国移民者の定着期間をできるだけ速やかに行うよう努力されている。

3. 現　状

　2014年のスウェーデン人口のうち「スウェーデンに背景を持つ人」と「外国に背景を持つ人」の数と割合を見ると，表5-4に見られるように，人口約975万人のうち「スウェーデンに背景を持つ人」は約766万人で78.5％，「外国に背景を持つ人」が約209万人で21.5％，うち「外国生まれの人」が約161万人で16.6％であった。「外国に背景を持つ人」や「外国生まれの人」が著しく多くなっているのがわかる。2005～2014年までの推移を見ると，

「スウェーデンに背景を持つ人」は微増で，構成比では5.3ポイント減少している。逆に，「外国に背景を持つ人」と「外国生まれの人」が増加する傾向にある。前者は9年間で約63万人，5.3ポイント増え，後者は49万人，4.2ポイント増えた。外国生まれの人も積極的にスウェーデンの市民権を取得しようとする人が多く，2014年には外国生まれの人の58.4％がスウェーデンの市民権を取得している。

　スウェーデンの市民権を得るためには，通常，最低5年間スウェーデンに住んでいること，そして居住権，居住カードまたは居住許可を得ていることが必要条件になる。難民の場合は，難民と認定されてから最低4年間スウェーデンに住んでいなければならない。

　外国生まれの人を出身別に見ると，2014年には，最も多いのが①フィンランドで約15万8,000人，次いで②イラク約13万人，③ポーランド約8万2,000人，④イラン約6万8,000人，⑤旧ユーゴスラビア約6万8,000人，⑥シリア約6万8,000人，⑦ソマリア約5万8,000人，⑧ボスニア・ヘルセゴビナ約5万7,000人，⑨ドイツ約4万9,000人，⑩トルコ約4万6,000人となっている（SCBホームページ http://www.scb.se/sv_/Hitta-statistik/. 参照）。

　外国生まれの人は，大都市とその周辺に集中する傾向がある。首都ストックホルムには21万3,000人（住民の23.4％），第2の都市イェテボリには13万人（24％），第3の都市マルメには10万人（31.4％）が住んでいる。また，ストックホルム近郊のボトチルカ市（コミューン）で39.8％，セーデルチェリエ市で36.3％，フッディンゲ市で27.5％と高い割合になっている。逆に，外国生まれの人が少ないのは，北部のランスティング（県）で，最北のノルボッテン県（ランスティング）では平均10.1％，そのすぐ南のヴェステル・ボッテン県で平均8.8％，その南イェムトランド県とヴェステル・ノルランド県では，それぞれ平均8.1％と9.1％である。これらの地域はおおむね過疎地帯である。それでも最近は，その北部で暮らす外国生まれの人口も増加しつつある。例えば，ノルボッテン県のハパランダ市では40.2％の人が外国生まれ，同じくエーベルトーネオ市では26.2％になっている。

　今や，移民問題を避けてスウェーデンを語ることができなくなっている。

第5章　移民者と社会的包摂

スウェーデンでは、この問題にいかに対処しているのか、またしようとしているのか、大変興味があり、かつ、日本の将来にとって参考になると思われる。

2　多文化共生のインテグレーション政策と移民者の現状

　移民者をスウェーデン社会に統合する政策が登場するのは1975年の議会決定からである。この決定にはいくつかの改革が含まれる。第1に、移民者は数多くの法的権利を獲得した。スウェーデンに永久居住権を持つ移民者は地方選挙において投票権ならびに被選挙権を得るなど完全な市民権を得た。第2に、スウェーデン語とスウェーデン社会制度に馴染みのない新入国者に対して、必要なニーズを満たすために特別なサービスと給付が与えられた。スウェーデン語の講習、移民者の母国語による市民情報の提供、公的な通訳サービスなどがこれに該当する。第3に、「文化の自由」を得たことである。これは、移民者のスウェーデン社会への統合を促進するだけでなく、移民者の異なる文化的な基礎を長期的にスウェーデン社会の中で保持し発展させることができるように支援することを意味している。移民者とその子どもたちは彼ら自身の言葉を保持し、彼ら自身の文化活動を発展させ、本国と連絡を継続する機会が与えられる。スウェーデンに住む言語上の少数者の多くは、母国の文化的かつ言語上の独自性をどの程度保持し発展させるのか、または彼らがどの程度スウェーデンの文化的独自性を共有するのかを選択することができる。これらの多文化共生の考え方に基づき、移民者の言葉で書かれた雑誌、公立学校での母国語教育、そしてエスニック組織のための金融支援が制度化された。移民者の文化的権利は憲法（憲法に相当する4つの基本法の一つである「政体法」の第1章に明記）にも規定された（Kivisto & Wahlbeck 2013：149）。

　スウェーデンにおけるインテグレーション政策の目的は、人種や文化的な背

景に関わらず，すべての人に平等の権利，責務，機会を保障することである。その政策には，新規移民者の社会への定着，難民受け入れのためのコミューン（市）への補償，インテグレーションの促進，市民権，都市開発などが含まれる。

これらの主な目的は，出身地や人種に関わらず，すべての人々のための一般的な方策によって達成されなければならないが，同時に，それは，スウェーデンに移民して1年目の移民者を支援することを目的とする特別な方策によって補完される。インテグレーション政策は，労働市場政策，教育政策，反差別政策などのさまざまな施策に関わっている。

移民者の社会への定着はコミューンがこれまで責任を担ってきた。定着プログラムには，移民者のためのスウェーデン語教育，労働市場との接触，学校教育，児童ケアが含まれる。2010年12月に新法（Lag om etableringsinsatser för vissa nyanlända invandrare）が施行され，労働市場への定着をより速めるために，コミューンが主に実施していた労働市場への統合を援助する方策を，職業安定局（Arbetsförmedlingen）がコーディネイトすることになった。

1. 教　育

A. スウェーデン語教育

スウェーデンでは，移民者へのスウェーデン語教育（Svenska för Invandrare，略称SFI）を大変重要視している。ストックホルム市では，移民者がSFIによってスウェーデン語の基礎知識とスウェーデン社会についての知識を実につけられるようにしている。また，そのための補助としてコンピューターを利用することができる。すべての授業が無償で行われ，修了後には修了証が得られる。受講者は居住許可があり16歳以上でなければならない。

講習には昼と夜のコースがある。ストックホルム市では，昼間コースは通常週15～20時間で，夜間コースは週約6時間である。週の数日を労働に費や

す等の特別な理由があれば，それに合う計画を立てることができる。さらに，遠隔地でコースを受けることもでき，勉学を労働，実習，または他のコースと組み合わせることもできる。職業に関心があれば，保育士，商用車またはトラックの運転手などの就業目的のコースもある。また，すでに母国で学術教育を受けていた場合は，学者のためのスウェーデン語を学ぶことができる。新しくスウェーデン語を始める人の教育期間は2セメスター以上で，教育歴や事前知識などによりさまざまである（Stockholms stad ホームページ http://www.stockholm.se/ForskolaSkola/Svenskundervisning-for-invandrare-sfi/，2016年1月24日閲覧）。

2009年1月より新しいコース計画が実施された。これは学校庁（skolverket）によって作成されたが，各コミューンで順次実施された。参加者の必要度と学習歴によく合うように，さまざまな学習課程が提供される。基本教育は3課程あり，どの課程も2コースから構成される。第1課程は読み書きのできない人，または短期の教育しか受けていない人に提供される教育である。第2課程と第3課程はより速い学習スピードの課程とアドバンス課程である。

新コース計画制度は，参加者がSFIのコースと基礎または中等の成人教育，実習，稼働労働などの職業と組み合わせて統合できるように作成された。より早い就業を促進するという今回の改革の一環であるといえる（SKOLFS 2009：bilaga）。

各学習課程に2コースある。**図5-1**のように第1課程はAコースとBコース，第2課程はBコースとCコース，第3課程はCコースとDコースである。第1課程から出発した人は1Aと1Bを修了した後に2Cへと進み，さらにそれを修了すると3Dに進む。第2課程から出発した人は2Bと2Cを修了した後に3Dに進む。

表5-5は，2007年にSFIで学習を始めた移民者の2009年までの学習結果を示している。スウェーデン全体で3万4,104人の生徒が学習を始めたが，修了した人はそのうちの61.8％，コースを途中でやめた人が23.4％，継続中が14.8％であった。修了者を男女別に見ると，女性が65.9％で男性の57.3％

181

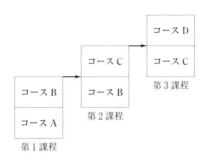

図5-1 移民者のためのスウェーデン語の課程とコース
〔Skolverket (2009) *Kommentar till Kursplan för Svenskundervisning för Invandrare, SFI* (SKOLFS 2009:2):1をもとに筆者作成〕

表5-5 2007年にプログラムを開始した学生の2009年までの結果

	修了（%）	中途退学（%）	継続中（%）	合計（人）
すべての学生	61.8	23.4	14.8	34,104
女性	65.9	20.1	14	17,856
男性	57.3	26.9	15.8	16,248
16〜19歳	63.8	19.5	16.7	1,021
20〜24歳	64.5	22.8	12.6	6,044
25〜39歳	62.9	22.7	14.4	19,785
40〜54歳	58.2	24.4	17.4	6,274
55歳以上	42.3	38.4	19.3	980

〔Arbetsmarkandsdepartement (2011) *Fickfakta 2010 Statistik om integration*:28をもとに筆者作成〕

を上回った。年齢別では40歳以上の生徒の割合が低い。

　コース別の統計では，修了者61.8％のうち，1A（第1課程Aコース）修了者が4.6％，同じく1Bが2.5％，2Bが11.3％，2Cが8.2％，3Cが7.7％，3Dが27.6％となっている。生徒は一つのコースを修了後，次のステップに進むことができる。この統計には最後に修了した課程とコースのみが表示されていて，より高い課程とコースに進級して修了した生徒は，進級前の課程とコー

スの修了者には含まれていない。

B. 義務教育

スウェーデンの義務教育は日本と同じ9年間で、小学校と中学校を合わせて基礎学校と呼んでいる。基礎学校を終えるまでにスウェーデンに来た生徒は、しばしば学校の知識目標に到達できないでいる。彼らの違いは社会経済的要因によって説明される。高度の教育を受けてきた、または労働していた親の子どもたちは、低い教育しか受けていない、または失業していた親の子どもたちよりも、学校の目標により早く到達している。このことは、彼らの背景に関わらずスウェーデン生まれと移民者の両方に共通している。

高等学校へ進学する資格のある生徒の割合は、スウェーデンの滞在期間が長いほど増加する。地域別には、アフリカとアジアからの生徒のそれぞれ56％と59％強が高等学校進学の資格を得たのに対して、スウェーデンで生まれた女性と男性、それぞれ92％と90％がその資格を得た（Arbetsmarkandsdepartementet 2011：31）。

外国生まれの両親の子どもは、少なくとも1人の親がスウェーデン生まれの子どもと比べて高等学校進学の資格を得た生徒の割合が少ない。この割合の最も低いのが外国生まれの男子である。この割合は、少なくとも1人の親がスウェーデン生まれの子どもの場合で約90％であるが、外国生まれの男子の場合では約70％である。また、高度な教育を受けた親の子どもと低い教育しか受けていない親の子どもとの差が非常に大きい。

C. 高等学校・大学

スウェーデンでは、卒業後の職種または進学によって高等学校のコースは多種多様である。1984〜1988年までに生まれた、スウェーデン国内に背景を持つ高校生と外国に背景を持つ高校生のコース選択（最初の選択）は、**表5-6**の通りである。まず、女子生徒全体では、大学進学コースが約54〜51％で大きな差はないが、職業コースを見ると、スウェーデン生まれの高校生で、両親ともスウェーデン生まれだと30％、1人の親がスウェーデン生まれでは

表5-6 1984～1988年生まれの生徒の高校コース選択 （人数を除く単位：%）

			大学進学コース	職業コース	個人プログラム	自由設立学校	合計	人数（人）
スウェーデン生まれ	両親ともスウェーデン生まれ	女子	54	30	7	9	100	197,384
		男子	46	35	9	10	100	206,950
	1人の親がスウェーデン生まれ	女子	54	25	9	12	100	23,986
		男子	47	30	11	13	100	25,105
	両親とも外国生まれ	女子	56	21	12	11	100	14,111
		男子	48	24	15	13	100	14,893
外国生まれ		女子	51	21	20	8	100	23,176
		男子	43	23	24	9	100	24,795

〔Arbetsmarkandsdepartementet（2011）*Fickfakta 2010 Statistik om integration*：36をもとに筆者作成〕

25%，両親とも外国生まれが21%，外国生まれの高校生では21%と差が生じている。逆に，個人プログラムを選択した生徒は，それぞれ7%，9%，12%，20%で，外国生まれの高校生が一番多い。また，自由設立学校を選択した生徒は1人の親がスウェーデン生まれが最も多かった。男子学生の場合，大学進学コースは女子学生よりも少ないが，全体の傾向は女子学生と同様である。

　高等学校卒業時点でのコース選択の割合は，入学当初に比べて，大学進学コースが増え，逆に個人プログラムが0～2%にまで減少した。個人プログラムの成果が上がり他コースへ移動した結果であると思われる。

　2008/2009年度にスウェーデンに背景を持つ人5万7,101人，外国に背景を持つ人1万2,439人が大学に入学した。男女別では，女性のほうが圧倒的に多い。過去10年間を見ると外国生まれの大学進学者が増加している。

　スウェーデンでは，高等学校を卒業後一定期間就業してから大学に入学す

る人も多い。そのため，例えばストックホルム大学の学生の平均年齢は約25歳である。中には教授よりも年齢の上の人もいる。外国生まれの人の場合には，就業以外に理由があるとも考えられるが，年齢の高い大学生はスウェーデン生まれよりも多い。2008/2009年度の外国生まれの1年次の学生の年齢は，21歳までが38％，22～24歳が13％，25～29歳が15％，30～34歳が12％，35～64歳が22％であった。

2. 就 業

　スウェーデンでは他国に比べて積極的労働市場政策に重きを置き，多くの資金をそこに費やしている。労働経験，雇用訓練，起業補助，若年者への仕事保障，職業リハビリテーション，新規雇用補助など多くの事業が行われている。2010年には，職業安定局が移民者を対象とした労働市場政策にも責任を持つことになった。「インテグレーションと定着」，「労働生活への定着」（労働市場への定着の弱い人や自助能力の低い人への支援）のプログラムが加えられた。しかし，問題点はまだまだ多い。

　2009年の20～64歳までの就業率は，女性の場合，スウェーデン生まれが79.3％，外国生まれが60.3％で，「後者÷前者」で示される雇用ギャップ（sysselsättnings gap）は76であった。男性の場合，スウェーデン生まれの就業率は83.1％，外国生まれが69.1％で雇用ギャップは83.6であった。近年の移民者の増加などにより就業も厳しくなってきている。

　国際比較をすると，スウェーデンの外国生まれの人の就業率は相対的に高いが，OECD（Organisation for Economic Co-operation and Development）の統計によると，2009年のスウェーデン生まれの就業率と外国生まれの就業率の差は，女性ではスウェーデンが最も高く14.9％，男性もスウェーデンが高く8.9であった（OECD 2011）。

　スウェーデンでの滞在年数は就業率の高さの理由として重要である。滞在年数が長ければ長いほど就業率は高い。しかし，滞在年数20年以上の外国生まれの人もスウェーデン生まれに比べるとまだ就業率は低い。

表5-7　高等学校修了後の教育を受けた者の職業（2008年）

		指導的地位 (%)	相応しい職業 (%)	その他 (%)	合計 (万人)
スウェーデン 生まれ	両親とも スウェーデン生まれ	10	73	18	119
	1人の親が スウェーデン生まれ	9	71	20	10.6
	両親とも外国生まれ	8	68	24	4
外国生まれ		5	58	36	18.7

〔Arbetsmarkandsdepartementet（2011）*Fickfakta 2010 Statistik om integration*：64をもとに筆者作成〕

　滞在年数と同時に，出生地がこの要因としてより重要である。ヨーロッパ以外が出生地である人は，ヨーロッパ出身者よりも就業率が低い。さらにその人の年齢，教育，地位によっても差が生じる。

　スウェーデンでは，高等学校と大学の教育は職業により密接に結びついている。国家試験はなく高等学校や大学修了後に一定の研修を受けて付与される資格も多い。ただし，教育は学生にとって非常に厳しいものがある。

　表5-7は，高等学校修了後の教育を受けている者がその能力に相応しい職業または地位に就いているかを示している。高等学校修了後の教育を受けている者に相応しい職業に就いている人は，本人と両親がスウェーデン生まれの人は73％であるが，本人と1人の親がスウェーデン生まれの人は71％，本人がスウェーデン生まれで両親とも外国生まれの人では68％，それらに対して外国生まれの人は58％と大きな差がある。指導的地位に就いている人も同様に本人と両親がスウェーデン生まれの人が最も高く，外国生まれの人が最も低い。

　男女別，職業別にスウェーデン生まれと外国生まれを比較したのが**表5-8**である。外国生まれを中心に見ると，「金融・法人サービス」が男女とも多いことがわかる。スウェーデン生まれを割合で上回っている。しかし，女性で最も多いのは，外国生まれとスウェーデン生まれともに「看護・福祉」で

表5-8 スウェーデン・外国生まれ別の職業（20〜64歳，2009年）　　　　(単位：%)

	女性		男性	
	スウェーデン生まれ	外国生まれ	スウェーデン生まれ	外国生まれ
農林漁業	0.9	0.6	3.0	0.8
製造業・鉱業，エネルギー・環境	6.7	7.0	20.7	19.2
建設	1.0	0.7	12.6	6.5
商業	10.8	9.6	13.1	13.1
輸送	2.7	2.8	7.5	10.1
ホテル・レストラン	2.6	5.8	1.7	8.3
情報・コミュニケーション	2.5	2.2	5.8	4.0
金融・法人サービス	14.7	15.7	16.2	17.3
行政	7.5	5.6	5.3	3.2
教育	17.4	16.0	5.3	5.4
看護・福祉	27.4	28.8	4.8	8.0
人的・文化的サービス	5.6	5.0	4.0	3.7
その他	0.1	0.2	0.1	0.4
合計	100.0	100.0	100.0	100.0

〔Arbetsmarkandsdepartementet（2011）*Fickfakta 2010 Statistik om integration*：78をもとに筆者作成〕

ある。スウェーデンでも看護・福祉職は不足しており，現在は外国生まれないし外国に背景を持つ人の就労が増えている。また，女性の割合で次に高く，しかも男性よりもかなり高い傾向にあるのは「教育」である。「看護・福祉」や「教育」は一般に女性が多く，これは移民者とその家族等についても当てはまる。「ホテル・レストラン」では男性の就業者が女性よりも多くなっているが，外国生まれがスウェーデン生まれを大きく上回る結果を示した。

　「製造業・鉱業，エネルギー・環境」，「商業」，「建設」そして「輸送」は男性のほうが多い。男性で最も割合の高いのが「製造業・鉱業，エネル

表5-9 稼働所得（中央値，2008年） (単位：kr)

	女性	男性	全体
スウェーデン生まれ	232,000	297,000	262,000
外国生まれ	172,000	215,000	191,000
全体	225,000	287,000	253,000

〔Arbetsmarkandsdepartement (2011) *Fickfakta 2010 Statistik om integration*：84 をもとに筆者作成〕

ギー・環境」である。「商業」を職業にしているのは女性も多い。

　スウェーデンにおける自営業者数は2008年に女性10万8,527人，男性26万3,744人で，就業人口に占める割合は，それぞれ5.3％，11.8％であった。男性のほうが人数，割合とも女性の2倍以上に達している。そのうちスウェーデン生まれは女性9万1,723人，男性22万8,913人でいずれも圧倒的多数である。出身地別で，外国生まれのうち最も多いのがアジア，次が北ヨーロッパを除くEU 27カ国，スウェーデン以外の北欧，他のヨーロッパの順であった。

3. 所得と居住

A. 所　得

　スウェーデンでは，夫婦共働きがほとんどである。夫婦ともフルタイマーであったり，夫フルタイマーと妻パートタイマーであったりする。パートタイマーといっても，日本のそれとは異なり，週30時間以上労働する人をフルタイマーとともに稼働労働者と呼び，時間給や社会保険等の労働条件に差はない。

　20〜64歳までの稼働所得の中央値は，2008年に月25万3,000 kr，女性22万5,000 kr，男性28万7,000 krであった（**表5-9**）。男女の所得差は，労働時間の差とともに，女性の多い職場の給与が相対的に低いことによる。

　スウェーデン生まれと外国生まれとの差は非常に大きい。女性は，ス

ウェーデン生まれ23万2,000krに対して外国生まれでは17万2,000krであった。男性はそれぞれ29万7,000kr，21万5,000krであった。出身地別には，アジアとアフリカ出身者が特に低い。また，スウェーデンでの滞在年数が短いほど所得は低い。可処分所得にも出身地とスウェーデンでの滞在期間により大きな差がある。ヨーロッパ以外の出身の人は低くなっている。1995～2008年にかけてどの出身地の人も可処分所得は増加したが，スウェーデン出身者の増加のほうが大きかった。

B. 居 住

住み分けを測定する一般的な方法として，住み分け指数が使われる[注2]。これは，一つの人口グループ，ここでは外国生まれと全人口との住まいのパターンにおける差異を測定するものである。0（ゼロ）から100までの値をとる。指数0は住み分けが全くないことを示し，指数100は最大の住み分けを表わしている。住み分け指数を計算するこの方法は時系列の傾向を描くために最もよく使われるが，異なるコミューンを比較するのにはあまり用いられない。指数はコミューンと地域の規模によって大きく影響を受ける。

住み分け指数は，近年，第3の都市マルメでは減少したが，ストックホルム都市圏では増大する傾向がある。中規模コミューンでも傾向はさまざまである。例えばウプサラでは住み分けは減少したが，他の中規模コミューンでは増大した。

人種の住み分けは，一部にはスウェーデン生まれと外国生まれとの間の住宅タイプの差異によって説明される。外国生まれが多く住む住宅地域は，一般的にいって賃貸住宅の多い地域でもある。外国生まれの人の持ち家の割合

注2 住み分け指数の計算式は以下の通り。

$$\frac{\Sigma |p1_i - p_i| \times 100}{2(1-p1)}$$

$p1_i$ = 地域$_i$に住む人口カテゴリー1の割合
p_i = 地域$_i$に住む人口の割合
$p1$ = コミューン全体における人口カテゴリー1の割合

表5-10 健康であると答えた人の割合（2008～2009年）

		男性	女性	合計
外国生まれ		78.1	69.0	73.3
スウェーデン生まれ	両親が外国生まれ	87.2	84.2	85.8
	1人の親が外国生まれ	84.8	84.1	84.4
	両親ともスウェーデン生まれ	80.9	75.9	78.4

〔Arbetsmarkandsdepartementet（2011）*Fickfakta 2010 Statistik om integration*：98をもとに筆者作成〕

は20％以下であるが，スウェーデン生まれの人は56％である。外国生まれの人多い地域では，全体として，所得水準の低いところが多い。

4. 健　康

　表5-10は健康であると答えた人の割合を示している。興味深いことに，「両親がともに外国生まれで本人がスウェーデン生まれ」と「1人の親が外国生まれで本人がスウェーデン生まれ」において割合が高く，約85％に達しているのに対して，「外国生まれ」と「両親ともスウェーデン生まれで本人もスウェーデン生まれ」がやや低く，70％台である。外国生まれのやや低い割合は問題であるが，両親のまたは1人の親が外国生まれで本人がスウェーデン生まれの人は，生粋のスウェーデン人より健康である。

5. 政治参加

　スウェーデンでは国会議員選挙と地方議員選挙が，通常4年に一度，同時に行われる。毎回投票率は高く80％を超えている。選出方法は，政党を選ぶ比例代表制になっている。民主主義と国民の政治参加について考えるのに，何よりもまず，この議員選挙がある。地方議員には「素人」議員が多く，彼らの多くは他の職業を兼務している。

表5-11 スウェーデン生まれと外国生まれの投票率の差　　　　　　　　　（単位：％）

	2002年選挙			2006年選挙		
	女性	男性	全体	女性	男性	全体
外国生まれ	68.4	66.0	67.3	65.1	68.5	66.9
18〜44歳	64.5	57.2	60.8	60.1	64.6	62.5
45歳以上	71.5	75.9	73.4	69.3	71.3	70.4
スウェーデン生まれ	82.7	82.3	82.5	84.1	85.2	84.7
両親とも外国生まれ	62.5	60.9	61.6	71.3	78.0	74.4
1人の親が外国生まれ	83.1	77.6	80.4	79.6	84.2	81.8
両親ともスウェーデン生まれ	83.3	83.2	83.2	84.8	85.5	85.1
全体	81.4	81.0	81.2	82.4	85.5	82.9

〔Arbetsmarkandsdepartementet（2011）*Fickfakta 2010 Statistik om integration*：92をもとに筆者作成〕

　外国生まれとスウェーデン生まれとの投票率の差は2006年には17.8ポイントであった。高齢の人は若い人よりも多くの人が投票する。スウェーデン生まれのグループの中では，両親がスウェーデン生まれか外国生まれかによって投票率が違う。スウェーデン生まれで両親とも外国生まれのグループは2006年の選挙で投票率が74.4％であったが，両親ともスウェーデン生まれのグループは85.1％であった（**表5-11**）。出身地では，アフリカ，北ヨーロッパを除くEU 25カ国が特に低く，それぞれ58.3％，59.9％であった。アジアも64.2％で平均を大きく下回った。これら外国生まれの投票率は，スウェーデン全体の投票率と比べると低いが，日本の平均的な投票率と比較すると遜色ない水準である。

　選出された国会議員の中で，外国生まれは非常に少ない。1980〜1990年代には1〜2％であったが，2002年の選挙で5.4％，2006年の選挙では4.9％であった。外国生まれの中でもアジア，アフリカ，南米の出身者は少なく，ヨーロッパ，北米出身者が多くなっている。ランスティング（県）議会とコミューン議会を見ると，外国生まれの議員はやや多く，平均して6〜8％になっている。

3 近年の移民政策

1. 新しい施策

　前節で明らかになったように，多くの移民者に対して積極的なインテグレーション政策が行われているにもかかわらず，スウェーデン生まれと外国生まれとの，また，スウェーデンに背景を持つ人と外国に背景を持つ人との教育・就業等における格差はいまだに大きい。

　政府は2008年9月に，2010年までの総合インテグレーション戦略を決定した（Integrations-och jämställdhetsdepartementet 2009b：1）[注3]。この戦略にはインテグレーションの目的を達成するための7つの分野が含まれていた。その7つの分野とは，①新入国移民者（以下，新入国者とする）のより早い定着プログラムの実施，②労働と起業の促進，③学校におけるより良い成績と平等の促進，④語学力の強化と成人教育機会の増加，⑤効果的な反差別政策，⑥社会的排除のある都市地域の開発，⑦民族多様性によって特徴づけられる社会の基本的価値の形成，であった。これらの中でも，労働の供給と需要の促進，学校における質の改善と平等の実現に重点が置かれた。

　さらに政府は2009年秋に，この分野の改革を進めるための法案を提出した。その主な狙いは，労働と社会生活への定着をより速めることであった。諸活動と労働へのインセンティブを高め，諸機関の間の責任分担を明らかにし，新入国者の技能の活用を促進することであった。その施策とは次のようなものであった（Integrations-och jämställdhetsdepartmentet 2010：1-3）。

- 職業安定局は定着施策に共同の責任を持つ。この主な責任はそれまでコミューンにあった。
- 職業安定局は新入国者とともに個人の定着プランを作成する。このプラ

注3　統合・男女平等省（Integration-och Jämställdhetsdepartmentet, Ministry of Integration and Gender Equality）は2007年1月に設置され，2011年1月に廃止された。その業務は，司法省，教育省，ならびに労働市場省に引き継がれた。

ンは，その個人のそれまでの教育と労働経験に基づき，スウェーデン語課程，市民オリエンテーション，就業準備活動を含む。
- どこで生活するかに関わらず，誰にも等しい定着給付金が創設される。この定着給付金は，定着施策に積極的に参加する新入国者に支払われる。給付金は定着活動をしつつ労働する受給者のために支払われる。
- 新しいアクター（定着ガイド）が，新入国者が職を見つける手助けを行う。このガイドは，職業安定局の指示に基づいて働く。新入国者は自分自身でそのガイドを選ぶことができる。
- 定着プランのある新入国者は市民オリエンテーションに参加しなければならない。

この改革は，「特別定着法」（Lag om etableringsinsatser för vissa nyanlända invandrare）として法制化され，議会の決定に従って，2010年12月1日に施行された。ほかにも新入国者に対するいくつかの施策がある。

①ステップインジョブ

これは早期就業と良好なスウェーデン語学習のための特別就業補助金である。ステップインジョブは失業中の新入国者に提供されることができ，スウェーデン語のコースと結合されている。補助金額は雇用主の賃金コストの75％である。

②定着のための対話

これによって，新入国者は，居住許可が下りた後できるだけ早く，スウェーデンのどこで彼らの持つ技能に対する需要があるかについて，情報を得ることができる。この対話は，個々人の技能と労働市場における必要，そしてコースの提供とをうまくマッチングすることを目的とする。対話によって雇用，居住地，コースなどについての計画が作成される。定着のための対話は2009年に一部の地域のパイロット事業として導入され，2010年に全国に広げられた。

③良好な調査

スウェーデン移民局は保護施設への入居希望者の教育と労働経験を調査する。この目的は，居住許可が下りるとすぐに職業安定局が適切な援助を提

供することにある。移民局と職業安定局は2010年にこの調査の改善を求められた。

④ **新人研修**

ネットワークの欠如は新入国者の定着を阻害する要因の一つである。新人研修はネットワークを作り，技能を開発するための方法として知られている。政府は，3年間の新人研修プロジェクトを実施し，職業経験がありすでに教育を受けてきた新入国者がこの新人研修に適合するようにする。2010～2012年まで実施され，年に500万krが配分された。

⑤ **定住の組織化**

多くの新入国者は大都市圏のコミューンに住むことを選ぶ。しかし，ほかにも雇用と教育の条件の良いコミューンがある。政府は，多くの移民者を受け入れているコミューンから少ない移民者しか受け入れていないが良い労働市場にアクセスできるコミューンへの移住を容易にし，促進する取り組みを行っている。

個人には居住地を選ぶ自由があるが，同時に，雇用に結びつき十分な所得を得られ，家族全体が良い生活の質を得られるようにする定着活動を選ぶ自由，そのような定着活動にアクセスする能力が与えられる。この活動には，レーン行政局と地方自治体連合の協力の下，スウェーデン移民局が当たる。

⑥ **価値に基づく組織とのインテグレーションについての対話**

この対話の目的は，新入国者の定着とインテグレーションを促進するために，国，コミューン，そして非営利組織間の関係を明確にすることである。この対話はまた，価値に基づく組織の活動の形態や方法を開発するのに役立つ。

2. 教　育

2008年秋に，教育省は新入国者の生徒の教育について新ガイドラインを発表した。それは教員の継続教育に，スウェーデン語を第2外国語として教

えるための技能開発を含めるものであった。

A. 学校教育

　政府は学校における教育達成度を改善するための新しいプログラムを作成した。それは，読み書きと算数の基礎的な技能を強化する施策である。2008〜2009年まで合計で9億krが，教育目的を達成できないリスクのある生徒のための対策として支出された。彼らの多くは外国に背景を持つ子どもたちである。全国共通テストの形態で，ポイントチェックが3，6，9年次の終わりに義務として導入されることになった。

　教員の質は，科目の知識に焦点を当てた継続教育と質の改善を図る課程によって引き上げられた。2007〜2010年までに合計36億krが「教員押し上げ」計画に支出された。特別な必要のある教員のためのプログラムが導入された。これは目標達成の困難な生徒の支援のために設けられた。

　高等学校は，大学進学を希望する生徒への教育と，卒業後労働生活を希望する生徒への教育を分けて行っている。高い質の職業プログラムや見習いプログラムが高等学校での落第を減らすことになる。

B. スウェーデン語教育と成人教育

　スウェーデンへの新入国者は，スウェーデン語の基礎教育を受ける権利を持つが，教育水準はさまざまである。移民者のためのスウェーデン語教育（SFI）の目標は個々人により異なる。2009年には，すべてのプログラムに関して義務的な全国共通テストが導入された。さらに政府は，教員の質改善のために特別資金として6,100万krを支出した。

　2008年10月1日にスウェーデン学校監査局が設置された。その主な役割の一つがSFIの監査である。

　12カ月以内にSFIを完了した新入国者に，給付金が支給されるというパイロット事業が2009年に13のコミューンで始められた。目的は，参加者の経済的インセンティブがスウェーデン語を速く習得するのに効果があるかどうか，それによって職を得る機会を増やすことができるかどうかを試すことで

あった。

　スウェーデンの多くの大学は，アカデミックレベルの資格を外国で得た人々のための補完コースを設けている。2009年の政府法案では，年間5,100万krが2009～2011年までの期間にこの補完コースの促進に配分された。この予算配分に加えて，この額のおよそ倍額が保健医療と教員の資格を持つ人の追加コースのために配分された。スウェーデンでは，保健医療のスタッフが不足している。これがこの追加コースのための基金を設けた理由である。

　成人のための職業訓練は，労働市場における排除をなくすために重要である。成人としての職業訓練経験は移民者にとって職を得るために必要である。政府は2010年に，高等学校と同修了レベルの学校に，成人のための職業コースを大きく増やし，定員を7,100人から2万2,800人にすることを決めた。

　多くの移民者には，スウェーデンの労働市場で必要とされる職業経験がある。スウェーデン高等職業訓練局は外国での職業技能の認証の責任を持つことになった。認証手続きは，彼らの就労を容易にするための彼らの技能がどのように補完されるべきかを明確にする。認証はまた，雇い主にとっても応募者の技能を判断するのに役立つ。2009～2010年までに合計1,500万krがこの認証のために配分された。

3. 就業と起業の促進

　より多くの仕事と起業のための良い条件がインテグレーションにさらに貢献する。就業を促進する一般的な施策として，雇用と労働をより価値のあるものにするために，政府は稼働所得に対する減税を行った。さらに雇い主の保険料負担の減額も行った。これらは成長戦略の一環とされている。

　すでに述べたように，一般的な就業支援として，さまざまな取り組みが行われている。労働経験，雇用訓練，起業補助，若年者への仕事保障，職業リハビリテーション，新規雇用補助など多くの事業である。さらに2010年には，職業安定局が移民者を対象とした労働市場政策にも責任を持つことになり，「インテグレーションと定着」，「労働生活への定着」のプログラムが加

えられた。

　外国に背景を持つ人たちの起業は，他の人たちよりも企業の成長のための資金獲得が困難である。政府は，2008〜2010年まで年間2,000万krを，彼らの起業のために配分した。

4. 反差別政策

　差別を防止するための施策はインテグレーション政策の中で高い優先順位にある。2009年1月に新反差別法（discrimineringslag）が施行された。新法の導入によって，さまざまな部門に分かれていた以前の法律が，共通の枠組みに統合された。

　この新法の目的は，差別と闘う透明で明示的な枠組みを作ることであった。新しい罰則，差別に対する賠償が導入されたが，これは，差別から生じた罪を賠償することと，他の人への差別を防止することを目的としている。

　この法律が施行されると同時に，今まで別々に分かれていた差別オンブズマンが単一のオンブズマン局に統合された。

5. 移民者の多い都市地区の開発

　スウェーデンの大都市には移民者の多い都市地区がある。そして，新移民者の多くはこれらの地区に住む。これらの都市地区の開発に関して，コミューンと国で責任を明確にするため，政府は21の主要都市と地域開発協定を締結した。

　政府は，警察庁，社会保健庁，および職業安定局に対して，地域開発協定を締結したコミューンと地域連携する任務を与えた。この連携の目的は，各庁とコミューンがこれらの都市地区において効果的に協働することを可能にすることであった。

　また，政府は特に移民者排除の著しい9つのコミューンに新しい部局を置いた。これらの部局は，事業を立ち上げて経営する際に，個人個人に適切な

助言と支援を提供するワンストップショップである。これらは，すでに存在する各庁やコミューンのオフィスに結合されている。

6. 共通の基本価値

　2008年に，政府は民主主義と人権に関する課題に対し，人々の参加を促進する施策を実行し始めた。第1段階として，この施策は基本価値に関する対話を行う非営利組織を対象としていた。この対話とは，人権に基づき，社会の基礎となる民主主義的価値の範囲内で，差異を相互に尊重する社会を，いかに達成するかという課題に取り組むための対話である。政府は2009～2011年にかけて共通の基本価値についての対話のために合計600万krを配分した。

　また，政府は2008年，人種差別主義などと闘うことを活動をする支援団体を設立し，年間600万krがこの支援に支出された（Integrations-och jämställ-dhetsdepartmentet 2009b：4）。

7. 2015年春予算

　2014年9月の総選挙において社会民主労働党が第1党になり，赤緑連合（社会民主労働党と緑の党の連合）が8年ぶりに政権を奪還した。しかし，過半数には届かず，反移民政策を基本とするスウェーデン民主党がキャスチングボートを握った。新政権によって提出された2015年の当初予算案は，中道保守の連合であるアライアンスとスウェーデン民主党の反対により否決された。その後しばらくの間は2015年に再選挙が行われると予想されていたが，赤緑連合とアライアンス間で協議が行われ，予算に関しては議会でより多数の議席を持つどちらかの連合の案に両連合とも賛成するという協定が結ばれた。その結果，2015年春（修正）予算案は現政府によって提案され可決された。

　2015年春予算において，どのような移民政策に重点が置かれているであ

ろうか（Regeringens proposition 2015：93-95）。

① 新入国者の定着を容易にする市民社会の事業

新入国者が社会に定着するためにより良い条件を作り出すことを目的に，市民社会と地方政府の活動に予算3,000万krを追加する。この事業には，社会に定着することを容易にする活動，ネットワークの形成，言葉の学習支援，親に伴われないで入国した未成年への社会的支援が含まれる。この市民社会事業はボランティアやNPOに焦点が当てられている。

② コミューンのSFI実施のための追加補償

居住許可がおり移民局によって提供された住宅に住むSFI参加者のために，コミューンへの補償を5,000万kr増額する。定着プランの開始を待つ間に，SFIに参加することは大変重要である。政府はまた，この補償の規則を改正して，それぞれの個人がSFIに参加した時間に応じてコミューンが補償を受け取るようにすることを検討している。

③ 難民受け入れ能力を増強するための基金

レーン行政局（国の出先機関）はコミューンに対して，新入国者の受け入れ能力を増強し，社会への定着を容易にする協働を発展させる方策に補償を行う。この補償は，「特定の外国人のための事業への国家補償についての法令」（法令2010：1122）に基づくものだが，既存の基金額を2倍にして2,000万krを追加する。新入国者にコミューンが支援し，より迅速に定着プランの始めるという方針に基づいている。

④ 新入国者定着のための「迅速な軌道」

2015年3月に，政府は新入国者の労働市場への「迅速な軌道」について職業安定局などと会談を始めた。課題は，すでに教育や経験のある新入国者の貴重な技能を最適に利用するために，どのような方策を実施して，関連する産業や企業の必要に迅速にマッチングするかである。指導や職業訓練はすでに存在するが，問題は雇用者の必要とする人材と新入国者の技能のマッチングを改善する方策を見つけ出すことである。雇用，補助雇用，労働経験をより増加させる方策について議論が進められている。

⑤居住センターでのパイロット事業

　移民局によって提供される居住センターに住んでいる間に，職業訓練を行う試みである。まだどのコミューンに配置されるかが決まる前の時間を使うことは意義深いと考えられている。このことによって労働市場への定着までに時間が短縮される。

⑥コミューンへの補償についての検討

　スウェーデンのすべてのコミューンは，難民を受け入れる責任を持つ。そのため，コミューン計画を可能にする，適切で安定した経済的条件を必要とする。それゆえ，政府はコミューンに対する補償について再度検討を行う。

　このように，保守中道政権によって実施されてきた統合政策は，赤緑連合政府によって引き継がれ，さらなる発展を遂げようとしている。

4　統合政策の国際比較

1．移民受け入れ国のカテゴリー

　OECDは移民受け入れ国のカテゴリー別分類を行っている。それによると，次の4つのカテゴリーがある。

①伝統的な移民国家

　移民をもとにして建国された国で，オーストラリア，カナダ，アメリカが挙げられる。

②第二次世界大戦後に労働者を獲得したヨーロッパ諸国

　オーストリア，ドイツ，ルクセンブルク，スウェーデン，スイスが挙げられるが，この中でスウェーデンは，後に人道的定住に移行した国である。

③植民地を持った歴史と第二次世界大戦後に獲得した労働力に由来する移民を抱える国

ベルギー，フランス，オランダ，イギリスが挙げられる。

④新たな移民受け入れ国

かつて大量に移民を送り出してきた国で，外国籍の移民が流入しているほかに，かつての移出民の帰還もある国で，アイルランド，イタリア，ギリシャ，ポルトガル，スペイン，デンマーク，ノルウェーが挙げられる。

さらに，OECDは移民の流入の少ない国として日本，韓国，フィンランドを，移民の送出が主な国としてトルコとメキシコを挙げている（OECD 2009）。

この分類においても，スウェーデンは人道的定住を促進していると評価されている。

2. 移民統合政策指標

欧州委員会にスポンサーを持つプロジェクト「統合政策：誰が受益者か？統合問題における指標の開発と利用」の成果であるMIPEX（Migrant Integration Policy Index；移民統合政策指標）2015において，移民者の統合政策の国際比較が行われた。MIPEX 2015は，最初の版である「ヨーロッパの市民権と包摂指標」(2004) とMIPEX第2版 (2007) に続く第3版である。比較対象国はEU加盟国とオーストラリア，カナダ，アイスランド，日本，韓国，ニュージーランド，ノルウェー，スイス，トルコ，そしてアメリカに広げられ，合計38カ国になった。

移民者の社会参加の機会について，豊富で多次元の像を描くために，8つの政策分野（労働，家族，教育，健康，政治参加，永久居住権，国籍，反差別）に合計167の指標が用いられた。これらの指標は，分析対象になったすべての国において政府が移民者の統合を促進するために行っていることを評価し比較する手段であると見なされている。

167指標をここで分析するゆとりはないが，8つの政策分野について概括

する。

① 労　働

移民者は労働市場にアクセスし，彼らの技能を改善する平等な権利を持つかどうか。

② 家　族

移民者が家族と容易に再会することができるかどうか。

③ 教　育

移民者の子どもたちの必要に適合した教育システムが整っているかどうか。

④ 健　康

保健制度が移民者の必要に適合しているかどうか。

⑤ 政治参加

移民者が政治に参加する権利と機会がどの程度保障されているか。

⑥ 永久居住権

移民者が永久居住権を容易に取得できるかどうか。

⑦ 国　籍

移民者が容易に国籍を取得できるかどうか

⑧ 反差別

誰もが生活のすべての分野において，人種，宗教かつ国籍による差別から効果的に守られているかどうか。

これらのそれぞれの分野，および分野を総合した指数が公表され，国別順位が明らかになっている。**表5-12**は，総合指数で上位5位までの国と，アメリカ，ドイツおよび日本の順位を示している。総合指数第1位はスウェーデンである。スウェーデンは分野別にも「労働」「教育」で1位である。総合指数ではポルトガル，ニュージーランド，フィンランド，ノルウェーがスウェーデンに続く。アメリカは，総合指数では第9位であるが，「政治参加」と「永久居住権」での順位が低い。ドイツは，総合指数では10位であるが，「家族」「健康」「反差別」で特に低い順位となっている。日本は，総合指数で38カ国中27位であった。このようにスウェーデンは移民者の統合政策の

表5-12 MIPEX上位5カ国とアメリカ・ドイツ・日本の分野別順位（2014年）

	総合指数	順位								
		総合	労働	家族	教育	健康	政治参加	永久居住権	国籍	反差別
スウェーデン	78	1	1	5	1	9	7	2	2	5
ポルトガル	75	2	2	2	6	22	4	8	1	4
ニュージーランド	70	3	12	10	3	1	4	14	4	8
フィンランド	69	4	6	9	8	12	3	6	10	11
ノルウェー	69	5	3	18	4	4	1	6	18	21
アメリカ	63	9	12	14	8	3	22	25	11	2
ドイツ	61	10	4	24	16	22	11	19	3	22
日本	44	27	15	20	29	16	27	20	23	37

〔MIPEX（Migration Integration Policy Index）（2015）*MIPEX2015*（http://www.mipex.eu/）をもとに筆者作成〕

先進国であるといえる。

　人権を尊重することがスウェーデンの移民政策の基本にある。このことは，自国を追放された人々はスウェーデンで避難所を求める機会がなければならないこと，保護を必要としそれを求める人々は，スウェーデンの法律とスウェーデンが署名した協定に沿って，スウェーデンで受け入れてもらえることを知る機会がなければならないことを示している。また，教育や就労支援も人権の尊重に基づいて実施される。

　本章において，スウェーデンにおける移民・難民の定義と移民者の推移，インテグレーション政策の現状，そして近年の移民政策を取り上げ，スウェーデンの移民政策の現状を明らかにした。また，国際的に進んだ統合政策の行われていることをMIPEXによって明らかにした。スウェーデンは外国に背景を持つ人たちのインテグレーションに多くの努力を払い，かつ予算

を充てている国である。移民者の教育,就労,そして政治参加は国際的に見ると高い水準にあるといえる。しかし,近年の移民者の著しい増加のために,教育,就労,そして反差別政策などにさらに多様な移民政策が必要とされ,それを実行しつつある。

その中でも,共通の基本価値についての取り組みは興味深い。スウェーデンは個性を重視し多様性を尊重する社会である。その上に連帯が成り立っている社会でもある。人権に基づき,民主主義の範囲内で差異を相互に尊重する社会という基本価値があり,多くの人に受け入れられている。そして,この取り組みを非営利組織との協同の中で進めていることに,今後のスウェーデン社会の展開を考えるうえで重要な鍵があるのではないかと思われる。

文　献

Arbetsmarkandsdepartementet(2011)*Fickfakta 2010 Statistik om integration*

Forssel E. and Torres S.(2012)Social Work, older people and migration：an overview of the situation in Sweden, *European Journal of Social Work*, 15(1), 115-130

Integrations-och jämställdhetsdepartmentet(2009a)*Government reform to speed up the introduction of new arrivals in Sweden*

Integrations-och jämställdhetsdepartmentet(2009b)*Swedish Integration Policy*

Integrations-och jämställdhetsdepartmentet(2010)*Ny Politik för nyanländas etablering i Sverige*

Kivisto P. and Wahlbeck Ö.(2013)*Debating Multiculturalism in the Nordic Welfare States*, Macmillan

Migrationsverket(2015)*Statistik Översikter//tidsserier*

Ministry of Justice(2011)*Migration Policy*

MIPEX(Migration Integration Policy Index)(2015)*MIPEX2015*(http://www.mipex.eu/)

OECD(2009)*International Migration : The Human Face of Globalization*(＝2010,濱田久美子訳『よくわかる国際移民―グローバル化の人間的側面』明石書店)

OECD(2011)*International Migration Outlook 2015*

OECD (2015) *Indication of Immigrant Integration 2015*
Regeringens proposition (2015) (Prop. 2014/15：99) *Vårändringsbudget för 2015*
Skolverket (2009) *Kommentar till Kursplan för Svenskundervisning för Invandrare, SFI (SKOLFS 2009：2)*
Skolverketsförfattningssamlimg (2009) (SKOLFS 2009：2) *Förordning om kursplan för svenskundervisning för invandrare*
Utrednigen för statens utvärdering av folkbildningen (2010a) *Sverige för nyanlända-Värden, välfärdsstat, vardagsliv,* (SOU2010：16)
Utrednigen för statens utvärdering av folkbildningen (2010b) *Sverige för nyanlända utanför flyktingmottagandet,* (SOU2010：37)
太田美幸（2011）『生涯学習社会のポリティクス―スウェーデン成人教育の歴史と構造』新評論，1-366
川村千鶴子・近藤　敦・中本博皓編著（2009）『移民政策へのアプローチ―ライフサイクルと多文化共生』明石書店
近藤　敦編著（2011）『多文化共生政策へのアプローチ』明石書店，1-272
篠田武司（2014）「スウェーデンにおける移民と社会的包摂・統合」『北ヨーロッパ研究』（11），11-25
清水由賀（2015）「スウェーデンにおける難民・移民受入れ政策―継続性に着目して」『社学研論集』（26）47-62
渡辺博明（2013）「スウェーデンにおける選挙政治の変容と新右翼政党の議会進出」『龍谷法学』46（2），393-423
藪長千乃（2006）「在住外国人の生き方」岡沢憲芙・中間真一編『スウェーデン―自律社会を生きる人びと』早稲田大学出版部，221-260

第6章
国際開発協力の現状とその評価

はじめに

　本章は，スウェーデンにおける政府開発援助（Official Development Assistance；ODA）の評価について論じる。日本でもスウェーデンのODAの実態については，すでに紹介がされてきたが，その評価について論じたものは見当たらない。その規模は高い水準を示しているが，現在，結果ベースの管理や効率化がこれまで以上に求められている。

　世界的に開発協力の指針となっているのは，2000年にまとめられた「国連ミレニアム開発目標」（後述参照）である。8つの目標を掲げ，それぞれ2015年までの達成を目指している。これに基づいてスウェーデンでも2003年に開発協力に関する国会決議が行われ，それまで以上に人道主義的支援など国際貢献が進められた。政府の年次報告書では，自国の開発協力の教訓について言及されている。

　経済協力開発機構（Organisation for Economic Co-operation and Development；OECD）の国際開発協力部門である開発援助委員会（Development Assistance Committee；DAC）は，メンバー国の開発援助に関して4～7年の間隔で調査を行い，勧告を含む評価報告書（ピアレビュー）を提出している。本章で主として取り上げるのはこのピアレビューであり，スウェーデンに対しては最近では2009年と2013年に出されている。

　スウェーデンのODAが本章の研究対象であるが，それを深めるために，主要指標の国際比較や日本に対するピアレビューとの比較検討も行ってい

く。日本のODAの内容はこれまでスウェーデンと大きく異なっていたが，近年，国連ミレニアム開発目標を意識した改革が進められている。

1 スウェーデンにおけるODAの特徴

1. 主要指標の国際比較

　本章の課題はODA評価の視点にあるが，評価を考察する前提として，まず，スウェーデンのODAの特徴を主な国際比較指標から明らかにする。**表6-1**は，DACメンバー国のODAの主な指標のみを取り出してまとめたものである。

　第1に，ODAの規模について，金額ではアメリカ，イギリス，ドイツ，フランス，日本などが上位にきており，スウェーデンはアメリカの約7分の1，日本の約2分の1である。しかし，一人当たり額と国民総所得（Gross National Income；GNI）に占める割合を見ると上位に位置する。一人当たり額ではノルウェー，ルクセンブルク，デンマークに次いで4位で，アメリカの約5倍，日本の約6倍に達する。GNI比率では，ノルウェー，ルクセンブルクに次ぐ3位で，アメリカが0.21％，日本が0.20％であるのに対して，0.97％と大きく差をつける。人口が合計約2,600万人である北欧諸国がODAに大きく貢献していることがわかる。

　第2に，スウェーデンのアンタイド率（ひもなし援助の比率：二国間援助で行政経費は除く）は大変高く，94.5％である。10カ国が90％を超えているが，アメリカや日本などはDAC平均の79.4％を下回っている。

　第3に，GNIが非常に低い後発開発途上国（Least Developed Country；LDC）への援助（多国間援助も帰属計算されている）の割合は，スウェーデンでは50％を超えているが，アメリカや日本は50％を下回っている。

　第4に，二国間援助の種類におけるスウェーデンの特徴は，二国間援助に占める人道主義的支援（緊急を要する支援）の割合がDAC平均よりかなり

第6章 国際開発協力の現状とその評価

表6-1 DACメンバー国の主なODA指標

	2010年					2009~2010年						
	ODAの規模			アンタイドの割合(%)	LDCsへのODAの割合(%)	二国間援助の種類(%)			地域別二国間援助(%)			
	ODA額(100万USドル)	一人当たり額(USドル)	ODA/GNI(%)			社会・行政インフラ	経済インフラ	人道的支援	サブサハラ・アフリカ	中南アジア	アジアその他とオセアニア	ヨーロッパ
アイルランド	895	217	0.52	100	69.4	56.4	1	13.9	81.6	5	6.7	0.4
アメリカ	30,353	96	0.21	68.3	46.7	50.7	9.7	16.3	37	24.7	5.1	2.7
イギリス	13,053	195	0.57	99.9	50.9	44.5	10.6	8.1	53	31.7	6.5	1
イタリア	2,996	53	0.15	58.4	46.8	34.5	6.1	8.1	46.1	11.2	3.6	8.4
オーストラリア	3,826	132	0.32	99.7	38.3	49.6	6.3	11.5	5.4	15.7	73.8	0
オーストリア	1,208	143	0.32	54.5	45.4	42.9	10.2	5	40.3	6.9	5.7	34.4
オランダ	6,357	393	0.81	94.3	56.7	23.7	5.5	5.9	59.1	12.2	8.7	3.6
カナダ	5,202	126	0.34	80.1	63.6	46.6	3.1	10.8	48.8	17.8	6	1.9
韓国	1,174	19	0.12	32.3	41.7	40.1	45.6	1.1	19	29.2	35.1	6.5
ギリシャ	508	50	0.17	39.5	28.9	57.8	6.2	4.1	10.6	9.6	1.4	55.8
スイス	2,300	295	0.4	67.6	49	21.2	6.4	11.9	38.9	18.3	8.4	15.1
スウェーデン	4,533	478	0.97	94.5	53	36.1	6.2	12.7	49.9	14.7	7.1	11.1
スペイン	5,949	137	0.43	70.4	38.6	40.1	13.4	8.2	29.7	5.1	5.9	4.4
デンマーク	2,871	518	0.91	93.8	56.3	43.4	10.1	8	56.5	19.1	8.8	1.7
ドイツ	12,985	157	0.39	74.7	40	44.2	28.5	3.8	24.6	23.4	15.6	10.6
日本	11,054	79	0.2	78.6	47.5	25.8	41.3	3.3	12.9	25.2	43.6	5.4
ニュージーランド	342	69	0.26	77.1	48.8	48.2	7.4	7.9	4.8	5.1	87.2	—
ノルウェー	4,580	850	1.1	100	55.5	37.5	6.3	8.6	45.8	19.8	5.7	5.9
フィンランド	1,333	249	0.55	85.3	54.9	34.4	13.1	10.2	52.6	16.7	10.1	5.3
フランス	12,915	202	0.5	95	34.2	33.1	7	0.5	50.8	4.1	17.3	3.8
ベルギー	3,004	264	0.64	95.2	62.2	33.8	13.6	6.2	78	3.4	4	0.2
ポルトガル	649	57	0.29	43.1	51	46.3	15	0.2	74.6	3.9	10.1	5.1
ルクセンブルク	403	832	1.05	99.2	48.5	46.3	5.7	14.2	53.3	6	12.3	7.9
全DACメンバー国	128,492	129	0.32	79.4	46.6	40.2	16	8.8	36.1	19.7	16.9	4.7

全DACメンバー国のODA額は合計,他は平均値を示す。〔OECDデータベースをもとに筆者作成〕

高いということである。アメリカ，ルクセンブルクとアイルランドに次いでDACメンバー国内で4位である。社会・行政インフラストラクチャー（以下，インフラとする）と人道主義的支援を合わせると，48.8％になる。これに対して，日本は人道主義的支援の割合が低く，かつ社会・行政インフラの割合も低い。一方で，経済インフラの割合が高くなっている。

第5に，地域別の二国間援助を見ると，スウェーデンは「サブサハラ・アフリカ」への援助がDAC平均を大きく上回っている。この地域への援助で平均を大きく下回っている国としては，オーストラリア，ギリシャ，日本，韓国，ニュージーランドが挙げられる。このうち日本，韓国，ニュージーランドでは，「アジアその他・オセアニア」への援助の割合が高くなっている。

2. 日本との比較

スウェーデンのODAは日本と比べ，一人当たり額でもGNI比でも著しく高い。また，アンタイド率が高く，経済インフラよりも人道主義的支援や社会・行政インフラに重点を置いている。さらに，LDCとサブサハラ・アフリカへの援助が多い。表には記載されていないが，無償資金協力と技術協力を合わせた贈与のODA総額に占める割合は，日本では40.8％（2014年）で，借款の割合は59.2％であるのに対して，スウェーデンではそれぞれ98.7％，1.3％であった（OECDデータベース）。スウェーデンODAの多くを占めるLDCやサブサハラ・アフリカへの人道主義的支援と社会・行政インフラは無償で行われていることがわかる。

このようなスウェーデンのODAについて，須永昌博が，「その基本は人権の確立，貧困からの脱却，民主化の促進」にあり，「最終目標は人間と組織の能力開発（Capacity Development）」であると述べているのは大変興味深い。「Capacity Developmentとは，万人は等しく生れ，同じ潜在能力を有し，その能力が教育を通じて社会的に活かされ開発された時に，組織がその目的に向かって効率よく回転し，産業経済が発展するとともに個人の生活が満たされるという一連の流れの源を指している」（須永 2007：97）。この観点

は，アマルティア・センの潜在能力の開発（第1章参照）という考え方に近いと思われる。

スウェーデンのODAの特徴としてこのほかに挙げておかなければならないことは，①ODAの透明性と情報公開，②LDCの行政担当者と技術担当者等への研修プロジェクトの実施，③スウェーデン国内の非営利組織（Non Governmental Organizations；NGOs）との協働，④国内でODAについて評価を行い，評価報告書が作成され公表されていることである。

これらの量的かつ質的に優れたスウェーデンのODAの特徴を踏まえたうえで，次節では，スウェーデンのODAの評価について検討し，かつ近年の動向を明らかにする。

2　スウェーデンにおける開発協力の前提

スウェーデンのODAを考察し，評価するに当たって，①国連ミレニアム開発目標，②スウェーデンにおける2003年のグローバル開発政策の決定，③援助効果に関するパリ宣言を欠かすことはできない。それらの概要を次に示す。

1. 国連ミレニアム目標

2000年9月，189の国際連合（以下，国連とする）加盟国の代表が参加した「国連ミレニアムサミット」がニューヨークで開催され，「国連ミレニアム宣言」を採択した。その宣言では，21世紀の国際関係にとって重要な基本価値として，「自由」(freedom)，「平等」(equality)，「連帯」(solidarity)，「寛容」(tolerance)，「自然への配慮」(respect for nature)，「責任の共有」(shared responsibility) が掲げられ，それらを行動に移す中心目標として，「平和，安全，軍縮」，「開発と貧困撲滅」，「環境保護」，「人権，民主

主義，良いガバナンス」,「子どもを含む弱者の保護」,「アフリカの特別なニーズへの対応」などが挙げられた (UN 2000)。これらの中心目標 (key objectives) と1990年代の主要国際会議で採択されてきた国際開発目標を統合して，一つの共通の枠組みにまとめたものが「ミレニアム開発目標」(Millennium Development Goals；MDGs) である。

MDGsには8つの目標 (goals) がある。
目標1：極度の飢餓と貧困の撲滅
目標2：普遍的初等教育の達成
目標3：男女平等の促進と女性の地位向上
目標4：乳幼児死亡率の削減
目標5：妊産婦の健康の改善
目標6：エイズ，マラリアなどの病気に対する闘い
目標7：環境の持続可能性の確保
目標8：開発のためのグローバルなパートナーシップの推進

これらの目標は2015年までに達成すべきものとされ，具体的なターゲットと達成状況を測定するための指標が設定されている。

2000年以降の首脳会合やサミットなどにおいて，目標達成に向けての努力の確認，その成果と課題，具体的なアプローチについて議論が行われてきた。これらがスウェーデンの開発協力の根底にある。

「ミレニアム開発目標レポート2012」(UN 2012) によると，極度の貧困は，サブサハラ・アフリカを含むあらゆる地域で減少しつつあり，このまま推移すると貧困削減目標は2015年にグローバルレベルで達成されることになる。また，多くの地域で，初等教育年齢層の人口が増加している中で，相対的に高かった非就学者は減少しつつある。さらに，人口の増加にもかかわらず，5歳以下の死亡率は減少してきている。エイズの治療を受けている人はあらゆる地域で増加し，マラリアによる死亡も減少している。一方，近年の自然災害や世界的金融危機がこれらの過程を遅らせ不平等が残る可能性にも言及している。

2. スウェーデンにおける2003年のグローバル開発政策の決定

　スウェーデンにおける現在の国際開発協力の政策は2003年に国会で採択された政府のグローバル開発政策「責任の分担—スウェーデンの国際開発協力に対する政策」(Regeringens proposition 2003) に基づいている。この「政策」では，グローバルな開発のためのあらゆる政策分野共通の目的を提示した。主なテーマは政策の一貫性である。また，国際的開発協力の新しい道筋とゴールを示している。

　グローバル開発政策の目標は平等で持続可能な開発に貢献することである。「政策」の焦点は貧困な人々と貧困な国々に当てられている。これが国連ミレニアム開発目標の達成に貢献することでもある。

　2つの観点が政策全体を貫いている。第1に，国際的人権協定に基づく人権の観点，第2に，貧困の観点である。これらの政策の内容は次の8つの中心的構成要素で成り立つ。

①人権の尊重
②民主主義と良いガバナンス
③男女の平等
④天然資源の持続可能な利用と環境保護
⑤経済成長
⑥社会の発展と社会保障
⑦国際紛争への対処と安全保障
⑧グローバルな公共財

　その「政策」はさらに，すべての社会セクター，すなわち，中央政府，地方政府，市民社会，NGO，民間営利部門，そして労働組合の密接な協働の重要性を強調している。欧州連合（European Union；EU）内そしてグローバルなレベルでの協働も強調されている。

　貧困な人々自身の生活の質を改善する努力を支援することがスウェーデン

の開発協力の目的である。開発協力は，より効率的で効果的に，特に，他の国々，とりわけEU内の国々や国際機関と協働して遂行される。

　最後に，この「政策」は，グローバルな開発政策に関わる経営，行政，そして学習について述べている。

　国会での決定の背景には，それまであまり注目を集めなかった政策も含めて，スウェーデンの進める援助政策が発展途上国の貧困層の置かれた状況に，大きな変化をもたらしてきたという政策担当者の認識の高まりがある。

3. 援助効果に関するパリ宣言

　国際協力の担当大臣と多国間・二国間開発機関の長が，2005年3月にパリで会合を開き，国際開発援助をより効果的にするための指針を示した「パリ宣言」（The Paris Declaration on Aid Effectives）を採択した。それは，援助の質と開発のインパクトを改善する実践的で行動志向的な指針であった。それはまた，進行を評価するためのモニタリングのシステムを確立するものであった。

　パリ宣言は援助をより効果的にするための5つの基本原理を明らかにした（OECDホームページ，参照）。

①オーナーシップ（ownership）

　発展途上国は貧困減少のための独自の戦略を立て，その国の組織を改善し，不正と戦う。

②連携（alignment）

　援助国は目標ごとに組織を連携させるとともに地方組織を利用する。

③調和（harmonization）

　援助国は協働して，プロセスを簡素化し，重複を避けるための情報を共有する。

④結果（result）

　発展途上国と援助国は，開発結果に焦点を合わせ，結果を測定する。

⑤相互説明責任（mutual accountability）
　援助国と被援助国は開発結果について説明責任を有する。

3　スウェーデン国内の評価

1．結果ベース管理を強化するためのモデル

　スウェーデンのODAは2008年にGNIの0.98％と世界一になった。規模では世界に誇ることのできる水準であるが，一方で，援助結果を管理し報告するという点で問題を残していた。この点を反省し，2006年から管理と報告について改善を行い，2007年に政府は結果ベース管理を強化するためのモデルを採用した。
　そのモデルとは，①テーマ別の管理とその方法についてのガイドライン，②他の国や地域との管理の協力，③その他の二国間援助の管理，④多国間開発協力の管理，⑤組織の管理，⑥実績報告の年間サイクル，⑦協議による情報の交換，⑧質の確保と人的資源開発，という8つの項目から構成されていた。
　主な特徴は，ガバナンスのプロセスと実績報告のプロセスという反対方向のプロセスを組み合わせていることである。例えば，②の「他の国や地域との管理の協力」分野では，ガバナンスのプロセスとして，「政府の戦略決定」→「SIDA[注1]の国別計画」，実績報告のプロセスとして，「非援助国の採用した貧困減少戦略（Poverty Reduction Strategy；PRS）等に関わる結果指標のモニタリング」→「SIDA国別報告」→「戦略終了時の詳細結果分析」→「SIDA年報（結果添付）」→「外務省の検討」→「1．議会への結果の情報伝達，2．年報，3．予算の結果」という双方向のプロセスが描かれている。

注1　スウェーデン国際開発協力庁（Swedish International Development Cooperation Agency）

2. 2009年報告書

　このモデルにおいて，包括的報告の基本的な手段として，結果について議会へ「年次報告書」(annual communication) の提出が規定されている。「2009年報告書」は，2000〜2008年のスウェーデンの国際的開発協力の推移を示すとともに，その結果と東ヨーロッパにおける改革協力について説明している。

　実施された多くの開発協力施策は目標に照らして，全体として，大きな貢献をもたらしてきたと，政府は評価している。同時に，スウェーデンの開発協力活動の長期的な効果の説明に問題があると表明された（GOS 2009：7）。

　2009年報告書で，次のように10の主要な教訓が明らかにされた。

①被援助国の政治的不安定とそれらの政府の計画と実行の能力の不十分さが，目標達成の障害になっている。とりわけ紛争中またはその直後の国や民主主義に大きな問題のある国である。このため，能力開発に焦点を当てた開発協力がより強化される必要がある。

②スウェーデンの開発協力は，多くの国際機関への拠出と11に上る部門の存在によって，その効果が弱められた。したがって，政府はこれらの援助と部門を集約する必要がある。このためにプログラム・アプローチの利用を増やすことも必要である。

③伝統的なプロジェクト援助よりも，多くの場合，プログラム・アプローチの条件があれば，そのほうがより効果的である。プログラム援助の比率をこの数年間で増やさなければならない。しかし，スウェーデンの援助はプロジェクト援助が依然として支配的である。その理由は，スウェーデンの被援助国の多くは紛争状態や政治的不安定がありプログラム援助の条件が満たされていないことにある。NGOとの急速で柔軟な協働の必要もこの理由の一つである。

④スウェーデンは，援助のさまざまな形態とチャネル間のバランス，協働パートナー間のバランスを追求し続けている。国家部門への援助，プランナーや予算に責任のある人のための能力開発，民間組織への援助が，

特定部門の援助と組み合わされる。このような組み合わせによって，スウェーデンは開発協力の効果を高め，多元主義に貢献し，政府と市民社会の信頼を強めている。

⑤意見交換が，開発協力に影響を与える手段として重要な位置づけを与えられた。インパクトを高めるために，スウェーデンの関係者は被援助国や世界機関と，密着し深く考慮され焦点の絞られた対話を行うことが重要である。

⑥テーマ別分野（民主主義と人権，環境と気候，男女平等と女性の役割の向上，経済成長，安全と開発，社会開発と保護，研究協力）のうち，「社会開発と保護」は全体として，国連ミレニアム目標の約50％の到達度であるが，その中の項目にはばらつきがある。乳幼児死亡率の減少と子どもの教育権については大きく前進しているが，母性保護についてはほとんど進んでいない。

⑦教育と就業における男女平等（gender mainstreaming）は，男女平等を促進し女性の参加を増やす単一の方法としては効果が薄い。いくつかのアプローチを含む戦略が必要であるが，女性を直接の対象とした援助（contribution）は，女性の政治的参加が進んだ地域や母性保護・女性の権利獲得の進んだ地域では，有効であることが明らかになった。

⑧経験によると，援助の必要は紛争状態からより安定的な再建段階への移行期に特に大きくなる。スウェーデンもできるだけ長期の国家建設プログラムのための援助を提供し続けるべきである。著しい紛争の状態にある国では，柔軟に対応するとともに目標達成に大きなリスクを伴うことを承知し，絶えずモニターしなければならない。

⑨紛争後の再建の段階にある国での他の教訓は，地域レベルでも国レベルでも，意志決定への参加を促進する援助が重要なことである。社会におけるより多くの参加者（player）の間に権力の分散と分配が，紛争後のより安定した状態に貢献する。

⑩国際機関を通じた資源の配分は協働の相乗効果をもたらす。選挙，議会，司法での支援は，政治的に中立な正当性を持った国連開発プログラ

ム（United Nations Development Programme：UNDP）などによって行われる。国連はまた，民主主義と人権の国際標準を維持し，発展させ，実行するのに中心的な役割を果たす。

この報告の中で，スウェーデンはもはや独自の援助プロジェクトを開始せず，他の援助者によって最初に行われた事業を援助することが表明されている。

2009年の政府指示にもあるように，SIDAには援助の貢献の評価と体系的なリスク分析を含む，結果ベース管理の統一システムを確立することが求められている。そして，SADEV[注2]（Swedish Agency for Development Evaluation）には，個々の国との政府強力戦略を決めるための，複数年にわたる評価計画を提案することが求められている。この評価は，新しい協力戦略を発展させる基礎を提供する。

2010年には，環境と気候に焦点を当てて，報告書が出された。それには，2009年に結果について特別なアセスメントが行われた4つの被援助国が含まれるが，本章では省略する。

4 DACによるスウェーデンODAの評価と勧告

1．開発協力の枠組み

DACによる2009年のピアレビューでは，スウェーデンODAに対し主に5つの分野での勧告を行っている。その第1が，「開発協力の枠組み」である。

A．法的政治的方針

DACによる2009年のピアレビューはスウェーデンのODAについて大変高く評価している。それは，国際的な援助国の国々の中で大きなリーダー

注2　SADEVは2006年11月にその活動を開始し，2012年末に終了した。

シップを発揮している点にある。1975年以降，国連の目標であるGNIの0.7％を継続的に上回り，2008年には0.98％，2009年予算では1％に達する。これは世界的な景気後退で開発協力予算に圧力がかかる中，このリーダーシップが特に重要である。また，援助の質を確保するうえでも重要な役割を果たしている。例として，援助の効率性と人道主義的な援助のあり方が挙げられる。

　スウェーデン政府は開発協力の3つの重点を，①民主主義と人権，②環境と気候の変化，③男女平等と女性の役割に置き，さらに外務省が2011年までに新たに12のテーマを設定して，前回のピアレビューで指摘された「政策の森」（多くの政策が追加されて，複雑に重なっていること）を解決しようとしている。しかし，DACは過度な追加的ガイドラインやガイドドキュメントを避け，SIDAのガイドやほかのドキュメントが政策の妨げにならないように提言している。すでにスウェーデンではいくつかの改革を始めている。例えば，被援助国の数の減少，SIDAの構造改革，そして開発協力を管理する方法の導入である。またピアレビューでは，パリ宣言の履行，外務省とSIDAとの役割分担の明確化，結果ベース管理の導入などのスウェーデンでの取り組みを評価している。

B. 政策の一貫性の追求

　2003年のスウェーデンのグローバル開発政策は，開発の中心に政策の一貫性を置いた。このことは，スウェーデンの一貫性を追求する援助国の先兵になったと評価したうえで，チャレンジすべき課題が残されていると，ピアレビューには記載されている。

　開発政策の一貫性について，DACは次のように勧告している。
①複雑な政策の枠組みの検討と明瞭化を継続し，2003年の「グローバル開発政策」との整合性を確保すること。そしてSIDAのガイダンス文書を追加的な政策文書としないこと。
②スウェーデンの開発協力制度がいかに変わり，その変化がパートナーにどのように影響するかを内外の関係者と話し合うこと。

③開発の政策一貫性について独立してモニタリングと評価をし，そしてその結果を議会に報告する機関を指定すること。

④開発協力の政策一貫性へのさまざまな機関の貢献を表わす指標を，被援助国と共同で完成させること。

2. 援助の規模，チャンネル，そして配分

スウェーデンのODAの規模は他の国の模範とされるものであるが，さらに次のような勧告が出されている。

①スウェーデンの二国間援助は，2005年のピアレビュー以降，対象国を67から33に減じるとともに，サブサハラ・アフリカ諸国と東ヨーロッパへの援助を増加させ，ラテンアメリカとアジアへの援助を減少させている。紛争国または紛争後の国への援助が増加したのは評価すべきだが，ヨーロッパへの援助は，EUの拡大政策を反映しており，これらの国が最貧国とは言い難い。したがって，今後は二国間援助の地理的配分のどのような変化も，貧困の著しい減少と密接に関連していなければならない。

②2007年にはスウェーデンは50の国際機関を通じた援助を行ったが，開発の優先順位と戦略的目標に従って国際機関を通じた援助を重点化すること。また，より多くのスタッフを，より重要な多国間援助の政策目標を満たせるように配置すべきである。

③スウェーデンは市民社会組織（Civil Society Organization：CSO）への強力な支援者である。被援助国においてCSOを援助するために資金を提供している。2007年には二国間援助金の8％がCSOに当てられ，これはDAC平均の2倍に達する。しかし，CSOへの援助に比べ，民間セクターとの共同が強固ではない点を指摘し，開発に民間セクターの参加を増やす必要がある。

3. 組織と管理

組織的改革のためにDACは次のように勧告している。

①外務省とSIDAはその役割の再編成が行われ，分担が明確にされた。外務省は政策立案を行い，SIDAは実施過程を担当する。しかし，SIDAの改革について結論を出すのは時期尚早であり，SIDAの新構造によって生じる課題を引き続き管理する必要がある。例えば，現在の実施部門は地域よりもむしろ契約のタイプによってグループ分けしているが，異なる部門間で近隣地域の国についての知識を共有し分析する必要があり，また，部門間の境界を越える新しいスタッフのネットワークを作る必要がある。

②SADEVは2006年に独立した機関として設立され，SIDAやDACメンバー国の評価部門とより密接に作業を行っている。しかし，政府が全体としてSADEVの評価結果を採択するメカニズムがなく，その結果のインパクトは弱いものである。DACの評価委員会は，SADEVの結果に対応するメカニズムはまだ確立の途中にあるとしている。他方で，SIDAについては内的評価機能の独立性と影響力を保持すべきこと，そして，新しい評価ガイドラインは，内的評価機能の独立性と影響力の保証について述べるものであるべきである。

③紛争によって影響を受けた国々への関与を増やし，国際機関により強く関わるために，外務省とSIDAにおける人的資源を確保し，必要な技能を身につけ経験を積ませる必要がある。

4. 影響力の強化

援助の効果と結果をさらに改善するために，次のように勧告する。

①他の援助国との共同，被援助国の戦略との調整を強め，共同で実行される仕事を増やすこと。

②一般予算への援助に，同意した条件がどのように適用されるかを被援助

国に対して明確に説明すること。
③結果を重視した能力開発のための援助を提供し，長期的な実施において期限内の目標の設定やそれと結びついた打ち切り戦略を立てること。
④能力開発がスウェーデンの開発協力の核となるべきことを，スタッフが周知すること。
⑤環境変化と開発に関する国際委員会をフォローアップするにあたって，スウェーデンが国際共同体をリードしていくに足りるだけの，知識を持った専門家と訓練されたスタッフを十分に確保すること。
⑥環境と気候変化についての評価ツールと手引きを簡素化し統合して，それを世界の主流にすること。

5. 人道主義的活動

　スウェーデンは，国際的人道主義システムにおいて顕著な役割を演じている。近年，「望ましい人道主義援助」(Good Humanitarian Donorship；GHD) グループの共同議長にもなった。しかしながら，結果ベースの管理を人道主義プログラムに統合するための測定可能な指標については欠けている点が多い。スウェーデンの人道主義的援助者としての指導的役割を強固なものにするために，DACは次のような勧告を行っている。
①人道主義政策の改善を進めるとともに，人道主義の戦略目標に向けて取り組む過程を監視する適切な指標を明確にすること。
②共同開発戦略の中に災害時のリスク軽減策を組み込み，男女平等と環境を含む人道主義活動のより統合された中軸となる政策を作成すること。
③人道主義部門に学習，研究，そして説明責任のための計画を完成させること。

6. 2013年のピアレビュー

　DACのピアレビューは4〜7年ごとに行われる。2013年にスウェーデンに

対する次のピアレビューが報告された。この評価報告においても，スウェーデンのODAは高く評価されている。2009年のピアレビュー以降も，スウェーデンは引き続き，より透明で説明責任を持ち，結果に焦点を当てた開発協力政策の実施と運営のための改革を進めてきた（OECD 2013）。

　第1に，何よりも，外交政策の中心に開発を位置づけるとともに，グローバルな課題に戦略的に取り組み，自由，平和，安全，開発に強い政治的リーダーシップをとり，貢献してきた。発展途上国の現状に大きな影響を与えるために，戦略的な同盟（北ヨーロッパ諸国，EU，そして多国間の制度など）を追求し，スウェーデンがグローバルな開発に対する挑戦を先導している。1975年以来，GNIの0.7％という国連の目標を上回る援助を行ってきた。その予算は貧困を減少させるために支出されることを目的としている。2007年以降，DACの勧告通りに，対象国を絞り，対象となるテーマを限定してきた。援助行政において結果ベースの管理を発展させてきた。

　第2に，スウェーデンは2003年の法制定で，DACメンバー国の中で初めて発展途上国への開発協力の一貫性を課題としたが，今もなおDACおよびEU内でこの課題について先導的な役割を果たしている。スウェーデンの政策決定における政府の全過程はEU諸国に広がり，その政策が発展途上国への影響を与えるかどうかが審査される。しかしそれに伴い，指標の開発をさらに進めることが勧告されている。

　2009年のピアレビューにおけるスウェーデンへの勧告は，5項目から成り立っていたが，その多くは実施または部分的に実施されたと評価されている。実施されたとされているのは，前項の「2. 援助の規模，チャンネルそして配分」の②と③，「4. 影響力の強化」の①と②，そして「5. 人道主義的活動」の③であった。他方，実行されなかった，または試みられなかったのは，「1. 開発協力の枠組み」の④と⑤，「4. 影響力の強化」の③と④，および「5. 人道主義的活動」の②であった。

　2013年ピアレビューでは，新たに項目を立て勧告を行っている。「1. 包括的な開発エフォート」，「2. 開発協力のビジョンと政策」，「3. 公的開発支援（ODA）の配分」，「4. 開発協力の経営」，「5. 開発協力の配分とパート

ナーシップ」,「6. 開発協力の結果と説明責任」,「7. 人道主義的支援」である。

これらの中で新たに項目として追加された「2. 開発協力のビジョンと政策」において，スウェーデンは貧困の減少と2007年に明らかにされた3つの優先的テーマに焦点を当てようとしてきたが，実際には多くの付加的なテーマがあり，それが全体のビジョンを複雑なものにしていると指摘されている。この優先順位の欠如のために，スウェーデンは非常に多くの国，テーマそしてプログラムに資源を配分し，結果的に分散的な二国間援助になっているとされている。すでに「政策の森」を解決しようとしていることについては2009年ピアレビューで評価されていたが，結果をより効果的なものにするためにより重点的な援助が求められている。

5 新たな目標

1. 国連ミレニアム開発目標の到達度

国連は2015年7月に，MDGsに関する最終報告，「国連ミレニアム開発目標2015」（UN 2015a）を発表した。これによると，MDG sを目標とするグローバルな動きは，歴史上最も成功した貧困撲滅の取り組みであったとされている。それぞれの目標の到達度は次の通りである。

目標1：極度の貧困と飢餓の撲滅
　開発途上国における極度の貧困比率（1日1.25ドル以下で生活している人の割合）は，1990年には47％であったが，2015年には14％まで減少した。

目標2：普遍的初等教育の達成
　開発地域における小学校の入学率は2000年の83％から2015年には91％に達した。

目標3：男女平等の推進と女性の地位向上

　発展途上国は，全体として，初等，中等，高等教育における男女格差を除去するという目標を達成した。

目標4：乳幼児死亡率の削減

　世界における5歳未満の乳幼児死亡率は，1990～2015年の間に，1,000人当たり90人から43人へと半分以下に減少した。

目標5：妊産婦の健康の改善

　1990年以降，妊産婦の死亡率は世界で45％減少した。これらの減少は，主に2000年以降に改善された結果とされている。

目標6：エイズ，マラリアなどの病気に対する闘い

　HIV（Human Immunodeficiency Virus）への新たな感染は，2000～2013年の間に約40％低下し，感染者数は約350万人から210万人へと減少した。

目標7：環境の持続可能性の確保

　オゾン層破壊物質は1990年以降実質的に除去されてきた。オゾン層は今世紀半ばまでに回復すると見込まれる。

　さらに，2015年に世界人口の91％が改良された飲料水源を利用している。1990年には76％であった。

目標8：開発のためのグローバルなパートナーシップの推進

　ODAは2000～2014年の間に実質66％増加し，1,352億ドルに達した。

　このように達成度だけを見れば高い数値を表わしているが，引き続き大きな課題が残されている。特に，教育，母子保健，衛生において達成が難しいとされる。また，地域別にはサブサハラ・アフリカ，南アジア，オセアニアで達成に遅れが生じている。新たな課題として，国内格差の拡大，持続可能な開発の必要性が指摘される。

　ポスト2015開発目標として，①落伍者を出さない，②持続可能な開発を中心に据える，③雇用と包摂的な成長に向け経済を変容させる，④平和と，すべての人にとって実効的で開かれた責任ある制度を構築する，⑤新たなグ

ローバル・パートナーシップを作り上げる，以上のことが挙げられている（UN 2013）。

2. スウェーデンの新4年開発財源プログラム

　2015年の後，新しい開発目標，持続的開発目標（Sustainable Development Goals；SDGs）が現行のMDGsに取って代わられる。利用可能な資源を使えば2030年までに極度の貧困を根絶することが可能であると考えられている。しかし，これが実現するためには，そして新しい開発目標が達成されるためには，2030年までに毎年4.5兆USドルが必要であると国連は算定しているが，この額は世界の援助総額の30倍である。このためには他の資源を確保し，協働しなければならない。このアプローチを「開発財源」とスウェーデンでは呼んでいる。

　スウェーデン政府はSIDAに，開発財源の新しい革新的形態を開発するよう指示を出した。そして2014年に新しい4年計画がこの目的のために設定された。目標は，グローバル開発のために協働することのできる潜在的なアクターをより多く見つけ出し，世界の貧困減少を加速するためにより多くの資源を動員することである。SIDAは年金機関，企業，慈善家のような新しい利害関係者とのパートナーシップを模索している。SIDAは，新しい協働が市場を混乱させてはならないし，国家援助についてのEU規則から逸脱することもできないと考えている。SIDAの出発点は常に，伝統的な開発支援とODAである。

　新4年開発財源のプログラムに含まれるのは次の9つのプロジェクトである。（SIDA 2015：2-3）

　①スウェーデンの持続的な開発のためのリーダーシップ（20以上のスウェーデンの有名企業と組織から構成されるネットワーク，例えば，エネルギー，化学物質そして水の使用を削減するための，繊維企業20社とストックホルム国際水研究所による「スウェーデン繊維と水事業プロジェクト」）

②制度キャピタルの動員（年金基金や保険会社などがアフリカの持続的インフラに投資すること）
③保証プロジェクト（民間銀行が貧困減少のためのプロジェクトに融資することから生じるリスクを減少させるプロジェクト）
④革新的な実績ベース財政のアプローチ（結果が達成されてきた活動にファンドが支出される方法。このアプローチは実績を重視するので，実現方法の選択に柔軟性が与えられる）
⑤アメリカの国際開発機関（United States Agency for International Development；USAID）とのパートナーシップ
⑥「パワー・アフリカ」プロジェクト（USAIDによって先導され，10年以内にサブサハラ・アフリカで電気を利用できる人の数を2倍にすることを目指している）
⑦革新的な財源調達
⑧EU融合（EU予算の開発銀行，民間銀行，他の金融機関からの融資および援助国の贈与との融合）
⑨社会保障制度（被援助地域内での公的かつ民間の社会保障制度の拡充）

6　アフリカの最貧国への援助

　2000年代に，アフリカ全体で経済成長を遂げ，いくつかの国で自由な選挙が行われるなど民主主義は強化されてきた。しかし，膨大な自然資源があるにもかかわらず貧困は拡大していた。スウェーデンはアフリカ，特にサブサハラ・アフリカに多大の援助を行ってきた。2013年にスウェーデンが二国間援助を行ったアフリカ諸国の中で，特に多額の援助が行われたのは①モザンビーク，②タンザニア，③コンゴ，④ケニア，⑤南スーダン，⑥ソマリア，⑦ザンビアであった。以下ではいくつかの国について取り上げ，スウェーデンのプロジェクトについて検討を行う（SIDAホームページ http://

www.sida.se/English/where-we-work/Africa，2015年11月25日参照)。

1．モザンビーク

　モザンビークは約15年に及ぶ内戦とそれによる荒廃の後，1992年に「包括和平協定」が締結され，長期的な再建計画が始まった。政治の安定と急速に成長した輸出産業が数百万人にも上る貧困者の未来の希望になっている。

　モザンビークはスウェーデン最大の開発協力国である。低い経済成長から今や高い経済成長に転化した。この成長が持続的で，かつあらゆる人に利益をもたらすようになることが大きな課題となっている。しかし，まだ人口のおおよそ半分が貧困ライン以下の生活をしている。スウェーデンによるモザンビークへの主な支援分野は「民主主義と人権」，「農業」，「インフラ」，「研究と高等教育」であるが，ここでは民主主義と人権，農業の分野への支援について取り上げることにする。

A．民主主義と人権

　ポルトガルからの独立以来，民主主義制度と人権の尊重に関して改善がなされてきた。例えば，報道の自由であり，ほかにも教育・保健・上水などの分野で漸進的な進歩があった。しかし，モザンビークの民主主義はまだ発展途上である。機能不全に陥った公式部門，警察による残虐行為，女性などへの差別が残っており，男女平等や人権のために活動する組織への援助など，課題が残されている。

　予算支援を通じて，スウェーデンはモザンビークの行政組織を強化し，財政の透明性を高めてきた。これらの改革はモザンビーク政府内にはびこる不正との戦いでもあった。支援はさらに約50の地方組織が適用する統合されたプログラムを通じて，市民社会に対しても行われた。強力で独立した組織が，貧困減少のための国家戦略の実行をモニタリングする重要な役割を果たし，民主主義を発展させることへ貢献する。例えば，国家資源の利用を吟味する仕事を行っている「公的統合センター(The Center for Public Integrity)」や，家庭内暴力の女性犠牲者への合法的な援助を行っている「人権リーグ（The Human Rights League）」が組織の代表として挙げられる。

B. 農　業

　近隣の諸国と同様に，農業はモザンビークの基幹産業であり，労働人口の70％以上がこの部門で雇用されている。肥沃な土壌に恵まれ，発展の潜在力が大きい。しかし，さらなる発展のためにはより効率的な手法が必要であり，持続可能な農業のための長期戦略が2011年に農業省の主導で策定された。この戦略は，市民社会部門，民間部門，そして援助者と共同で策定され，2013年に採択された投資計画とともに，農業部門を将来の発展に導く。

　スウェーデンは，農民たちが土地と自然資源への法的権利を獲得するために，「クラフ（Community Land Use Fund；CLUF）」（コミュニティ土地利用ファンド）への支援を行った。この組織の主な活動の一つが，村が調査を行い農民に属する土地の境界を定めるのを支援し，土地の認証を得ることである。この支援は現在，国民土地調査庁への支援によって補足されている。

　また，スウェーデンは，ガザ，インハンバネ，ソファラ地域における区市町村の地域経済の発展を促すプロジェクトに参加している。このプロジェクトの目的は，農業部門における小規模ビジネスが市場へのアクセスを容易にし，原材料から最終製品までの価値連鎖を発展させることである。さらに，SIDAはUSAIDと協働して，農業部門と観光部門における中小企業が信用を得られやすいようにするために，投資銀行に保証を提供している。

2. タンザニア

　タンザニアはアフリカの中心部に位置し，キリマンジェロ（標高5,895mのアフリカ大陸最高峰）とセレンゲティ国立公園（自然保護を目的としたアフリカで最もよく知られた国立公園，1981年にはユネスコに世界遺産登録された）がある。自然の豊かさと美しさとは対照的に，多数の国民が貧困の中で暮らしている。貧困の減少はこの国の開発戦略の主要な目的である。

タンザニアはスウェーデンの開発協力の長期にわたるパートナーであり，2013年には協力50周年の節目を迎えた。2013年から効力を持つタンザニアに対する新結果戦略はこのような長期にわたる良い関係を基盤にしている。その戦略の優先的な目標は，援助へのこの国の依存を漸進的に減少させていくことである。この戦略で焦点の当てられているのは「より多くの仕事とエネルギー・農業市場の開発」，「教育の改善と起業家の増加」，「民主主義的な説明責任と透明性の強化と人権に対する意識の高揚」の分野であるが，そこでは女性，子ども，若者，そして起業家が主な対象グループになっている。

　SIDAはまた，スウェーデンとタンザニアとの専門的研究の協働を支援しており，予算援助はより多くの少年と少女が初等教育を修了することとそのためのインフラ整備に貢献してきた。新戦略の目標は，農業市場の開発，持続的なエネルギーへのアクセスの改善，教育の改善，そしてビジネスの発展によって，この国自身の開発能力の形成に貢献することである。

　スウェーデンのプログラムによって支援を受けた科学者の90％以上が国内にとどまって，開発と成長に寄与する国際的な質の研究を行ってきた。

A．より多くの仕事とエネルギー・農業市場の開発

　環境への負荷が少ない持続可能なエネルギーの供給と，民間セクターが更新可能なエネルギー投資を促進するために規制を改革することによって，少なくとも30万人が電気を利用できるようにすることを目標にしている。

　地方に住むより貧しい人々が電力にアクセスできるように，タンザニアの電力会社の生産，配電，管理能力を引き上げることに努力をしてきた。スウェーデンは，8,000以上の地方の家庭，民間企業，そして地方機関に電力が供給できるように資金の援助を行った。

B．教育の改善と起業家の増加

　この分野について，期待されることは次の通りである。

　第1に，より多くの少年少女が学校で基礎的な知識と技能を獲得できるようにすること。これには小学校と中学校の質を改善することを含む。

第2に，より多くの若者が職業訓練を終了し，少なくとも1万人の若者が就労できるようにすること。スウェーデンは，例えば，技術革新と起業家の活動を促進するためのICT（Information, Communication, Technologyの総称）利用の改善への貢献が期待されている

第3に，女性と若者が生産的なビジネスを始め，経営していくための機会を増加させること。これには，とりわけ女性に対して，商業化のアイデアと金融サービスへのアクセスを支援することが含まれる。

そして，長期にわたり開発協力を行ってきたことによる成果の一端は次の通りである。

まず第1に，初等教育の無料化によって，より多くの子どもたちが学校に通うようになった。通学率は2000年には約60％であったが，2010年には95％に上がった。大学の数も2000年以来4倍に増えた。

第2に，民間企業を強化し貧困な人々により多くの仕事を創出するためのスウェーデンの援助によって，2013年には110万人（その56％は女性が占める）が金融サービスにアクセスできるようになった。この人数は前年より16万6,000人多かった。

C．民主主義的な説明責任と透明性の強化と人権に対する意識の高揚

説明責任と人権意識の高揚を要求する市民社会の能力を高めることを目標に，スウェーデンの支援は市民社会による人権の擁護に貢献した。法的人権センター（The Legal and Human Right Centre ; LHRC）への支援によって，1万5,500人が主として土地所有と雇用に関して法的助言と法的支援を受けることができた。さらに，毎月100件の人権侵害が報告されチェックされた。

3．コンゴ

コンゴは，銅，コバルト，ダイヤモンド，石油などの自然資源が豊富で，アフリカで最も豊かな国となる可能性を持っているが，不正と内戦のため，現在最も貧困な国の一つになっている。

スウェーデンのコンゴにおける長期的な目標は，和解，民主主義，そして貧困の減少のために活動することである。法制度とコンゴの市民社会を強化し，性や生殖に関する健康を改善する継続的な努力が求められている。可能な範囲でSIDAはさまざまなセクター間の介入の協働をも奨励している。

　スウェーデンのコンゴに対する援助は，主に「人道主義的支援」，「民主主義，保健，貧困の減少」，「女性の地位向上」の分野で行われている。

A. 人道主義的支援

　コンゴへのSIDAの多くの支援が，国連と国際非政府組織，例えば国際赤十字，医薬品サンズフロンティアズ（Medecins Sans Frontieres：緊急支援を行う独立した人道主義的医療組織），ノルウェー難民委員会，オックスファム（Oxfam：貧困と闘う国際組織）を通じて行われる。このほかに，国連によって管理された基金は，総人道主義的支援の約15％をコンゴに配分しており，2013年には約400万人に支援が届けられた。この基金におけるスウェーデンのシェアは17％に達する。

B. 民主主義，保健，貧困の減少

　2002年の「プレトリア包括和平合意」と翌年の暫定政権の成立により戦争が終結した。自由な国政の選挙が2006年と2011年に行われ，大統領と国会議員が選出された。スウェーデンは民主主義のプロセスにおいて支援を行い，選挙を支援した。

　しかし，人権侵害を問われる多くの犯罪が罰せられていない現状があった。これは法制度が十分に機能しておらず不正が広がっていることの結果である。それに対して，SIDAは法的プロセスを機能させるための支援活動を行った。例えば，犯罪被害者，検察官，裁判所，そして刑務所への支援である。

　コンゴの保健データには驚くべきものがあり，スウェーデンは性や生殖に関する健康を含むプライマリーケアを主に支援している。中でも妊娠と出生に関わる活動は優先度が高い。なぜならコンゴでは妊婦と乳児の死亡率が高いからである。さらに，SIDAは性的な男女間の暴力を防止する取り組みを

行っている。長い期間，人道主義的組織によって遂行される保健活動を支援してきた。多くのスウェーデンの保健支援は，国際NGOを通じて行われた。

また，スウェーデンは環境を維持する役割を果たす農業と林業を支援する活動も行っている。活動の焦点は生産性と収益の向上に当てられ，それらの生産物の販路を拡大することも重要な課題としている。

戦争が再発する可能性のある地域では，教育，保健，経済の再建の形で，より長期的な開発を進めるために，より多くの支援が必要とされている。

C. 女性の地位向上

女性は不均衡な発展と紛争によって深刻な影響を被った。また，一部の紛争地域では性的暴力が日常的に行われている。このような状態から女性の健康，権利を改善することはコンゴへの支援において最重要課題として位置づけられる。このために，SIDAは地方組織やいくつかの国際組織と協働し，支援を強化している。

7 日本に対するピアレビューとの比較

スウェーデンのODA評価の分析のために，日本に対するピアレビューと比較しよう。2010年，7年ぶりにDACによる報告が行われた。報告の全体構成は，スウェーデンの場合と同じであるが，内容は大きく異なる。

まず，日本のODA政策は，日本独自の優先順位と原理を持っているとしている。その原理とは，被援助国の「自助」努力への支援，経済成長と市場志向経済の重要性，非軍事目的の開発協力，被援助国の政治問題への干渉を避けることを含んでいる。何よりも重要なのは，日本が経済成長を強調し，主要なインフラ建設に焦点を当てていると指摘していることである。「人々の安全」の観点が追加され，それが成長志向の範囲内で貧困問題に取り組むことに役立った（OECD 2010 : 13）。

また，日本は，国際開発協力を自身の長期的な利益と広い外交政策の重要な要素と捉えている。諸国との友好関係を築く重要な手段であると考えており，同時に，その援助が中期的に日本の経済に貢献することを望んでいる。それにもかかわらず，日本の開発援助の規模は（負債救済を除いて），2000年をピークに減少してきた。2008年には20％増加したが，翌2009年には再び10％減少した。

　前回2003年のピアレビュー以来，日本のODAに大きな変化が見られた。一つは2008年の独立行政法人国際協力機構（Japan International Cooperation Agency；JICA）の発足である。借款を実施してきた旧国際協力銀行の一部や外務省が行ってきたいくつかの無償援助がJICAに統合され，JICAは単に技術協力を行うだけの機関ではなく，借款，無償援助，技術協力の3つの役割を併せ持つようになった。これにより開発協力制度の効率性と効果性が高まったことが2010年のピアレビューでは評価された。このほかにも，手段別のアプローチから国別のアプローチへの転換と業務の実施機関への委譲などが評価され，また，当時の民主党政権（2009年9月〜2012年12月）によって作成された新中期政策にも期待が寄せられた。

　一方，改革の速度の遅い項目として，規模の増加，開発政策の一貫性などを挙げている。政策の一貫性については，①政府全体の優先順位を明確にする政策声明の欠如，②内閣レベルの機関が一貫性を促進する役割を十分に果たしていないこと，③政府内で一貫性についてモニタリング，分析，報告する制度が限られていること，を指摘している（OECD 2010：20）。

　ほかにも多くの問題点が指摘された。二国間援助の中で，借款（47％），無償援助（40％），技術援助（13％）のうち借款が多すぎること，多国間援助の割合が低いこと，NGOを通じるチャンネルが少ないこと，スタッフの能力を高めることの強化，アンタイドの比率をさらに高めることなどである。

　特にアンタイドについては，タイドの状態について報告がなされていないこと（2007/2008年），また，日本が援助事業の第1の契約者になるならばアンタイドにすると，日本側が考えているのに対し，これはタイドとして報告すべきことであると指摘している（OECD 2010：21）。

このように，日本のODAに対するDACの評価は，スウェーデンに対するものと大きく異なっている。まずODAの規模に差がある。そして，主要目標がスウェーデンでは人道支援と能力開発であるのに対して日本では経済成長の促進である，とされている。

スウェーデンのODAはすでに先進的であるが，DACはそれをさらに発展させ，政策の一貫性を貫き，重点化，簡素化を促進して，より効率的で結果を重んじるODA政策にすることを望んでいる。これはMDGsの2015年達成に向けたDACの意思であると思われる。また，人的資源を確保し，必要な技能を身につけ経験を積ませることによって，紛争によって大きな影響を受けた国への援助や国際機関で活躍する人材を育成することの重要性が指摘された。国際社会をリードするスタッフの確保と育成も重要だとされている。さらに，環境と気候変化についての評価ツールを簡素化して世界の主流にすることが求められている。

2014年に日本のODAに関するピアレビューが出された。そこでは，日本が先導的な外交を展開し，保健や災害リスクの減少などの分野でますます世界的なリーダーシップを発揮しつつあること，また，ODA，他の公的な資金，そして民間資金を戦略的な観点から結びつける政策について前進が見られる点が評価されている。しかしながら，開発に関する政策の一貫性，モニタリング・分析・フィードバック，開発目標の実現においてより努力が必要であると指摘されている（OECD 2014：24）。このほかにも，貧困減少の目標を達成するためのガイドラインの必要性，男女平等と女性のエンパワメントについてのガイドラインの見直し，DNIの0.7％を目標にすべきこと，LDCsのような最も援助を必要としている国への援助を増額すること，組織の分権化の必要性，スタッフの学習プログラムの開発，アンタイドの比率の減少の改善，不正と詐欺への対策を含むより包括的なリスク管理，市民社会との協働，よりタイムリーな情報の公開による透明性の必要，他の寄贈者とともに災害リスクの減少を積極的に分かち合うこと，人道主義的支援のための予算措置などが指摘されている（OECD 2014：20）。

2010年ピアレビューで勧告された事項について実施されたかどうかにつ

いても記載されている。6つの主要事項のそれぞれにいくつかの勧告が行われたが，合計で19項目に上る勧告のうち，6項目が実施され，6項目について部分的に実施，7項目において実施されていないと指摘された（OECD 2014：89-92）。

　スウェーデンのODAは，MDGsを基盤に，高い規模を誇るとともに人権と貧困と能力開発の観点を貫き，世界の開発協力をリードしている。しかしながら，政策の一貫性，重点化・効率化，人的資源の確保などで改善の余地がある。また，SADEVの位置づけや東ヨーロッパに対する援助の問題点なども指摘されている。結果ベースの管理や現地主義についてもさらに前進が求められている。

　MDGsは，いくつかの分野で目標を達成した。極度の貧困の半減，安全な飲料水のない人口の半減がその例として挙げられる。しかし困難な分野もある。中でも保健分野が遅れをとっている。ODA予算の大きな増加が見込めない中で，これらの目標達成と新たな課題に向けて，より効率的で効果的な取り組みが求められている。

文　献

GOS（Government Offices of Sweden）（2009）*Result in Development Cooperation 2008*, Government Communication 2008/09：189

GOS（Government Offices of Sweden）（2010）*Result in Development Cooperation-Thematic area : Environment and Climate*, Government Communication 2009/10：214

OECD（2011）*DAC Mid-term review of Sweden*, Peer/KJ（2011）22

OECD（2005）*Paris Declaration and Accra Agenda for Action*

OECD（2005）*Sweden Development Assistance Committee（DAC）Peer Review*

OECD（2009）*Sweden Development Assistance Committee（DAC）Peer Review*

OECD（2010）*Japan Development Assistance Committee（DAC）Peer Review*

第6章　国際開発協力の現状とその評価

OECD（2013）*OECD Development Co-operation Peer Review Sweden 2013*
OECD（2014）*OECD Development Co-operation Peer Reviews : Japan 2014*
OECD（2015）*Geographical Distribution of Financial Flows to Developing Countries 2015 : Disbursement, Commitments, Country Indicators*
Regeringens proposition（2003）（Prop. 2002/03：122）*Gemensamt ansvar：Sveriges politik för global utveckling*
SADEV（2011）*Evaluation of Sweden's Implementation of the Paris Declaration*（SADEV Report 2010：6）
SIDA（2012）*Sidas årsredovisning 2011*
SIDA（2015）*Sida's Financing for Development programme*
UN（2000）*United Nations Millennium Declaration*
UN（2012）*The Millennium Development Goals Report 2012*
UN（2013）*A New Global Partnership : Eradicate Poverty and Transform Economic through Sustainable Development : The Report of the High-level Panel of Eminent Persons on the Post-2015 Development Agenda*
UN（2015a）*The Millennium Development Goals Report 2015*
UN（2015b）*Taking Stock of the Global Partnership for Development：Millennium Development Goal 8 : MDG Gap Task Force Report 2015*
Utrikesdepartmentet（2007）*Model for strengthened results-based management in development cooperation*
外務省（2011）『日本の国際協力―2010年版政府開発援助（ODA）白書』
勝間　靖編著（2012）『テキスト国際開発論―貧困をなくすミレニアム開発目標へのアプローチ』ミネルヴァ書房
須永昌博（2007）『主要先進国における人材養成分野の国際協力施策調査報告書―スウェーデン国編』（平成19年度厚生労働省委託研究報告書）
西川　潤・下村恭民・高橋基樹・野田真理編著（2011）『開発を問い直す―転換する世界と日本の国際協力』日本評論社
藤田雅子（2000）『国際福祉論―スウェーデンの福祉とバングラデシュの開発を結ぶ』学文社
山口しのぶ・毛利勝彦・国際開発高等教育機構編（2011）『ケースで学ぶ国際開発』東信堂

第7章
生活権と社会的包摂の財政

はじめに

　本章は，スウェーデンの福祉財政について論じる。近年，スウェーデンの財政は，それをGDP比で捉えると，フランスやデンマークを下回り，大きな構造転換をしているように見える。確かに，近年のスウェーデンでは勤労税額控除などの減税，より必要度の高い人への高齢者福祉の重点化，失業手当に対する支出の減少，中央政府財政支出のシーリングによる抑制などが，財政の効率化の観点から推し進められている。

　しかしながら，財政支出の規模そのものは，金額ベースで見ると長期的に増加している。スウェーデンの経済成長率は他の先進国に比べて高く，このことを踏まえたうえでGDP比を見ると低下はしているが，絶対額が低下しているわけではないことがわかる。また，障がい者福祉などの個々の支出に増大傾向が見られる。ここに，人口構成の変化や社会事情を反映しつつ，しかも効率化を図りながら，福祉国家財政を堅持し，国民の生活権保障を実現している姿が浮き彫りになる。

　本章は，近年のスウェーデン社会の推移を踏まえつつ，現代のスウェーデンにおける福祉財政の特徴を浮かび上がらせることを目的にしている。ここでは福祉をウェルビイング（well-being，幸福）と広い意味で捉え，そして，何よりも国民の生活権に基づくその保障を福祉財政の対象と捉えている。

　ではまず，スウェーデンの福祉財政を検討する前に，生活権保障としての福祉財政について論じておかなければならない。

1　福祉財政の意義

1. 財政学からの位置づけ

　最初に，福祉財政の意義を明確にしておかなければならない。財政学の観点から福祉財政はどのように位置づけられるであろうか。

　現代の財政には，政治的，社会的，かつ経済的な機能または役割があり，財政はそのような役割を果たすための国家の経済的力能であると定義することができる。それをより広義に，すなわち人々またはグループのウェルビイングの増進に資するものであると解釈すれば，福祉財政は，財政の政治的，社会的，経済的な機能のすべてに関わるが，主には，その社会的役割を果たすための国家の経済的力能であるといえる。

　島恭彦は，財政学は「国家の経済的能力，国家権力の経済的側面と国民経済との相互関係をとりあつかう」ものとして，「両者（政治と経済）との矛盾」がその対象であると述べた。そして「両者の『調整』ということは，国家権力と国民の民主主義運動との対立の中で達成される」とした（島 1963：16）。

　島は財政学の対象を，政治と経済との相互作用，矛盾と対立にあるものと位置づけたが，この矛盾または対立は，経済恐慌や戦争とその後の構造転換の時期に鮮明に現われ，国民の権利意識の高揚とともに，財政の社会的役割を際立たせるようになる。この意味で，明示的には触れられていないが，国民の権利の確立とその保障，財政の社会的役割の拡大が島の財政学から導かれる一つの帰結であると思われる。

　財政学の対象をより広い範囲にあると論述したのは神野直彦である。神野は，「財政現象とは経済現象と非経済現象とが綱引きを演じるアリーナであり，財政学は経済現象と非経済現象との相互関係を対象としている。つまり，財政学は財政現象を経済学，政治学，社会学という社会科学の個別領域からアプローチするのではなく，境界領域の『総合社会科学』として固有の

学問領域を形成しなければならない」と述べている（神野 2002：70）。つまり，「財政学が経済現象と非経済現象との相互関係を対象としているとして，非経済現象の中には，政治現象と社会現象があることから，それらを対象とする財政学は，この意味で，より広い総合科学でなければならない」としている。社会現象の中には，当然のことながら，国民の生活権やその保障が含まれることになるであろう。

神野はまた，シュムペーターを引用しながら「財政社会学ではトータル・システムとしての社会全体は，財政を媒介として，経済・政治・社会という社会全体を構成する各要素が機能的相互関係で結びついている。つまり，(中略) 社会全体を構成する経済・政治・社会というサブ・システムの相互作用を調整する媒介として財政を位置づける」と述べている（神野 2011：2）。すなわち，経済・政治・社会という3つのサブ・システムを媒介として財政を捉えている。

齊藤愼らはV・ジョージとS・ミラー(George & Miller 1994) から，イギリスの戦後福祉国家が基礎としていた政治的合意，すなわち①政府は経済成長を高めて完全雇用を維持する方向で経済を管理すること，②政府は生活の質を改善するためのさまざまな干渉を行うこと，③普遍主義的な社会サービスを実現すること，を引用しつつ，「市場の失敗」を補正することが政府の大きな役割であったが，それだけでなく，近年「政府の失敗」も認識されるようになったと述べ，1980年代のヨーロッパにおける福祉国家の役割見直しに言及している（齊藤ら 2002：2-3）。

そして日本の政府の役割について，「真の意味で公共財・サービスとなる部分に限定すべきである。その意味で，日本における福祉政策は今後社会福祉により重点を置くべきである」としている（齊藤ら 2002：10）。また，効率化と民間とのパートナーシップについても言及している。

2. 生活権の保障

財政の社会的機能とは，何よりも，人々の生活権を保障するための経済的

基礎を確立することを意味する。

　社会福祉の分野から生活権にアプローチしたのは，一番ヶ瀬康子である。一番ヶ瀬は，1994年に，自らの約50年間の成果をまとめた著作集において，それを世に問う意義が3つあると述べている。それは，第1に，人権の尊重，とりわけその中での基盤となり，基底となる生活権を出発点にしていること，第2に，実践の中から社会福祉を捉え，対象者に対して，単なる援助者としてではなく，問題の共通性を共感し，ともに作り出すというあり方を念頭に置いていること，第3に，社会事業から社会福祉への展開，さらに社会福祉に対する歴史認識を踏まえ，自らの視点を確立し，その成果を社会に問うことであった（一番ヶ瀬 1994：2）。このように，一番ヶ瀬は生活権を出発点に社会福祉学を確立した。そして，社会福祉学が考えている政策学とは，生活権の担い手側に立って政策批判をしながら，さらに具体的な課題や実践方法を明らかにしていくものでなくてはならない，としている（一番ヶ瀬 1994：24）。

　では，生活権とはどのような権利であろうか。順を追って論じる。

　まず，「福祉（welfare）」を「well（快い，健全に）」と「fare（暮らす，やっていく）」が一つになった言葉であるとし，このようなウェルフェアに対するソーシャルな努力あるいはソーシャル・ポリシーを「社会福祉」と呼ぶ（一番ヶ瀬 1983：9）。そして人々の「日常生活要求」を，全米ソーシャルワーカー協会（National Association of Social Workers）の要求を引用しながら次の3つにまとめている（一番ヶ瀬 1983：9-10）。

　①衣食住など，つまり人間が生存するために必要な基礎的な生活要求，つまりベーシックニーズ
　②人間が人間として生きていくために仲間が欲しい，家庭的生活を営みたい，あるいは職場で役割を果たしたいなどという社会的要求
　③人間が人間らしく健康で文化的に生きていく文化的要求，すなわち，教育を受け学習し，スポーツや芸術を楽しむこと

　一方，日本国憲法第25条には「生存権」が規定されている。しかし，一

一番ヶ瀬は生存権ではなく生活権というタームを採用した。これについて，古川孝順は次のように述べている。

「一番ヶ瀬は，生存権というタームに代えて生活権というタームを採用している。生活権という言葉には前例があるが，『生活権保障としての社会福祉』という概念は一番ヶ瀬が初出かと思われる。それでは，何故に生存権保障に代えて生活権保障なのか。

『生存』という言葉は，日本語としては生物学的なレベルでの生命の維持として理解されることが多い。（中略）一番ヶ瀬は，そのような生存，生存権という言葉の持つある種の狭さを避け，『命』『日々の暮らし』『生涯（生活の歴史）』という3通りの次元を同時に示すライフの意味での生活，生活権という言葉を採用したように思える」(古川 2013：40-41)。

だが，この選択は語義の広狭によるという以上の意味を持っている。

古川によると，社会福祉学者である孝橋正一は，労働問題とそこから「関係的・派生的」に生起する社会問題を同一次元に位置づけたのに対して，一番ヶ瀬は，労働力の消費過程である労働過程と，その再生産の過程である生活過程という局面の違いと設定した。両者の位置と内容の違いをより明瞭に，立体的な形で位置づけようとした（古川 2013：43)。

前述のように，一番ヶ瀬は日常生活要求を3つに分類している。そこには，生存権だけではなく，労働権や教育権につながる内容が示されている。さらにそれらの権利は，労働者の生活過程だけではなく，自営業者，農民，無業の人などすべての人の生活部面に共通する国民の生活権として，ユニバーサルな観点から立論しようとした。

伊藤光晴は，ワイマール憲法において実現した生存権思想は，さらに第二次世界大戦後の西洋諸国において生活権思想に発展したと考えた。この思想の中心は「人々がハンディを負ったときでも，自ら努力するならば容易に自立できるような生活しやすい社会を作ろうというものである」(伊藤 1994：28)。その原則は，第1に，ノーマライゼーションであり，人生の継続性の重視，第2に，生活しやすい社会を作るための公共財の充実，第3に，自立のうえの福祉，そして第4に，福祉と効率の同時充足である。この考え方は，

スウェーデンを中心とするヨーロッパの社会福祉と経済政策に現実的な根拠がある。

　宮本憲一は，憲法に規定された地方自治の本旨を「生活権保障のための地方自治」として捉えている（宮本 1986：13）。宮本は，住民は自ら生産と生活を営むために，地域の中で人々との間に政治経済的な関係を結び，生命と暮らしを守り発展させ，文化や教育等を進めるための権利を持つが，地方自治体はそれらの主権者＝住民の権利の一部を信託されている，と見なす。そして，地方自治とは，単に生きているだけではなくもっと豊かな文化，生きがいのある生活を求めるときの，地域における基本的な生存権や生活権と結びついた住民の権利と捉えている。つまり宮本は，生存権にとどまらず，教育，文化，住宅などより広い範囲の権利を含む生活権を軸に地方自治を捉えている。

　筆者は1993年の『スウェーデンの生活者社会—地方自治と生活の権利』において，生活の権利と質の向上が，人々に身近な社会サービスによって保障されている社会を生活者社会と位置づけ，地方分権と生活権の保障をテーマにした。その中で生活の権利という場合に，生活を労働，教育，福祉，住宅と環境を含む包括的な概念と考えた（藤岡 1993：11）。

　生活権の視点は，社会インフラストラクチャー（インフラストラクチャーについては以下，インフラとする）と社会サービスを整備することによって，人々が自立した通常の労働と生活ができるような社会を創造することを基本とする。働きやすい環境，安心できる生活（高齢者や障がい者への福祉を含む），良質な住宅と住環境はその構成要素である。このことは，最低限の生活を保障するための現金給付を含むが，むしろ現金給付から社会インフラと社会サービスの提供への社会政策のシフトに対応している。社会インフラと社会サービスは多くの国民が利用または享受可能な普遍的なものでなくてはならない（藤岡 2001：35）。

3. 憲法における規定

「日本国憲法」には多くの基本的人権についての規定があり，条文だけでも合計31条ある。大別すると，平等権，自由権，社会権，請求権，参政権から構成される。そしてこれらとは異なる，憲法に記載されていない新しい人権として環境権がある。財政は，これらの基本的人権のうち，社会権〔すなわち生存権，教育を受ける権利，労働基本権（勤労の権利）〕，および環境権を，人々の生活権として保障する経済的基礎であるといえる。

一方，スウェーデンでは，憲法を構成する4つの基本法の一つである「政体法」において，国民の社会権が規定されている。第1章第2条において次のように述べられている。

「第2条　公権力は，すべての人々の平等な価値並びに個々人の自由と尊厳を尊重して，行使されなければならない。

個人の私的，経済的及び文化的福利は，公的活動の基本的な目標でなければならない。特に，公共は，労働，住居及び教育の権利を保障し，並びに社会的な福祉及び安全のため，かつ健康の良い前提条件のために活動しなければならない。

公共は，現在及び将来の世代のために良い環境を作り出す持続的な経済発展を促進しなければならない。

公共は，民主主義の理念が社会のすべての領域で指導的になるように活動し，個人の私的生活及び家族生活を護らなければならない。

公共は，すべての人が社会への参加と社会での平等とに到達できるように活動し，かつ児童の権利を擁護するために活動しなければならない。公共は，性，皮膚の色，国民的もしくは人種的出自，言語的もしくは宗教的帰属，身体障害，性的傾向，年齢又は人間としての個人に関わるその他の事情に基づいて人間を差別することに対抗しなければならない。

サーメ民族及び人種的，言語的及び宗教的少数者の，固有の文化生活及び社会生活を維持発展させる可能性を促進しなければならない。」

このように，スウェーデン憲法では，労働権，居住権，教育権，環境権などの保障を公共（公的部門）が行うべき義務であると規定されている。

2 幸福度と福祉財政

福祉を広義に「ウェルビイングを意味するもの」と解すると，幸福度をどのように捉えるかが課題となる。本節では，人々の幸福度と財政の関連について述べる。

1. 幸福度の指標

経済協力開発機構（Organisation for Economic Co-operation and Development；OECD）は2011年より，幸福度（well-being）の国際比較を行っている。11の指標に基づき，同じウェイトで計算して36カ国のランキングを発表している。2013年版によると（OECD 2013），その指標は，物的な生活条件として，①所得と資産（世帯純可処分所得，世帯純金融資産），②仕事と収入（雇用率，フルタイム雇用者の収入，在職期間，長期失業率），③住宅（一人当たりの部屋数，住宅支出，基本設備なしの住宅），そして生活の質，④ワーク・ライフ・バランス（長時間労働の雇用者数，非労働時間），⑤健康状態（平均寿命，自己報告の健康状態），⑥教育と技能（学歴，教育期間，学生の学力，大人の学力），⑦社会的結びつき（社会的ネットワーク支援），⑧市民参加とガバナンス（投票率，立法における公開審査），⑨環境（水質への満足度，空気汚染），⑩個人の安全（殺人，被害の報告），⑪主観的な幸福（生活満足度）である。これらの指標の詳細についての検討は，今後の課題としたいが，各指標の指数を10点満点で表示し，各国ごとに合計して順位を算出すると，**表7-1**の通りである。スウェーデンは2位，日本は21位である。

第7章　生活権と社会的包摂の財政

表7-1　幸福度のランキング

1	オーストラリア	11	ニュージーランド	21	日本	31	エストニア
2	スウェーデン	12	フィンランド	22	チェコ	32	ロシア
3	カナダ	13	オーストリア	23	イタリア	33	ブラジル
4	ノルウェー	14	ルクセンブルク	24	イスラエル	34	チリ
5	スイス	15	アイルランド	25	ポーランド	35	メキシコ
6	アメリカ	16	ベルギー	26	スロバキア	36	トルコ
7	デンマーク	17	ドイツ	27	韓国		
8	オランダ	18	フランス	28	ポルトガル		
9	アイスランド	19	スロベニア	29	ハンガリー		
10	イギリス	20	スペイン	30	ギリシャ		

〔OECD（2013）*How's Life? 2013 : Measuring Well-being*：34および付表（http://dx.doi.org/10.1787/888932887597）をもとに筆者作成〕

　これら36カ国を12カ国ずつ上位，中位，下位に分けると，上位にはスウェーデン，ノルウェー，デンマーク，アイスランド，フィンランドの北ヨーロッパ諸国，オーストラリア，カナダ，アメリカ，イギリス，ニュージーランドのアングロサクソン諸国，それにスイスとオランダが含まれ，これらが幸福度の相対的に高い国である。中位には，オーストリア，ルクセンブルク，ベルギー，ドイツ，フランス，スペイン，チェコ，イタリアのヨーロッパ大陸諸国，それにアイルランド，スロベニア，日本，イスラエルが含まれる。下位，すなわち幸福度の相対的に低い国として，ポーランド，スロバキア，ポルトガル，ハンガリー，ギリシャ，エストニアのヨーロッパに属する国と，ブラジル，チリ，メキシコなどの中南米の国々，そして韓国，ロシア，トルコが挙げられる。
　スウェーデンにおいて10点満点の8以上を示すのは，「仕事と収入」，「ワーク・ライフ・バランス」，「健康」，「教育と技能」，「社会的結びつき」，「市民参加とガバナンス」，「環境」，「個人の安全」と，11の指標のうち「所得と資産」と「住宅」を除く9つが高い指標であった。それに対して，日本では

247

「教育と技能」、「個人の安全」の2つだけが高い指標である。ちなみに、「所得と資産」で最も指標の高い国はアメリカ、「仕事と収入」ではスイス、「住宅」ではカナダとアメリカ、「ワーク・ライフ・バランス」ではデンマーク、「健康状態」ではニュージーランド、「教育と技能」ではフィンランド、「社会的結びつき」ではアイスランド、「市民参加とガバナンス」ではオーストラリア、「環境」ではスウェーデン、「個人の安全」では日本、「主観的な幸福」ではスイスであった〔OECD 2013：34および付表（http://dx.doi.org/10.1787/888932887597）〕。

　上位12カ国には北ヨーロッパ諸国と、オーストラリア、カナダ、アメリカ、イギリス、ニュージーランドのアングロサクソンの国が5カ国入っている。これらの指標に関する限りオーストラリアとスウェーデンは大きな差はないといえる。オーストラリアがスウェーデンを上回っているのは、「住宅」、「社会的結びつき」そして「個人の安全」である。これに対して、スウェーデンがオーストラリアを上回っているのは、「ワーク・ライフ・バランス」と「環境」である。しかし、これらの差は決して大きくはない。このことから、幸福度の高い国には北ヨーロッパ諸国型とアングロサクソン諸国型があるように思われる。

　しかしながら、OECDの2013年の幸福度指標には、世帯当たりの可処分所得や純金融資産の高さについての指標はあるものの、所得格差や資産格差についての指標が入っていない。また、社会サービスや社会的包摂についての指標も含まれていない。これらの指標を含めると、北ヨーロッパ諸国とアングロサクソン諸国では大きな差が現われる可能性が高い。ここでは、スウェーデンを含む北ヨーロッパ諸国において、物的な生活条件においても、生活の質においても相対的に高い値を示しており、生活権保障の充実をうかがわせることの確認にとどめる。財政との関連について、さらに詳しく考察しよう。

第7章 生活権と社会的包摂の財政

表7-2 公的社会支出と不平等度の国際比較

グループ	国	公的社会支出のGDPに占める割合 (2012-2013) (%)	ランク (位)	ジニ係数	所得上位 (10%) と所得下位 (10%) との差 (倍)
1	フランス	32.8	1	0.303	7.2
	デンマーク	30.8	2	0.252	5.3
	ベルギー	30.6	3	0.262	5.6
	フィンランド	30.3	4	0.260	5.4
	スウェーデン	28.4	5	0.269	6.1
2	スペイン	27.1	8	0.338	13.1
	ドイツ	26.0	9	0.286	6.7
	イギリス	23.7	13	0.341	10.0
	ギリシャ	23.1	15	0.337	10.8
	日本	22.3	17	0.336	10.7
OECD 34カ国平均		21.9	—	0.313	9.4
3	ハンガリー	21.6	20	0.272	6.0
	ポーランド	20.8	22	0.305	7.7
	アメリカ	19.8	23	0.380	15.9
	オーストラリア	19.2	24	0.334	8.9
	カナダ	18.3	26	0.320	8.9
4	イスラエル	15.8	30	0.376	13.6
	トルコ	12.8	31	0.411	15.1
	チリ	10.2	32	0.501	26.5
	韓国	9.3	33	0.310	10.5
	メキシコ	7.4	34	0.466	28.5

〔OECD (2014) *Society at a Glance 2014* をもとに筆者作成〕

2. 社会支出と不平等

公的社会支出と所得の不平等との間には,一定の逆相関がある。表7-2は,OECD 34カ国のうち20カ国を公的社会支出のGDP比の高い順に4つのグループに分け,それをジニ係数および所得上位と所得下位との差で比較したものである。

まず,第1グループはフランス,デンマーク,ベルギー,フィンランド,スウェーデンである。それらの国の公的社会支出のGDPに占める割合は非常に高く,平均して30.58%である。第2グループには,スペイン,ドイツ,

249

イギリス，ギリシャ，日本が含まれ，公的社会支出のGDP比は平均して24.44%である。OECD 34カ国平均より低い第3のグループには，ハンガリー，ポーランド，アメリカ，オーストラリア，カナダが含まれ，第4のグループにはイスラエル，トルコ，チリ，韓国，メキシコが含まれ，それぞれのグループの割合は，19.94%と18.84%であった。

では，公的社会支出と所得格差を示すジニ係数との間に相関関係はあるであろうか。OECD 34カ国についてピアソン相関係数を計算すると，－0.7699になる。したがって，明らかに相関関係があることがわかる。公的社会支出のGDP比が高い国ほど，不平等度が小さいということがいえる。ただし，公的社会支出内のどの支出が特に関わっているかについては，ここではまだ不明である。

第1グループを上位グループ，第2および第3グループを中位グループ，第4グループを下位グループとして，グループ別に見ると，上位グループのジニ係数の平均は0.269，中位グループが0.325，下位グループが0.413である。上位・中位・下位グループ間の差は非常に大きいといえる。

所得格差を示す指標として，ほかに，所得上位10%と所得下位10%との差が用いられる。これは倍率で示される。上位グループの平均が5.9，中位グループ9.9，下位グループ18.8になり，この指標もジニ係数の場合と同じように，上位・中位・下位グループ間で大きな違いが見られる。このように，公的社会支出の規模と所得格差とには，全体として相関関係がある。

OECDの幸福度において北ヨーロッパ諸国とともに上位を占めたオーストラリア，カナダ，アメリカなどのアングロサクソン諸国は，ジニ係数および所得上位と所得下位の差においていずれも中位グループに属し，いずれの国も上位グループよりもジニ係数が高く，所得上位と所得下位との差も大きく上回っている。その中でもアメリカはジニ係数ならびに所得上位と所得下位の差の両方において，著しく大きな数字になっている。このように，OECD幸福度が上位の北ヨーロッパ諸国とアングロサクソン諸国のうち，北ヨーロッパ諸国は不平等度が低く，アングロサクソン諸国では不平等度が高いといえる。もし国民の幸福度に不平等度を含めるならば，幸福度の最も高

表7-3 公的社会支出の内訳（対GDP比，2009年） (単位：%)

グループ	国	年金（老齢・遺族）	労働年齢人口に対する所得保障	保健・医療	保健・医療を除くほかの社会サービス	公的社会支出計
1	フランス	13.7	5.2	9.0	3.2	32.1
	デンマーク	6.1	7.9	7.7	6.9	30.2
	スウェーデン	8.2	5.5	7.3	7.7	29.8
	ベルギー	10.0	8.1	8.1	2.1	29.7
	フィンランド	9.9	7.1	6.8	4.7	29.4
2	ドイツ	11.3	4.4	8.6	2.5	27.8
	スペイン	9.3	6.8	7.0	2.0	26.0
	イギリス	6.2	5.6	8.1	3.9	24.1
	ギリシャ	13.0	2.6	6.5	1.5	23.9
	日本	10.2	2.2	7.1	2.4	22.4
OECD34カ国平均		7.6	4.2	6.5	2.7	21.6
3	ハンガリー	9.9	5.7	5.1	2.7	23.9
	ポーランド	11.8	3.4	5.2	0.6	21.5
	カナダ	4.5	5.6	8.0	1.0	19.4
	アメリカ	6.8	2.8	8.3	1.1	19.2
	オーストラリア	3.5	4.5	6.2	3.3	17.8
4	イスラエル	5.0	4.4	4.1	2.3	16.0
	トルコ	6.8	0.5	5.4	0.1	12.8
	チリ	3.6	1.9	3.7	1.9	11.3
	韓国	2.1	1.3	4.0	1.5	9.6
	メキシコ	1.7	1.0	3.1	2.4	8.2

〔OECD（2014）*Society at a Glance 2014*および付表（http://dx.doi.org/10.1787/888932966523）をもとに筆者作成〕

いのは北ヨーロッパ諸国である。

　表7-3は，公的社会的支出の内訳を「年金（老齢・遺族）」，「労働年齢人口に対する所得保障」，「保健医療」，「保健医療を除くほかの社会サービス」の4つに分け，そのGDP比を国別に比較したものである。国を公的社会支出の割合の大きさによって分けた先ほどのグループ分けを採用した表になっているが，年が異なるのでそれぞれの国の順位はこの表と必ずしも一致していない。

　年金に大変多くの支出を行っている国（OECD平均の1.5倍以上）は，フ

ランス，ギリシャ，ポーランドであり，同じく相対的に多くの支出を行っている国（OECD平均の1.25倍以上）は，ドイツ，日本，ベルギー，フィンランド，ハンガリーである。労働年齢人口に対する所得保障に大変重点を置いているのは，ベルギー，デンマーク，フィンランド，スペイン，相対的に重点を置いている国は，ハンガリー，イギリス，カナダ，スウェーデンである。保健医療に対する支出の相対的に高い国は，フランス，ドイツ，アメリカである。そして保健医療を除くほかの社会サービスへの支出の特に高いのが，スウェーデン，デンマーク，フィンランド，相対的に高いのがイギリスである。

　このように，フランスとドイツは年金と保健医療のいずれにも重点を置く国である。ギリシャ，ポーランド，そして日本は年金に力点を置いていると思われる。アメリカは保健医療のみが平均を上回る。そして，労働年齢人口に対する所得保障と保健医療を除くほかの社会サービスの両方に力点を置いていると思われるのが，デンマーク，スウェーデン，フィンランドの北ヨーロッパ諸国と，それらの国に比べるとやや低くなるが，イギリス，そしてそれよりもさらに低くなるが，オーストラリアである。ほかに，労働年齢人口に対する所得保障に相対的に重きを置く国として，ベルギー，スペイン，ハンガリー，カナダが挙げられる。第4グループに属する諸国は，どの項目についてもおおむね平均程度かまたはそれ以下である。

　フランスは公的社会支出のGDP比では最も高い国であるが，第1グループの中ではジニ係数が高く所得上位と所得下位との差も大きい。そして，公的社会支出の内訳では年金と保健医療に力点が置かれている。ベルギーとドイツもよく似た傾向にあることは表から読み取ることができる。このように公的社会支出のGDP比が高い国は，年金と保健医療に重点を置いた大陸型と保健医療を除く社会サービスと労働年齢人口に対する所得保障に重点を置いた北ヨーロッパ型に分けることができる。

　本節では，幸福度について取り上げたが，幸福度の高さを決定する要因は財政だけではない。企業や市民社会，そして家族と地域社会も重要な要因である。しかし，本章では，生活権保障という観点から福祉財政に焦点を与え

第7章 生活権と社会的包摂の財政

表7-4 目的別一般政府支出（対GDP比, 2008年） （単位：％）

グループ	国	一般行政	防衛	秩序と安全	経済政策	環境保護	住宅と地域アメニティー	保健医療	余暇・文化・宗教	教育	社会保護	環境保護から社会保護までの小計※	合計
1	フランス	7.2	1.7	1.3	2.9	0.8	1.9	7.9	1.5	5.9	22.1	40.2	53.3
1	デンマーク	6.7	1.5	1.1	2.7	0.5	0.5	7.7	1.6	6.9	22.3	39.5	51.5
1	スウェーデン	7.7	1.5	1.4	4.2	0.4	0.8	6.9	1.1	6.8	21.1	37.0	51.7
1	ベルギー	8.4	1.1	1.8	5.4	0.6	0.3	7.3	1.2	5.9	17.7	33.2	49.8
1	フィンランド	6.6	1.5	1.3	4.7	0.3	0.4	7.0	1.1	5.9	20.4	35.1	49.3
2	ドイツ	6.0	1.1	1.6	3.3	0.4	0.8	6.3	0.6	4.1	19.9	32.2	44.1
2	スペイン	4.7	1.0	2.0	5.2	0.9	1.1	6.1	1.7	4.6	14.0	28.5	41.5
2	イギリス	4.5	2.6	2.6	4.8	0.9	1.2	7.5	1.1	6.4	15.9	33.1	47.6
2	ギリシャ	10.0	3.2	1.7	5.7	0.6	0.4	5.7	0.6	4.2	18.4	29.9	50.5
2	日本	4.7	0.9	1.4	3.7	1.2	0.6	7.4	0.1	3.9	12.9	26.2	36.9
	OECD 31 カ国平均	5.4	1.6	1.6	4.7	0.7	0.8	6.0	1.1	5.4	13.7	27.7	41.0
3	ハンガリー	9.2	0.9	2.0	5.9	0.9	0.9	4.9	1.4	5.2	17.8	31.1	49.2
3	ポーランド	5.4	1.4	2.0	5.0	0.6	1.2	5.1	1.3	5.7	15.6	29.5	43.2
3	カナダ	7.3	1.0	1.6	3.4	0.5	0.9	7.3	0.9	7.2	9.2	26.0	39.2
3	アメリカ	5.0	4.6	2.2	4.1	0.0	0.7	8.0	0.3	6.5	7.6	23.1	39.1
3	オーストラリア	3.4	1.4	1.6	3.9	0.6	0.8	6.1	0.7	4.8	10.5	23.6	33.9
4	イスラエル	5.8	7.5	1.7	2.8	0.7	0.5	5.7	1.7	7.7	11.7	28.1	46.0
4	韓国	4.3	2.7	1.3	6.6	1.0	1.1	3.9	0.8	5.0	3.8	15.5	30.4

※：環境保護，住宅と地域アメニティー，保健医療，余暇・文化・宗教，教育，社会保護の6項目の小計。　〔OECD（2011）*Government at a Glance 2011*：67をもとに筆者作成〕

ている。今日の社会において，財政の社会権保障に果たす役割は巨大である。

3. 一般政府の目的別支出

　一般政府支出を目的別に示したのが**表7-4**である。数字はすべて対GDP

比である。一般政府とは中央政府と地方政府の純計を表わしている。2008年の実績なので，他の表との整合性にはやや難点がある。

　支出の規模は，社会支出のグループ分けとほぼ同じく第1グループが最大で，50％前後である。他のグループでは，ギリシャ，ハンガリー，イギリス，イスラエルの支出規模が大きい。最も大きな数値を示す項目は「社会保護」である。これは「保健医療」を除く社会支出を表わしている。第1グループに属する国の「社会保護」がほぼ20％を超え，他のグループより規模が大きい。他のグループの中ではドイツ，ギリシャ，ハンガリーがOECD平均を大きく上回っている。「保健医療」もやはり第1グループの規模が大きく，7～8％前後になっている。他のグループでは，アメリカ，イギリス，日本，カナダが第1グループとほぼ同じ水準である。「教育」は第1グループの国では5.9～6.9％で他のグループの国々よりおおむね高い水準である。他のグループでは，イスラエル，カナダ，アメリカ，イギリスの比率が高い。ギリシャとハンガリーでは，「社会保護」の割合も相対的に高いが，同時に「一般行政」の割合も高い。これが一般政府支出全体の水準を押し上げている。また，「防衛」の分野では，イスラエルの割合が突出して高く，そのために全体の平均を上げている。

　「環境保護」は財政支出だけでなく，環境税などの税制や直接規制をも併せて考察しなければ，環境権に対する保障を論じることはできない。「住宅と地域アメニティー」および「余暇・文化・宗教」も生活権にとって欠かすことのできない要素である。

　「社会保護」「教育」「余暇・文化・宗教」「保健医療」「住宅と地域アメニティー」「環境保護」を合計すると，第1グループでは33.2～40.2％となっており，一般政府支出合計に占める割合は71.2～76.7％に達する。この水準に近接するのがドイツ，イギリス，ハンガリーで，31.1～32.2％である。生活権保障に関する財政支出が大変多くなっていることがわかる。

表7-5　国民の政府への信頼度　(単位：%)

グループ	国	2007年	2012年
1	フランス	38.8	47.4
	デンマーク	61.9	55.4
	スウェーデン	60.1	65.3
	ベルギー	69.1	52.1
	フィンランド	80.7	62.0
2	ドイツ	38.0	44.8
	スペイン	52.7	35.8
	イギリス	38.0	47.8
	ギリシャ	41.2	13.6
	日本	25.2	18.2
OECD 34カ国平均		48.6	42.6
3	ハンガリー	26.8	23.0
	ポーランド	21.8	30.5
	カナダ	64.9	53.3
	アメリカ	39.6	35.4
	オーストラリア	55.3	43.7
4	イスラエル	22.5	36.5
	トルコ	60.2	56.1
	チリ	44.9	33.5
	韓国	25.0	24.8
	メキシコ	44.0	36.5

〔OECD（2014）*Society at a Glance 2014*および付表（http://dx.doi.org/10.1781/888932966694）をもとに筆者作成〕

4.　政府への信頼度

　政府への信頼度は，必ずしも財政支出に反映されるとは限らず，政策全般によるところが大きい。しかし，財政を政府政策の経済的表現と捉えれば，国民の政府への信頼度は，財政内容への信頼度をある程度表わしているものと考えられる。もちろん，政府高官の汚職や経済危機の発生などによりその数値は大きく変わる。**表7-5**は，OECDが公表している2007年と2012年の国民の政府への信頼度である。

　2012年の数字を見ると，社会支出の水準の最も高かった第1グループの

国々で，国民の政府への信頼度が相対的に高いことがわかる。スウェーデンでは65.3％，フィンランドでは62.0％，デンマーク55.4％，ベルギー52.1％，そしてフランス47.4％である。フランスは他の第1グループの国より低い数字ではあるが，OECD平均よりも高く，2007年からの5年間で8.6ポイント上昇している。

　他のグループの国で，50％を超えているのがカナダとトルコのみで，OECD平均よりやや高いのが，ドイツとイギリスである。一方，2007年からの比較で見ると，カナダとトルコが信頼度を下げているのに対して，ドイツとイギリスでは信頼度を著しく上げている。

　2012年の数字では，スペイン，ポーランド，アメリカ，イスラエル，チリ，メキシコが30％台，ハンガリー，韓国が20％台である。最も低いのが，ギリシャと日本でそれぞれ13.6％，18.2％である。ギリシャはギリシャ危機の中で，2007年の41.2％から大きく下落した。日本の信頼度も2007年に比べてさらに低くなっている。

5. 財政収支と債務残高

　財政収支およびその積み重ねである債務残高は，将来の福祉財政の束縛となりうる。赤字が小さいかまたは大きくても一時的であり，債務残高が少ないほど，将来の財政の自由度は大きいといえる。では，社会支出や財政規模の大きな国は，財政赤字や債務残高が大きいのであろうか。結論を言えば，このことは妥当しない。

　表7-6は，主なOECD諸国の中央政府債務残高と一般政府財務収支（いずれも2010年度の統計）を表わしている。第1グループに属する国の中で，中央政府債務残高はスウェーデンやデンマークのようにその規模の小さい国とフランスやベルギーのように大きい国がある。一般政府財政収支においても，スウェーデンは0.0，デンマークとフィンランドは赤字が2％台である。リーマンショックに始まる不況の影響が色濃く残るこの年には，多くの国が赤字であるにもかかわらず，スウェーデンは収支均衡している。

第7章 生活権と社会的包摂の財政

表7-6 中央政府債務残高と一般政府財政収支（対GDP比，2010年）

(単位：％)

グループ	国	中央政府債務残高	一般政府財政収支
1	フランス	67.4	−7.1
	デンマーク	39.6	−2.7
	ベルギー	96.8	−3.9
	フィンランド	41.7	−2.8
	スウェーデン	33.8	0.0
2	スペイン	51.7	−9.8
	ドイツ	44.4	−4.2
	イギリス	85.5	−10.0
	日本	183.5 ※	−8.3
3	ハンガリー	73.9	−4.4
	ポーランド	49.7	−9.9
	アメリカ	61.3	−12.2
	オーストラリア	11.0	−5.2
	カナダ	36.1	−4.9
4	イスラエル	74.7	−4.6
	トルコ	42.9	—
	チリ	9.2	—
	韓国	31.9	1.3
	メキシコ	27.5	—

※：日本の中央政府債務残高のみ2009年度の統計。
〔OECD資料（http://www.oecd-ilibrary.org/finance-and-investment/total-central-government-debt-2011_cgd-table-2011-1-en およびhttp://www.oecd-ilibrary.org/economics/government-dificit_gov-dfct-table-en）をもとに筆者作成〕

　最も中央政府債務残高の多い国は日本で，GDP比183.5％である。一般政府財政赤字の最も多いのはアメリカでGDP比12.2％，次いでイギリスの10.0％であった。

3　中央・地方政府の行財政関係と福祉財政

　スウェーデンの社会支出のGDPに占める割合はかつて世界一であったが，

257

近年，フランスやデンマークに追い越されている。しかし，それでもまだ社会的支出の最も高い水準グループに属している。OECDの公表している幸福度ではスウェーデンは高位につけ，ジニ係数や上位と下位との所得格差は相対的に低くなっている。一般政府支出における生活権関連支出は71％を超えている。

1. 事務配分の明確化と福祉財政

　公的部門の活動は，もともと警察，司法，軍事などのいわゆる夜警国家としての役割から出発したが，20世紀の後半，所得の再分配を初めとする福祉社会が発展する中で大きく変容した。

　現在の公的部門によって提供される活動とサービスには，大きく分けて「集合的サービス」と「個別的サービス」がある。集合的サービスには，防衛，警察，道路建設などのインフラ事業，行政などが含まれる。個別的サービスには，教育，福祉サービス，保健医療，文化，環境保護，コミュニティ計画や住宅などがある。ほとんどの集合的サービスは中央政府の責任である。1950年代半ばまで，中央政府はほとんどの公的活動を担ってきた。しかし，福祉サービスなどが拡大するにつれて，学校，保健医療などの個別的サービスの責任が，地方政府レベルに移転されてきた。公的部門の責任の配分は社会の発展につれて見直されてきた。

　スウェーデンにおける責任配分の主要原則は「活動責任と決定権は，決定によって影響を受ける人々にできるだけ近いところに置かれなければならない」というものである。住民に直接関わるサービスは地方政府が責任を負わなければならない。

　公的部門は「中央政府」，「地方政府」，そして「老齢年金制度」の3部門から構成される。さらに地方政府は，基礎自治体である「コミューン（市）」と広域自治体である「ランスティング（県）」に分かれる。それぞれの責任

第7章　生活権と社会的包摂の財政

表7-7　スウェーデンにおける公的部門の主な責任分野

中央政府	立法，中央政府行政，経済政策，税の徴収，外交，EU課題，移民政策と統合，防衛，警察と司法，経済保障（社会保険と所得保障），高等教育と研究，奨学金，文化，インフラ，労働市場問題，産業政策，農林業政策
	中央政府所有の企業
コミューン（市）	義務的業務：教育（就学前学校，義務教育，高等学校，特別支援学校，成人教育，移民者へのスウェーデン語教育），社会サービス（個人と家族，高齢者と障がい者），特別な住宅（高齢者）での保健と長期医療，都市計画，環境保全，ごみ収集と廃棄物処理，上水と下水，救急救命，危機管理，図書館，住宅補助，公共交通
	任意業務（例）：オープン・プレスクール，余暇活動，住宅建設，エネルギー供給，在宅での保健と長期医療，就労支援，商業開発，文化
	コミューン所有の企業
ランスティング（県）	義務的業務：保健医療，20歳までの歯科医療，公共交通
	任意業務（例）：文化，教育，観光，地域開発
	ランスティング所有の企業
老齢年金機構	所得比例年金，最低保障年金，プレミアム年金

〔SKL資料等をもとに筆者作成〕

分野は**表7-7**の通りである[注1]。

　スウェーデンにおけるこれらの責任分担の特徴は，これら4つの部門で明確に分離されていることである。特にコミューンとランスティングは，法律に基づき，それぞれの責任を自ら果たしていくという地方自治の原則が徹底されている。日本で言う「事務配分の明確化」が実現されている。日本では「縦割り行政の弊害」が指摘されてきた。また，スウェーデンでは，責任分野の表での項目順に表われているように，コミューンを先に記載し，その後にランスティングを記載するというのが通例である。これは，生活に深く関

注1　広域自治体であるランスティングの中に，その通常の義務的責任業務である保健医療と広域交通のほかに，地域開発および地域開発計画の責任を国から委譲されて義務になっているランスティングがある〔「地域開発責任に関する法」（Lag om regionalt utvecklingsanavar i vissa län）〕。これを「リージョン」と呼んでいる。リージョンはEU構造基金に関する業務をも行うことができる。2010年にリージョンは10ヵ所になった。しかし地方自治法上はこれもランスティングに含まれる。

わる基礎自治体を広域自治体や国と同様に大変重要視していることの現われである。

　スウェーデン憲法によると、国民主権は、代議・議会制度と地方自治によって実現される（政体法第1条、参照）。地方自治を基礎に、公共の利益に関わる地方的かつ広域的な課題を解決し、法律に規定された課題に取り組む（政体法第14章第2条、参照）。通常、コミューンは、中央政府や他のコミューンまたはランスティングが責任を持つ業務を行うことはしない。そして、コミューンとランスティングは、これらの活動の財源調達のために課税する権利を持つ。

　生活に関わる分野について言えば、中央政府が経済保障（社会保険と所得保障）を担当し、コミューンが福祉サービスと大学以外の教育を、ランスティングが保健医療などの現物給付を担当している。福祉サービスは「社会サービス法」、教育は「学校法」、保健医療は「保健医療法」に基づいて、地方政府が責任を持つことになっている。これらの法律には、それぞれの分野における行政について、その枠組みが示されている。例えば、社会サービス法には、社会サービスの目的、市民の権利、そしてコミューンの責任が明記されている。

　1990年代にコミューン、ランスティングそして中央政府の間の責任配分の見直しが行われた。1991年の学校の責任における再編成が中央政府からコミューンへの最大の責任委譲であった。ランスティングからコミューンへの責任委譲で大きな改革と言えるのは、1992年のエーデル改革で、このとき、高齢者と障がい者の長期医療の責任がコミューンへ委譲された。

　1990年半ばに、コミューンは発達障がい者のケアに責任を持つようになった。また、精神障がい者の医療費をコミューンが支払うことが決められた。さらに、それまでランスティングの責任とされていた保健医療教育の提供が、高等教育については中央政府に、後期中等教育についてはコミューンに委譲された。

　1990年代半ば以降、さまざまな民間企業が公的部門の活動を実施するようになってきた。しかし、それでもその財源は公的に調達されている。ま

第7章　生活権と社会的包摂の財政

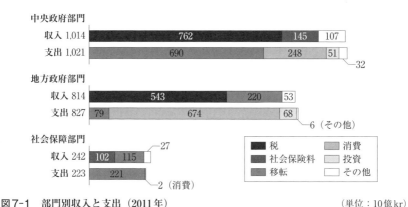

図7-1　部門別収入と支出（2011年）　　　　　　　　　　（単位：10億kr）
〔SCB（2013）*Nationalräkenskaperna 1950-2012*：table17をもとに筆者作成〕

た，公的機関の活動が他の供給者から購入され，生産が民間委託されても，市民に対しそれらの活動を保障する責任は公的機関にある。

2009年に「自由選択法」（Lagen Om Valfrihet；LOV）が施行された。これはコミューンとランスティングが介護および看護の分野で自由な事業設立の制度導入を選択できるという法律である。それはまた，公的部門への供給者として小企業や団体の参入を奨励するものである。そしてその法律は，公的調達法による財・サービスの購入とは異なり，特に，高齢者と障がい者の福祉サービス事業，および保健医療事業に適用される。

2. 3部門の福祉財政

政府財政は「中央政府部門」，「地方政府部門」，「社会保障部門」という3部門に分かれる。**図7-1**は，スウェーデンにおけるそれぞれの部門の収入と支出を示している。社会保障部門は欧州連合（European Union；EU）の分類に従って老齢年金のみが計上されている。支出の中で最も規模の大きいのは中央政府部門であるが，それは大きな移転支出を含んでいることから説明できる。

まず，中央政府部門の収入1兆140億krの89.4％が税および社会保険料である。税収は収入の約75％の7,620億krである。中央政府の基幹税は消費税（付加価値税）で，ほかに法人税，資本所得税などがある。社会保険料が全体の14.3％を占め，1,450億krである。支出1兆210億krの67.6％，6,900億krが移転支出である。移転支出の多くが家計への移転である。ほかに地方政府への移転，老齢年金機関への移転，企業への移転，そして外国への移転がある。移転の半分近くが社会保障関係費である。移転支出のうち次にウェイトが高いのは，地方政府への一般補助金（日本の地方交付税交付金）で，全体支出の24.3％，2,480億krである。公務員の人件費や物品購入である消費支出は移転支出に比べるとはるかに少なく，全体支出の24.3％，2,480億krである。投資はさらに少なくなっている。

　地方政府部門は，ランスティングとコミューンに分けられるが，この図では両者の合計額で示している。収入8,140億krのうちの66.7％，5,430億krが税収である。これは主に地方所得税である。移転収入は，中央政府からの一般補助金である。したがって，ほとんどの地方収入は，使途の限定のない一般財源である。支出合計8,270億krのうち81.5％に相当する6,740億krが消費支出である。消費には，福祉・医療・教育に従事する公務員の給与等が含まれている。これは教育，社会福祉サービス，保健医療などの分野で公務員が多いことを意味する。これらの生活関連分野の業務のほとんどについて，地方政府が責任を持ち，地方政府によって実施されている。近年，民間委託や事業の自由設立が認められ，増加傾向にあるが，いまだに主な事業主体はランスティングとコミューンである。地方政府支出に占める投資と移転の割合は極めて低い。

　社会保障部門は，老齢年金だけが計上されている。その収入は移転収入と社会保険料である。移転収入は中央政府からのものである。支出はほぼ100％が，年金の支払いである。1999年改定の年金制度は，最低保障年金，所得比例年金，プレミアム年金の3段階の構造になっている。

　このように，中央と地方を比べると大変顕著な特徴がある。いずれも収入の多くは税収であるが，中央政府の基幹税は付加価値税であるのに対して，

表7-8 分野別労働力人口（2009年）

		人数（千人）	割合（％）
公的部門	中央政府	225	5.2
	コミューン	778	18.1
	ランスティング	243	5.7
	他の公的機関	1	0.0
	小計	1,247	29.1
公的企業	中央政府	140	3.3
	地方政府	82	1.9
	小計	222	5.2
民間部門	株式会社	2,270	52.9
	その他企業	382	8.9
	その他組織	170	4.0
	小計	2,822	65.8
合計		4,291	100

〔SCB（2011）*Offentlig ekonomi 2011*：21をもとに筆者作成〕

地方政府では所得税である。そして中央と地方の間には，水平的かつ垂直的財政調整を行う一般補助金がある。これによって過疎地域でも必要な財源が確保されている。支出の側面について言えば，中央政府支出の多くが移転であるのに対して，地方政府支出のほとんどが消費である。社会支出については，中央が所得保障を，地方が社会サービスを担当している。

公的部門の規模および国と地方の財政の特徴を示すために，分野別の労働力人口を見てみよう（**表7-8**）。まず，公的部門と公的企業を併せた就業者は約147万人で，全分野の就業者数の34.3％に達する。就業者の3人に1人が公務員または公的企業の従業員である。次に，公的部門を見ると，中央政府の公務員は22.5万人で全就業者数の5.2％，コミューンの公務員は77.8万人で18.1％，そしてランスティングの公務員は24.3万人，5.7％である。コミューンやランスティングは，教育，社会福祉サービス，保健医療に責任を

表7-9 公的部門の財政支出の推移 (単位：10億kr)

	消費	投資	移転	利子	合計
1993年	453	31	513	71	1,068
1996年	505	53	459	100	1,117
1999年	572	60	481	85	1,199
2002年	659	73	508	74	1,315
2005年	725	76	588	51	1,441
2008年	835	96	617	53	1,601
2011年	924	114	659	41	1,739
2011年/1993年（倍）	2.04	3.68	1.28	0.58	1.63

〔SCB (2014) *Offentlig ekonomi 2014*：35をもとに筆者作成〕

持っているので，この数字は，それらに従事する公務員が多いことを反映している。中央政府の公務員は，相対的に少ないと思われる。中央政府の財政支出の多くが移転支出であることを反映している。

公的部門の財政支出の推移を示しているのが，**表7-9**である。スウェーデンでは1993年に深刻な不況に見舞われた。社会保障支出の抑制，地方政府における一時帰休や資産売却も行われた。そのため1996年の移転支出は1993年に比べて減少した。利子支払いが増加した。しかし，1990年代後半には景気が回復し，消費支出と移転支出の両方において，1999年には1996年に比べて大きく増加した。2008年はリーマンショックの影響を受け，経済成長はマイナスを記録し，一部の支出は減少したが，次の2010年には回復し高い経済成長を遂げた。1993～2011年の支出額は，全体として増大傾向を示している。特に，消費支出は18年の間に約2倍となった。

もちろん財政規律，すなわち中央政府における1997年からの支出シーリングの導入や地方政府における2000年からの均衡予算措置よって，支出の増加は抑制されている。これは，人口構成や社会構造の変化に対応しつつも福祉国家を堅持する努力の現われであり，効果を発揮しているといえる。

表7-10　中央政府支出の目的別経済性質別分類（予算ベース，2012年）

(構成比を除く単位：100万kr)

経済性質＼目的	移転支出	消費支出	投資移転	利子	その他	合計	構成比(%)
一般行政費（うち地方政府への一般補助金）	150,740 (85,138)	38,939	1,160	27,240	1,588	219,667 (85,138)	27.1 (10.5)
国防	865	42,327	96	32	1,374	44,693	5.5
警察・司法	558	39,045	249	52	1,632	41,536	5.1
経済活動	40,353	32,038	17,547	421	3,065	93,424	11.5
環境	617	3,410	203	1	76	4,307	0.5
住宅・地域開発	2,920	531	6	-3	42	3,496	0.4
医療・保健	29,884	5,657	11	-2	46	35,597	4.4
余暇・文化・宗教	7,372	1,755	18	0	79	9,225	1.1
教育	25,523	23,593	483	3,864	759	54,221	6.7
社会保障	282,415	20,193	117	93	2,103	304,921	37.6
合計	541,248	207,488	19,890	31,698	10,763	811,088	100.0
構成比（%）	66.7	25.6	2.5	3.9	1.3	100.0	—

〔ESV（Ekonomistyrningsverket）（2013）*Rapport : Tidsserier, statens budget m.m.2012* をもとに筆者作成〕

3. 中央政府の福祉財政

　中央政府の財政の多くが移転支出であることは前項で示した。この移転支出のうち45%が家計への給付等であり，43%が地方政府と老齢年金機構への移転である。地方政府は主に教育，社会サービス，そして保健医療を担っている。また，老齢年金機構は高齢者への年金の給付を行っている。このように中央政府は移転を通じて，国民の生活の権利を保障している。

　表7-10は中央政府支出の目的別経済性質別分類（予算ベース，2012年）である。縦軸が目的別，横軸が経済性質別の分類である。まず，目的別に見ると，支出の37.6%が社会保護（社会保障）で特に際立つ。社会保護には，

障がい者・高齢者・遺族・家族と子どもへの経済的保障，失業給付，移民者への支出などが含まれている。近年，難民の受け入れが多くなり，社会的統合のための予算が計上されている。人口は，出生率の高さと難民の受け入れにより急増している。医療・保健が4.4%であるが，この主なものは医薬品に関わる支出である。ほとんどの医療・保健関係支出はランスティングで行われている。

　第2の規模の支出である一般行政費の中には，地方政府への一般補助金が含まれる。総支出の10.5%になる。この数字には表わされていないが，地方政府間の財政調整（財政力格差の調整）も大変重要な財政移転である。政府開発援助（Official Development Assistance；ODA）に関わる費用も一般行政費に含まれている。ODAにはGDPの約1%が計上されており，国際的に高い水準である。

　次に，経済活動は，労働市場政策，交通・通信，農林漁業関連，エネルギーなどが含まれる。スウェーデンでは職業訓練・労働支援などの積極的労働市場政策に比較的多くの予算が計上されている。

　次の教育は，主に大学の経費である。スウェーデンには国立大学が多く，私立大学は少ない。この項目に奨学金も含まれる。

　最後に，支払利子の多くは一般行政費の中に含まれている。近年，財政が健全に推移しているため，支払利子の割合は低下している。

　財政支出は，経済的性質により「消費支出」，「投資支出」，「移転支出」に大別される。消費支出は，国家活動のよる資源の利用を意味し，人件費，物件費，そして国防費などから構成される。投資支出は，建物や機械設備のような固定資産の調達を意味する。移転支出は，所得の移転，すなわち国への反対給付を伴わない家計・企業・コミューン等への国家補助金である。年金などの社会保障給付費が多くを占める。EUへ支払う負担金や国際援助も含まれる。

　中央政府支出の中で圧倒的に大きな割合を占めるのが移転支出である。2012年移転支出の内訳を見ると，家計への移転は移転支出の53.7%，企業への移転が6.2%，コミューン部門への移転が24.7%，老齢年金機関への移転

が3.9％，国際的な移転が10.8％であった。家計への移転でもっと多いのが社会保障で，失業手当，傷病手当，高齢者への保障年金，両親保険，児童手当，障害補償（年金），パーソナルアシスタント補償，移民者・難民への補償などを含む。家計への移転の87.9％を占める（ESV 2013）。

4. 地方政府の福祉財政

　生活権を保障する財政支出の特徴として，中央政府では移転支出が中心をなし，地方政府では消費が主な支出である。福祉サービス，医療保健，教育等は地方政府が責任を持つ。社会サービス法，保健医療法，教育法などの法律は，中央政府が議会で決定したものであるが，それらは枠組み法であるとされ，実施に関わる詳細な既定は各コミューンとランスティングで決められる。

　本項では，地方財政支出に限定して考察を進める。

　コミューンの財政支出は**表7-11**に示す通りである。この分類で最も構成比の高いのが「高齢者福祉」の19％，次いで「基礎学校」の16％である。基礎学校は日本の小学校と中学校に当たり，義務教育である。第3に高いのが「就学前学校と児童福祉」である。ほとんどが共働きのスウェーデン家庭において，就学前学校（プレスクール）の意義は大きい。以前は保育所と呼んでいたが，今は教育として位置づけられている。第4に高いのが「障がい者福祉」である。入所施設は廃止されたので，この支出はグループホームとデイサービス，パーソナルアシスタントの追加手当（基本手当は中央政府の支出）などである。経済的扶助はコミューンの責任である。支出の3％である。福祉サービスと教育で全体の支出の約80％に達する。その他には，インフラ整備，余暇・文化，そして一般行政が含まれる。

　ランスティングの財政支出の約90％は保健医療分野が占める（**表7-12**）。医療のほとんどが公営で行われている。スウェーデンではイギリスと同じように地域診療所でプライマリーケアが行われる。そこにはジェネラル・プラクティショナー（General Practitioner；GP，一般医）が診療に当たる。そし

表7-11 コミューンの財政支出の内訳
(2012年) (単位:%)

就学前学校と児童福祉	14
基礎学校	16
高等学校	7
その他の教育	4
高齢者福祉	19
障がい者福祉	11
経済的扶助	3
個人と家族福祉	5
商業活動	4
その他	16
合計	100

〔SKL (2013a) *Vad kostar verksamheten I Din kommun? Kommunernas kostnadsutveckling 2008-2012*をもとに筆者作成〕

表7-12 ランスティングの財政支出の内訳(2012年) (単位:%)

プライマリーケア	16
専門的身体医療	46
専門的精神医療	8
歯科医療	4
その他の保健・医療	8
医薬品	7
地域開発	3
交通・インフラ	8
合計	100

〔SKL (2013a) *Vad kostar verksamheten I Din kommun? Kommunernas kostnadsutveckling 2008-2012*をもとに筆者作成〕

て専門的な治療の必要な場合にはランスティング中央病院または中央政府の管轄である大学病院で診療を受けることになる。地域診療所とランスティング中央病院は，基本的にランスティングの責任で運営される。保健医療のほかに地域開発とコミューンと共同で行われる広域交通分野があるが，全体に占める割合は低い。

コミューンとランスティングの財源は，基本的に地方所得税である。コミューンでは収入全体の67%，ランスティングでは71%が税収入である。ほかに主な収入として，使途の限定しない一般国庫補助がある。コミューンで収入全体の14%，ランスティングでは9%である。地方所得税の税率は各地方政府で決めることができる。この課税権が導入されたのは19世紀半ば以降である。ここに，スウェーデンにおける地方自治の基礎がある。

2008～2012年のコミューンの支出の推移は表7-13の通りである。人口構成や優先順位に違いがあり，コミューンによってさまざまであるが，全体的

表7-13 コミューンの支出の推移

	2008年※	2009年	2010年	2011年	2012年
一般行政	100	102	104	109	108
文化	100	99	100	101	103
余暇	100	101	106	111	115
就学前学校と児童福祉	100	104	108	114	120
教育	100	100	100	101	103
高齢者福祉	100	100	102	105	107
障がい者福祉	100	103	106	112	116
個人と家族の福祉	100	107	111	114	118
特別な事業	100	99	111	115	125
経済活動	100	78	63	70	15

※：2008年を100とする。
〔SKL（2013a）*Vad kostar verksamheten I Din kommun? Kommunernas kostnadsutveckling 2008-2012*：7をもとに筆者作成〕

な特徴を捉えることができる。この期間には「経済活動」を除くすべての支出が増大した。最も増大したのが「特別な事業」と分類されている項目である。これには，労働市場政策と移民政策が含まれている。両政策は中央政府が責任を持つ業務であるが，コミューンとの共同で取り組みが行われている。このほかにも「就学前学校と児童福祉」，「個人と家族への福祉」，および「障がい者福祉」に力が注がれていることが推測される。

5. サービスの購入

「サービスの購入」とは，本来コミューンまたはランスティング自身で行うべきサービス活動を，他のサービス生産者と契約または協定を結び，委託して行うことを意味する。

スウェーデンの公的部門は長い間，教育，保健医療，社会サービスの資金調達者であるとともに供給者であった。しかし，近年，これらの活動が民間

表7-14　教育と社会サービスにおける民間供給者からの購入の推移

(割合を除く単位:100万kr)

		2006年	2007年	2008年	2009年	2010年	2011年	2012年
教育	総コスト	179,914	187,499	196,411	201,227	206,889	213,364	219,733
	民間供給者	19,958	19,695	24,891	27,880	30,549	32,442	34,615
	割合(%)	11.1	10.5	12.7	13.9	14.8	15.2	15.8
社会サービス	総コスト	159,692	168,038	178,619	184,295	190,227	197,468	204,108
	民間供給者	18,558	20,152	22,230	25,088	27,530	30,911	32,920
	割合(%)	11.6	12.0	12.4	13.6	14.5	15.7	16.1

〔SKL(2013b):45-46をもとに筆者作成〕

企業によって行われることがより一般化している。この場合でも資金は基本的に公的に調達される。

コミューンの2012年の支出は5,057億krであったが,そのうち819億krがサービスの購入であった。2006年の12%から16%に増加した。この増加は民間供給者からの購入がほとんどを占め,10%から14%に増加した。そのうち民間企業からの購入(株式会社,商社,個人企業)は最も大きく2012年に11%,協同組合と基金が3%,個人が1%以下であった(SKL 2013b:46)。

分野別には,教育と社会サービスにおいてサービス購入が多額に上り,民間供給者からの購入は,2006～2012年の6年間に,教育支出では11.1%から15.8%に,社会サービス支出では11.6%から16.1%に増加した(**表7-14**)。社会サービスにおけるこの増加の一つの要因は,自由選択制度に関する法律LOVの施行による。この法律によって2009年1月から自由選択制度を導入することが可能となったが,適用対象は社会サービスと保健医療であった。2013年にこの制度を選択したコミューンは約50%に達した。ランスティングでも,この間の民間供給者からの保健医療サービスの購入が11%から15%に増大した(SKL 2013:29)。LOVのほかに,「公的調達法」(Lagen Om Offentlig Upphandling;LOU)による影響も考えられるが,両者の相違についてはすでに第2章で述べた。

このように，LOVの制定により，民間供給者からのサービス購入は増大した。これらの財源も，公的サービス供給と同様に，主として地方政府の税収入である。したがって，民間であっても公共性を担保し，サービスの質を堅持し，利益配分を制限する措置が必要である。

4 民間の供給者 ──保健医療，教育，社会サービス

1. 事業者の実態

労働供給型社会的企業については第4章で述べたが，民間の公共サービス供給者も別の形の社会的企業と捉える見方がある。それらの事業者は，保健医療，教育，社会サービスの供給を主たる目的として事業活動を行っている。社会的目的と事業活動は一見矛盾しているようだが，スウェーデンではコミューンがサービスの質と財政に責任を持つことによって，通常両者は矛盾なく進められている。しかし，「リスク・キャピタル」と言われる多国籍企業の活動が問題となり，その規制を行うことが今日の課題となっている。何よりも，利益配分に制限を設けなければ，本来的な意味での社会的企業とは言えない。このことはリスク・キャピタルのみならず，税金を財源としてサービスを供給しているすべての民間事業者に当てはまる。まず，民間事業者の実態を分析しよう。

中央統計局（Statistics Sweden；SCB）によると，2014年に保健医療，教育，社会サービスの分野でコミューンとランスティングが購入した民間事業者は，約3万8,000社に上る。前年に比べて12％増である。コミューンに供給した民間事業3万3,854社のうち，就学前教育を扱うのは6,243社，基礎学校（日本の小学校と中学校）4,175社，高等学校6,931社，高齢者福祉サービス2,202社，障がい者福祉サービス5,883社，個人と家庭サービス7,221社，移民受け入れ1,125社，保健医療74社であった。地域的には，ストックホ

ム県（ランスティング）と県内のコミューンがそのうちの約3分の1を占める。ランスティングへの民間供給者4,147社のうち，プライマリーケア1,945社，専門身体医療1,015社，専門精神医療449社，歯科医療382社，その他356社であった。これらの数字は各コミューンと各ランスティングにおいて記録された数であり，事業者によっては複数のコミューンまたはランスティングにサービス供給を行っている。このことを考慮してSCBが確認した企業はおよそ1万社である（SCB 2015：11）。特に，大規模な事業者，例えばアテンド株式会社（以下，アテンド社とする）やカレマケア株式会社（現ヴァルダーガ株式会社。以下，それぞれカレマケア社，ヴァルダーガ社とする）は全国に福祉事業を展開している。

　SCBは，保健医療，教育，社会サービス分野で事業を行っている企業や非営利組織の中で，1万kr以上の売り上げがあり，財務諸表の整備された事業者を抽出して，その規模と財務状態を明らかにしている。それによると，規模では従業員0〜19人の事業者が圧倒的に多い。分野別に，教育では6,159社のうちの5,661社（91.9％）が，保健医療では8,775社のうちの8,551社（94.4％），社会サービスでは2,181社のうちの1,574社（72.2％）がこの規模の事業者に当たる。この数字はサービスセクター全体とほぼ同じであるが，社会サービスの分野では少し異なり0〜19人規模がほかと比べてやや少なく，20〜49人と50〜99人規模の事業者が多くなっている。200人以上の規模の事業者は，教育と保健医療では0.3％ないし0.4％で，サービスセクター全体とほぼ同じ数字であるのに対し，社会サービスについては3％と相対的に多くなっている（SCB 2015：43）。

　表7-15は事業者の利益率について，分野別に示している。「営業利益率」と「従業員一人当たり売上高」は，保健医療，教育，社会サービスとも，サービスセクター全体よりも低くなっている。両指標とも保健医療が教育と社会サービスよりもやや高い。総資本収益率と自己資本収益率は，3つの部門でサービスセクター全体よりも高くなっているが，これはもともと総資本および自己資本が少ないことによると思われる。

　これらの事業者にはコミューンやランスティングにサービスを提供してお

表7-15 民間の保健医療・教育・社会サービス事業者の利益率（2013年）

	営業利益率 (%)	従業員一人当たり売上高 (1,000kr)	総資本利益率 (%)	自己資本利益率 (%)
保健医療	6.6	1,107	11.5	21.0
教育	4.5	776	9.2	20.9
社会サービス	5.6	553	10.9	20.4
サービスセクター全体	7.5	1,691	6.1	11.0

注　売上高1万kr以上の民間事業者を対象とする。
〔SCB（2015）*Finansiärer och utförare inom vård, skola och omsorg 2013*：31-35をもとに筆者作成〕

らず，直接個人サービスを行っている事業者も含まれていると思われる。また，逆にコミューンとランスティングにサービスを供給している事業者でも，この統計に含まれない場合もある。しかし，多くの事業者が小規模で，営業利益率と一人当たり売上高が低く，総資本および自己資本が少ないことは間違いないであろう。

2. リスク・キャピタル

　介護サービスを展開するアテンド社は，北欧4カ国に450の事業所，2万人以上の利用者のある大企業である。スウェーデンでは，ホームヘルプサービス事業所37カ所，高齢者の介護付き特別な住居93カ所，障がい者の日中活動またはグループホーム101カ所に加え，移民者の保護施設など幅広く活動を展開している。売り上げは2014年に4カ国合計で90億kr，前年比8.5％増であった。スウェーデンでの売り上げは約49億kr，前年比2.4％増であった。

　アテンド社の主な株式所有者はIK投資パートナー（IK Investment Partners，以下，IKとする）という投資ファンドを運営する会社で，アテンド社の自己資本の77％を占める。この投資ファンドに出資しているのは，個人投資家，銀行，保険会社などである。IKはアテンド社の取締役会にも役

員を送っている。その他アテンド社の株式所有者は，従業員持ち株会（約200名の従業員がこの株を所有）などであり，CEO（Cheif Executive Officer）も2.3％を所有している（アテンド社 ホームページ http://www.attendo.com，2015年10月13日参照）。

　この分野のもう一つの大企業はカレマケア社であるが，この会社は2013年にヴァルダーガに名前を変えた。この企業も高齢者の介護付き特別住宅，ホームヘルプサービス，デイケア，サービスハウス，プロフィール住宅（65歳未満の精神障害や認知症のある人のための住宅）などの事業を行っている。80以上の住宅を運営し，7,000人以上の介護の専門家が働いている（ヴァルダーガ社 ホームページ http://www.vardaga.se，2015年10月13日参照）。

　ヴァルダーガ社は，医療・福祉に幅広く事業を行っているアムベア株式会社（以下，アムベア社とする）の子会社である。そのアムベア社の株式は，トゥリトン株式会社とKKR（Kohlberg Kravis Robertts & Co）という2つの投資会社によって所有されている。

　この会社が大きくクローズアップされたのは，2011年にカレマケア社が運営する施設で傷口の不適切な処置による血液感染が原因で入居者の一人が死亡したり，高齢者を濡れたオムツのままで寝かせたりしていたという告発と報道によるものであった（斉藤 2014：292）。またそれだけにとどまらず，親会社が租税回避地に本拠を置き，国内の法人税を逃れていたという問題も発覚した。二重の問題点が国民の前に明らかにされると，政府はこれらの問題に対する規制に動き出した。

　前者の問題は，リスク・キャピタルにのみ発生するとは限らない。また，公的部門において行われている社会サービスにも起こらないという保証はない。

3．民間供給者の規制

　民間供給者に対する規制に関して，2012年に政府は「地方自治法」（kommunallag）の近代化の検討を行う特別委員会の設置を命じ，その改正の提

案を行うように指令を出した。2013年に政府の検討委員会が結果の一部を公表した（SOU 2013）。

　提案の第1は，地方自治法に規定されている「コミューン企業」という言葉を「民間供給者」に置き換えることである。民間供給者とは地方自治体の事務を委任された法人または個人である。

　第2に，地方自治体の事務が委任される場合，コミューンとランスティングはその活動の目標，指針，範囲と質を決定する包括的責任者であることの明確化である。この包括的責任は，その活動が地方自治体内で行われる場合と同様である。

　第3に，コミューンとランスティングには，民間供給者によって行われた活動を管理しフォローアップする義務のあることが明記されなければならない。地方議会も民間供給者に委託された地方自治体の活動の目標と方針についてプログラムを作成しなければならない。

　第4に，利用者，患者または個人への情報提供の義務である。個人がコミューンサービスの特定の供給者を選ぶ場合，コミューン内のすべての供給者について，事実に基づき，関連情報を含めて，比較可能な，理解しやすい，そしてアクセス可能な情報を提供しなければならない。

　第5に，民間供給者によって遂行され，税金によって調達されたコミューンの活動の透明性が保証されなければならない。そのためには委託されるコミューン活動の目標と指針を明記したプログラムが必要である。例えば，スタッフとその技能，教育水準と能力についての記述が必要になる。

　第6に，購入者・供給者方式（コミューン内で発注・購入者組織と供給者組織を分離する方式）を適用するための条件を地方自治法により明確に規定しなければならない。

　検討委員会は，地方自治法の改正には，その内容が他の法律と統一的でなければならないため，社会サービス法，保健医療法，「LSS（Lag om stöd och service till vissa funktionshindrade；特定の機能障害を有する人の支援とサービスに関する法律）」，「歯科医療法」，LOVの改正を伴うと結論づけている。

さらに2015年に財務省は，民間によって行われた福祉サービスの公的な資金調達をいかに規制するかについて，見解を明らかにした（Dir 2015）。それには，租税によって調達された福祉サービスを行う民間供給者は，その利益を当該活動に再投資すべきである，との見解が示されている。この結論に従ってし今後議論がさらに進むものと思われる。

　本章では，生活権を基軸に据えてスウェーデンの福祉財政を考察した。社会支出をGDP比で比較すると，スウェーデンはフランスやデンマークの後塵を拝しているように見えるが，それらの国とともにその高いグループに属し，効率化を進めつつも社会支出額を増やし，福祉国家を堅持していることが明らかになった。生活権保障は，主として，中央政府の所得保障，地方政府の社会サービスによって行われている。
　今日では，財政の社会的機能は，政府と協同組合やNPO（Non Profit Organization）との共同で遂行されている分野が少なくない。例えば，労働統合型社会的企業は，社会的目的を持ちながら事業活動を行う企業であるが，コミューンが支援を行っている。また近年，家族などの介護者支援が行われているが，この分野でもやはりコミューンとNPOとの共同が重視されている。
　一方で，これらの事業は，福祉国家がかつて十分に取り組んでこなかった分野であり，社会的に排除されてきた人々を包摂する事業である。つまり，障がい者，家族，そして移民者に対する支援である。福祉財政はこのような社会的包摂を視野に入れて展開されなければならない。

文　献

Bergh A.（2014）*Sweden and the Revival of the Capitalist Welfare State*, Edward Elgar

Dir（Kommittédirectiv）（2015）*Ett nytt regelverk för offentlig finansiering av privat utförda välfärdstjänster*

ESV（Ekonomistyrningsverket）（2013）*Rapport : Tidsserier, statens budget* m.m.2012

George V. and S. Miller eds.（1994）*Social Policy Towards 2000*：*Squaring the Welfare Circle*, Routledge（＝1997，高島　進監訳『福祉と財政―いかにしてイギリスは福祉需要に財政を調整してきたか』都市文化社）

OECD（2011）*Government at a Glance* 2011

OECD（2013）*How's Life? 2013*：*Measuring Well-being*

OECD（2014）*Society at a Glance 2014*

SCB（2011）*Offentlig ekonomi 2011*

SCB（2012）*Årsbok för Sveriges kommuner 2012*

SCB（2013）*Nationalräkenskaperna 1950-2012*

SCB（2014）*Offentlig ekonomi 2014*

SCB（2015）*Finansiärer och utförare inom vård, skola och omsorg 2013*

SKL（2008）*Kommunalekonomisk utjämning*：*En informationsskrift om utjämningssystem för kommuner och landsting år 2008*

SKL（2013a）*Vad kostar verksamheten I Din kommun? Kommunernas kostnadsutveckling 2008-2012*

SKL（2013b）*Köp av verksamhet*

SOU（Statens Offentliga Utredning）（2013）*Privata utförare―kontoroll och insyn*（SOU 2013：53）

穴見　明（2010）『スウェーデンの構造改革―ポスト・フォード主義の地域政策』未来社

一番ヶ瀬康子編著（1983）『社会福祉とは何か―現代の社会福祉Ⅰ』ミネルヴァ書房

一番ヶ瀬康子（1994）『一番ヶ瀬康子社会福祉著作集　第1巻―社会福祉とはなにか』労働旬報社

井出英策編著（2013）『危機と再建の比較財政史』ミネルヴァ書房

伊藤光晴（1994）「福祉社会の未来像―生存権から生活権への理論と政策」佐口卓編『日本経済と社会保障』社会保険福祉協会，9-36

岩田正美・田端光美・古川孝順編著（2013）『一番ヶ瀬社会福祉論の再検討―生活権保障の視点とその広がり』ミネルヴァ書房

岡本英男（2007）『福祉国家の可能性』東京大学出版会

齊藤　愼・山本栄一・一圓光彌編（2002）『福祉財政論―福祉政策の課題と将来構想』有斐閣

斉藤弥生（2014）『スウェーデンにみる高齢者介護の供給と編成』大阪大学出版会

志賀　櫻（2013）『タックス・ヘイブン―逃げていく税金』岩波書店

島　恭彦（1963）『財政学概論』有斐閣（『島恭彦著作集第二巻』所収）

神野直彦（2002）『財政学』有斐閣，70

神野直彦・山本　隆・山本恵子編著（2011）『社会福祉行財政計画論』法律文化社

藤岡純一（1992）『現代の税制改革―世界的展開とスウェーデン・アメリカ』法律文化社

藤岡純一編著（1993）『スウェーデンの生活者社会―地方自治と生活の権利』青木書店

藤岡純一（2001）『分権型福祉社会―スウェーデンの財政』有斐閣

古川孝順（2013）「一番ヶ瀬社会福祉学の成立と意義―戦後社会福祉学研究の転機」岩田正美・田端光美・古川孝順編著『一番ヶ瀬社会福祉論の再検討―生活権保障の視点とその広がり』ミネルヴァ書房，25-64

宮本憲一（1986）『地方自治の歴史と展望』自治体研究社

持田信樹・今井勝人編著（2014）『ソブリン危機と福祉国家財政』東京大学出版会

第8章
持続可能な財政

はじめに

　財政の持続可能性は，財政赤字が巨大になり，国債価格の暴落と金利の上昇に帰結する財政破綻との関連で論じられることが多い。特に日本は世界有数の財政赤字国であり，債務残高は他国と比べても著しく高い（2014年にGDP比230％を超える）。そのため，財政の持続可能性についての検討は喫緊の課題となっている。プライマリーバランスをいかに実現し，国債残高の増加を抑制するかについて計画が立てられるが，これには景気の動向にも依存するため，いまだに実現できそうにない。

　これに対して，スウェーデンの財政バランスは大変良好である。年々の財政赤字が少なく，債務残高は経済協力開発機構（Organisation for Economic Co-operation and Development；OECD）諸国の中で9番目に少ない（2014年にDGP比46.7％）。この状態を維持するために，財政規律を導入したり支出の抑制を行ったりした時期もある。しかし，このような施策を行ったとしても，それだけでは世界的にも高いとされる財政支出のGDP比や高い租税負担率の持続を説明することはできない。何よりも重要となるのは，高い財政支出と租税負担に対する国民の支持である。

　1932年に政権の座についた社会民主労働党は，国民の支持のもとに普遍的な福祉・社会保障政策を実施し，高福祉・高負担を実現してきた。1976年からの6年間，1991年からの3年間は，経済危機を反映して保守中道政党が政権を担当したが，有効な施策をとることができずに，政権を明け渡して

いる。しかしこの間には，社会民主労働党と保守中道政党との政策の溝は徐々に埋まり，保守中道政党も高福祉を維持する政策に転換し，それが国民の支持を集めて，2006年からの8年間政権を担当した。この政権では，福祉や教育の供給者の多元化と減税を進めたところに特徴を見いだすことができる。

　高い財政支出と租税負担率についての世論調査結果を初めて公表したのは，アクセル・ハデニウス（以下，ハデニウスとする）であった。彼は1986年にその調査結果を発表した (Hadenius 1986)。「税の水準が高すぎる」と考える人は大変多い（83％）が，「自分が受け取る給付を考慮しても自分の税は高い」と考える人の割合は非常に低い（35％）。そして各財政支出の項目については，一部を除いて「現状維持」「増加」を望む人が圧倒的多数であった[注1]。この調査分析はその後，ステファン・スヴァルフォシュに引き継がれ，数年置きに公表されている。

　持続可能な財政を可能にしている要因には，さらに，税制の構造，財政規律，事務配分の明確化（第7章で既述），地方団体間の財政調整がある。本章ではこれらについて順次取り上げることにする。

1　国民の高い支持

1．給付を考慮した税負担感

　アクセル・ハデニウスの分析は1981年11月～1982年3月までに，スウェーデン中央統計局（Statistics Sweden；SCB）が実施した訪問調査に基づいている。「税の水準は高すぎる」（83％），「限界税率は高すぎる」（82％）とい

注1　ハデニウスのこの著書について，筆者が紹介を行っている（藤岡 1988）。これが日本でスウェーデン財政についての世論調査を取り上げた最初の文献である。

う2つの項目は大変高い数字である。これは給付を考慮せず税だけを取り出して質問した結果であると同時に，1980年代までの限界税率の高さを反映しているものと思われる。1990～1991年の「世紀の税制改革」と呼ばれる基本的な税制改革が行われ，その中で課税ベースを広げて限界税率を引き下げる改革が実施された。1980年代の税の負担感はこの改革前の事態を反映しているという側面がある。

しかし，「公共団体からの給付を考慮しても税は高い」(39%)，「自分が受け取る給付を考慮しても自分の税は高い」(35%) と，すでにこの時期でも，給付を考慮しても税が高いと考える人の割合は低くなっている。逆に，この2つの項目について満足している人の割合は，いずれも50％を超え，それぞれ56%，62%であった。ハデニウスによると，1968年には租税負担率は35%であったのに，その年の調査では態度バランス（不満と満足のバランス）はマイナス（不満が満足を上回る）であった。1980年には租税負担率が50%を超えたにもかかわらず，1981～1982年の調査では態度バランスがプラスに転じた。十数年の間に態度バランスに大きな変化があった。この変化の要因の一つには給付における充実があったと思われる（Hadenius 1986：24)。その後，1986年と1992年の調査では，「市民への国家給付を考慮すると税は高くない」という質問に，賛成または部分的に賛成と答えた人は，それぞれ53%，58%に上った。

表8-1は，福祉政策に税金を支払う国民の意思を示している。これは「次の福祉政策により多くの税金を払うことを望みますか？」という質問に「イエス」と答えた人の割合である。全体として，より多くの税金を払うと答えた人の割合が2010年には増加した。「保健医療」，「高齢者への支援」，「初等・中等教育」では1997年と2002年に60%台であったが2010年には70%台になった。「子どものいる家庭への支援」と「雇用政策」については，半数を下回っていたが2010年には50%を超えるに至った。公的扶助もかつては低い割合であったが，40%まで上昇した。このように，これらの公共政策に使われる税金をより多く支払いたいと希望する人の割合が，より高くなっていることがわかる。

表8-1　福祉政策に税金を支払う個人の意思※　　　　　　　　　　　（単位：％）

	1997年	2002年	2010年
保健医療	67	65	75
高齢者への支援（年金，介護）	62	60	73
子どものいる家庭への支援（児童手当，児童福祉）	42	39	51
公的扶助	29	25	40
初等・中等教育	62	61	71
雇用政策	40	31	54
(N)	(1,290)	(1,075)	(3,800)

※：「次の福祉政策により多くの税金を払うことを望みますか？」という質問に「イエス」と答えた人の割合。
〔Svallfors S.（2011）A bedrock of support? Trends in Welfare State Attitudes in Sweden, 1981-2010, Social Policy & Administration, 45（7）：812をもとに筆者作成〕

　2000年代後半は，2006年に政権の座についた保守中道政党のアライアンスよって，給与税額控除などの減税政策が遂行された年代であった。このため公共支出にも一定の抑制圧力が働いたと考えなければならない。税金をより多く支払いたいという意見はもともと大変多く聞かれてはいたが，この時期にその割合がさらに増加したのは，以上のことから説明できるのではないだろうか。

2. 公共サービスへの高い支持

　ステファン・スヴァルフォシュは，1981〜2010年の間で6回にわたり行われた国民の財政に対する意見についての調査を分析している。この分析によると，全体として，国民の意見は非常に安定しており，年々支持が拡大する方向に向かっている。福祉政策に使われる税金をより多く支払うことに好感を持つ人が増え，福祉政策の財源を税と雇主負担で賄うことを望む人の割合がより高くなり，福祉が著しく悪用されていると考える人は減少した。また，階層間のパターンが変化し，これらの意見についてホワイトカラー層と

第8章 持続可能な財政

表8-2 設問「税はさまざまな目的に充てられる。次の目的に充てられる税金は増加，現状維持，それとも減少すべきか」への回答

増加を希望（＋），減少を希望（－），（単位：％）

	1981	1986	1992	1997	2002	2010
保健医療	＋45	＋47	＋53	＋77	＋79	＋66
	－3	－4	－4	－2	－2	－2
高齢者への支援（年金，介護）	＋30	＋37	＋60	＋70	＋70	＋70
	－1	－3	－2	－2	－1	－2
子どものいる家庭への支援（児童手当，児童福祉）	＋31	＋43	＋32	＋41	＋34	＋27
	－12	－8	－15	－11	－8	－8
住宅手当	＋13	＋13	＋13	＋14	＋8	＋11
	－36	－36	－38	－34	－48	－25
公的扶助	＋16	＋17	＋13	＋21	＋15	＋22
	－22	－22	－26	－21	－21	－15
初等・中等教育	＋26	＋32	＋50	＋70	＋71	＋60
	－7	－2	－1	－1	－1	－1
雇用政策	＋69	＋56	＋62	＋47	＋34	＋45
	－6	－10	－7	－20	－19	－9
中央・地方行政	＋2	＋2	＋3	＋3	＋3	＋3
	－56	－55	－71	－68	－62	－58
(N)	(949)	(978)	(1,489)	(1,297)	(1,070)	(3,754)

〔Svallfors S.（2011）A bedrock of support? Trends in Welfare State Attitudes in Sweden, 1981-2010, *Social Policy & Administration*, 45（7）：811をもとに筆者作成〕

自営業者層がより労働者層に近づくようになった（Svellfors 2011：806）。

表8-2は，社会政策の各分野について，それに充てられる税金を増加すべきか，現状維持か，それとも減少すべきかという質問に対する回答の割合を示している。表8-1が自分の払う税金について質問していたのに対し，この表は支出の内容について質問し，その回答を示している。増加すべきと答えた人の割合が（＋），減少すべきと答えた人の割合が（－）で示されてい

る。「保健医療」,「高齢者への支援」,「初等・中等教育」については圧倒的に増加すべきが多く,その割合も増加傾向にある。ただ,「保健医療」と「初等・中等教育」は2010年に前回（2002年）の調査に比べて数字は減少している。しかし,これらの支出への支持は,「増加すべき」と「現状維持」とを合わせた割合と考えなければならない。この表では「現状維持」は明示されていないが,「減少すべき」が著しく低い割合で示されていることから,支持の高さを読み取ることができる。「雇用政策」についてもほぼ同じことがいえる。1981年から長期的に見ると「増加すべき」は低下しているが,逆に「減少すべき」が非常に少なく,このことがこの項目に対する支持の高さを物語っている。

　「子どものいる家庭への支援」,「住宅手当」,「公的扶助」の3項目について,「増加すべき」の割合は,これまで述べた4項目に比べると低い数字だが,「現状維持」の割合が半数を超えている。この意味から,これら3項目に対する支持も高いと見なすことができる。「増加すべき」が半数以上の項目と「現状維持」が半数以上の項目との違いは,普遍的な政策への支出か,あるいは特定のグループに対する支出か,どちらの支出であるかに分けることで説明できる。「保健医療」,「高齢者への支援」,「初等・中等教育」は普遍的な支出である。「住宅手当」,「公的扶助」は特定グループへの支出,そして「子どものいる家庭への支援」と「雇用政策」は両者の中間といえる。なお,スウェーデンにおける住宅手当は,低所得者に対して政府が支払う手当のことである。

　アクセル・ハデニウスは,人口のすべての人々に有効な政策を普遍的政策,特定のグループによってのみ利用可能な政策を直接的政策とし,さらにそれぞれのカテゴリーを,どのような決定過程に従うかによって,一般的配分と選択的配分に区分する。一般的配分とは,ある基準（しばしば人口統計学的基準）を満たしている人々は自動的にサービスまたは給付を受け取ることができる配分を意味し,選択的配分は,公的援助の必要性が個々に評価される配分を意味する。これを図に示すと**図8-1**になる。普遍的で一般的な政策に,初等・中等教育と高齢者への支援,普遍的で選択的な政策に保健医

		配分ルール	
		一般的	選択的
政策の範囲	普遍的	初等・中等教育 高齢者への支援	保健医療
	直接的	子どものいる家庭への支援	住宅手当 公的扶助

図8-1　政策の範囲と配分のルール
〔Hadenius A.（1986）*A Crisis of Welfare State? : Opinions about Taxes and Public Expenditure in Sweden*, Almqvist & Wiksell Internat：88をもとに筆者作成〕

療が含まれ，直接的で一般的な政策に子どものいる家庭への支援，直接的で選択的な政策に住宅手当と公的扶助が含まれる。このように分類すると，社会サービスに関する世論調査との関わりがより明確に浮かび上がってくる（Hadenius 1986：88）。

これらの項目が高く支持されているのに対して，「中央・地方行政」への支出についての国民の支持は大変低い。「減少すべき」との意見はいずれの年にも50％を上回っている。傾向として，1992年のマイナス71％をピークとしてその後はやや減少している。反対に「増加すべき」はどの年においても2〜3％に過ぎなかった。筆者はこれを官僚主義に対する批判と受け止めているが，今なお半数を超えていることについては問題なしとは言えない。

3. 社会サービスの供給主体と財源

次に，社会サービスの供給主体と財源についての世論が，**表8-3**に示されている。まず，「サービス供給は国または地方自治体が最良である」と答えた割合がいずれの項目も半数を大きく上回っている。しかし，教育，保健医療，高齢者介護では長期的に見てわずかな低下傾向がある。1990年代前半および2000年代後半以降の供給主体の多元化をある程度反映したものになっていると思われる。保育についてはこれとは逆で，1986年には55％であったが徐々に数字を上げ，2010年には69％になった。第7章で考察したよ

表8-3　サービス供給主体と財源調達についての世論　　　　　　　　　　　（単位：％）

		教育	保健医療	保育	高齢者介護
サービス供給[※1]	1986年	91	91	55	81
	1997年	85	90	62	82
	2006年	86	80	70	80
	2010年	85	83	69	78
財源調達[※2]	1986年	79	90	63	―
	1997年	75	92	66	89
	2006年	86	91	74	91
	2010年	81	95	78	93

※1：「サービス供給は国または地方自治体が最良である」と答えた人の割合。
※2：「財源調達は税と雇主負担で調達すべきである」と答えた人の割合。
〔Svallfors S.（2011）A bedrock of support? Trends in Welfare State Attitudes in Sweden, 1981-2010, Social Policy & Administration, 45（7）：812-813をもとに筆者作成〕

うに，民間による供給が増加すると，質の監査および利益配分において一定の規制が必要になると思われるが，その点についてはこれらの世論調査の対象外である。

　表8-3には財源についての世論も示されている。「財源は税金と雇主負担で調達すべきである」と答えた人の割合である。これらも大変高い割合である。しかもいずれの項目においても，全体として増加傾向が見られる。教育においては，1986年の79％から2010年の81％へ，保健医療では同じく90％から95％へ，保育では63％から78％へ，そして高齢者介護では1997年の89％から2010年の93％へと増加した。供給主体についての世論と併せて考えると，保育を除き，「供給主体については一定の多様化」を，「財源についてはよりいっそうの税と雇主負担」という組み合わせを支持していることになる。このことは，世論が一定の供給主体の多様化を認め，民間の供給者を容認しながらも，民間供給者の財源も税と雇主負担を望んでいるということの表われである。すでに述べたように，このような組み合わせには一定の規制が必要であろう。

第8章 持続可能な財政

2 税制の構造

スウェーデンでは国民は高い租税負担をかせられているが，それに対して国民の多くは支持を表明している。その支持はその使われ方との関わりで表明されている。しかし，租税の構造が不公平で非効率なものであれば，国民の納得は得られないであろう。

本節では，まず租税の構造について論じ，その次にその再配分効果について分析する。

1. 租税負担率と租税構成の比較

表8-4は，1995～2012年の主要国の租税負担率の推移を示している。この期間を通じて，フランス，デンマーク，スウェーデンでは40％台，イギリスとドイツが30％台，そしてアメリカと日本が20％台である。驚くべきことに，10％ごとに区切った各国の租税負担率はこの17年間に大きな変化がない。

しかし，大きな変化こそないが，国によってそれぞれに変動はある。スウェーデンでは2000年をピークに徐々に減少してきている。デンマークでは2005年のピーク後若干の減少が見られるが，2012年の数字はOECD内で最も高い租税負担率である。フランスでは増減を繰り返しながら2012年が最高の水準になっている。イギリスはこの間ほとんど変化はない。ドイツでも2005年に若干の低下はあったが，全体としてほとんど変化が見られない。アメリカは全体として減少傾向にある。日本は全体として増加傾向にあり，このままこの傾向に変わりがなければ，30％台に到達することはほぼ確実である。事実，2014年4月に消費税率が5％から8％に引き上げられたので，ほかに減税措置がなければ租税負担率を押し上げることになる。

なお，スウェーデンでは租税負担率が2000年をピークに継続して低下してきているが，これにはいくつかの要因が考えられる。第1に，租税負担率

287

表8-4 主要国の租税負担率（社会保険料を含む）の推移　　　　　　　　　　（単位：％）

	1995年	2000年	2005年	2010年	2012年
アメリカ	26.7	28.4	26.1	23.7	24.4
日本	26.4	26.6	27.3	27.6	29.5
イギリス	32.1	34.7	33.8	32.8	33.0
ドイツ	36.2	36.3	33.9	35.0	36.5
スウェーデン	45.6	49.0	46.6	43.1	42.3
フランス	41.9	43.1	42.8	40.8	44.0
デンマーク	48.0	48.1	49.5	46.5	47.2

〔OECD（2014）*Revenue Statistics 2014：Tax levels and tax structures, 1965-2013*：88-89をもとに筆者作成〕

は税収総額をGDPで除して計算されるので，分母のGDPの成長率が高ければ相対的に租税負担率は下がる。事実，スウェーデンのこの間の経済成長率は他の先進諸国に比べて高かった。第2に，勤労税額控除などの減税措置が考えられる。これについては後に詳しく考察する。

　以上のように，主要国の租税負担は大きく3分類（40％台，30％台，20％台のグループ）されたが，同じ分類に属していても，国によって税収構造に大きな差異がある。**表8-5**は主要国の税収構成を示している。スウェーデンは個人所得税（ほとんどが地方税），一般消費税，社会保険料雇主負担が主要な財源である。フランスでも大きさの順位こそ違えど，スウェーデンと同じように社会保険料雇主負担，一般消費税，そして個人所得税が3大財源である。これに対して，最も租税負担率の高いデンマークでは個人所得税の割合が50％を超えて，これが最大で，一般消費税がこれに続くが，社会保険料負担は非常に少ない。

　イギリスとドイツは，租税負担率は30％台であるが，構成はフランスやスウェーデン同じように，個人所得税，一般消費税，そして社会保険料雇主負担が3大財源である。ただドイツでは，社会保険料の雇用者負担と雇主負担がほぼ同じ割合になっているところが他と異なる。またイギリスでは，社

表8-5 主要国の税収構成（2012年） (単位：%)

	アメリカ	日本	イギリス	ドイツ	スウェーデン	フランス	デンマーク
所得課税	47.9	31.1	35.6	30.4	34.3	23.7	61.9
個人所得税	37.7	18.6	27.5	25.6	28.2	18.0	50.7
法人税	10.2	12.5	8.1	4.8	6.1	5.6	6.3
社会保険料	22.3	41.6	19.1	38.3	23.6	37.4	1.9
雇用者負担	8.3	19.3	7.5	17.0	6.3	9.0	1.8
雇主負担	12.9	18.8	11.1	18.0	17.5	25.4	0.1
賃金税	—	—	—	—	10.3	3.2	0.6
財産税	11.8	9.1	11.9	2.4	2.4	8.5	3.8
財・サービスへの課税	17.9	18.0	32.9	28.4	29.1	24.5	31.4
消費税	15.0	16.2	31.6	27.3	28.1	23.7	29.6
一般消費税	8.0	9.2	20.8	19.4	21.4	16.1	20.6
個別消費税	7.1	6.9	10.8	7.9	6.7	7.7	9.0

〔OECD（2014）*Revenue Statistics 2014*：*Tax levels and tax structures, 1965-2013*：88-89をもとに筆者作成〕

会保険料の割合がドイツよりかなり低い。その代わりに財産税の割合が高い。

　アメリカでは個人所得税の構成比がデンマークに次いで高いが、一般消費税の割合が日本と同様に低くなっている。社会保険料の割合も低い。一方、財産税の割合がイギリスと同様に高い。日本では、社会保険料の割合がこれらの国の中で最も高く、その中でも雇用者負担が雇主負担よりも高い。また、所得課税の割合の高いのはドイツやスウェーデンと同じであるが、その内訳を見ると個人所得税の割合が相対的に低く、法人税の割合が相対的に高い。

　これまでの比較分析から、フランス、ドイツ、イギリス、スウェーデンが、個人所得税、社会保険料の雇主負担、それと一般消費税を3大基幹税としていることに共通性が見える。デンマークでは個人所得税が50％を超え、

次いで一般消費税が割合の高い項目になる。アメリカでは個人所得税の割合が非常に高いが，それに続く項目は社会保険料の雇主負担と財産税である。日本では社会保険料と所得課税とが主要な財源であり，それに一般消費税と財産税が続く。

　スウェーデンに関しては，1997年と比較すると，2012年には個人所得税が約6.8ポイント，社会保険料の雇主負担が6.3ポイント減少したが，逆に一般消費税が7.8ポイント，賃金税が7.1ポイント増加した（OECD 2014）。

2. 個人所得税

A. 個人所得税（労働所得）

　個人所得税が現在の形になったのは，1990〜1991年のいわゆる「世紀の税制改革」までさかのぼることができる。この改革以前には，さまざまな所得種類によって異なる課税が行われていたが，これらを労働所得と資本所得に二分し，労働所得への課税は地方税，資本所得への課税は国税，とした。これを二元的所得税として捉える考え方もあるが，改革の基本は課税ベースを広げ税率を引き下げるという包括的所得税の考え方に基づく。

　目的は税の楔（tax wedge）を少なくしてより効率的な税制にするとともに，より公平な税を実現することであった。この改革は，納税者の90％が約31％の比例税率で地方税率のみを払う，残りの約10％の高所得者はそれに加えて20％の国所得税を支払うというものであった。ここで地方所得税率を約31％と述べたのは，地方所得税率は地方自治体の議会で決められ，地方によって差があるからである。資本所得税は国税で税率は30％とされた。資本所得税を労働所得税と分離した理由は，利子支払いが全額課税所得より控除されるため，その控除を資本所得からの控除として，税率を30％に引き下げて控除率を実質的に制限するためであった。改革以前の最高税率は非常に高く，そのためこの利子支払いの控除が，税収を大きく浸食していた。そして税率は，資本所得税と労働所得税（90％の納税者）とでほぼ同じ税率の比例税にした。

表8-6　基礎控除　　　　　　　　　　（単位：kr）

労働所得	基礎控除額
～43,900	18,800
44,000～120,700	18,800～34,200
120,800～138,000	34,200
138,100～359,800	34,200～13,100
349,900～	13,100

〔Skatteverket（2014）*Skatter i Sverige : Skattestatistik årsbok 2014*：131をもとに筆者作成〕

a．基礎控除と労働所得税額控除

　現行の所得税からの控除には，基礎控除と労働所得税額控除がある。基礎控除は所得階層と年齢によって異なる。2014年には，65歳以下の場合，所得が4万3,900krまでは基礎控除額を1万8,800krに，所得4万4,000～12万700krまでは徐々に増額し，所得が12万800～13万8,800krまでは3万4,200krを基礎控除額とする。そして，所得が13万8,100～35万9,800krまでは徐々に基礎控除額は減少していき，所得34万9,900kr以上は一律13,100krとされている（表8-6）。中間所得層で基礎控除が高くなっている。基礎控除は毎年，物価指数を反映している物価基礎額（Prisbasbeloppet；PBB）の変化に沿って変動する。

　労働所得税額控除は，保守中道政党の連立政権の発足後2007年に導入されて，その後拡充されてきた。その目的は，働くことにインセンティブを与え，それにより労働への参加を増加させることにある。労働所得税額控除は，65歳以上の人に高く設定されている。この税額控除は，低・中所得者にとっては大きな減税になる。地方の所得税からのみ控除ができる。表8-7に，所得別の控除額が例示されている。この額は物価基礎額に連動している。2012年にこの税額控除の総額は約840億krであったが，その年の地方所得税の総額が5,610億krであることから，その額の大きさがわかる（表8-7）。近年のスウェーデンにおける租税負担率の低下はこのことからも説明

表8-7 労働所得別税額控除

労働所得 (kr)	労働所得税額控除額 (kr)	労働所得に占める割合 (%)
100,000	9,618	9.6
150,000	12,581	8.4
200,000	15,942	8
250,000	19,304	7.7
300,000	22,665	7.6
350,000	25,994	7.4
400,000	26,310	6.6
500,000	26,310	5.3
1,000,000	26,310	2.6

注 計算に当たって地方税率を31.86%とした。
〔Skatteverket(2014)*Skatter i Sverige : Skattestatistik årsbok 2014*：13を
もとに筆者作成〕

できる。2014年に政権を奪還した社会民主労働党を中心とする赤緑連合は，この労働所得税額控除を縮小する方針である。

b. **限界税率**

2014年の税率は地方所得税が平均で38.85%，所得が43万3,900krを超えると20%の国所得税が地方所得税に加わる。その国所得税は所得が61万5,700krを上回ると25%の税率になる。基礎控除と給与所得税額控除を含めて限界税率を計算すると，**図8-2**の通りである。このように限界税率は累進的になり，最高限界税率は56.86%である。

c. **ROTとRUT所得に対する控除**

2007年7月よりRUT（Rengöring, Underhåll, Tvätt）労働に対する税額控除，2008年12月よりROT（Renovering, Ombyggnad, Tillbyggnad）労働に対する税額控除が導入された。後者はすでに1993〜1999年と2004〜2005年の期間に試行済みであった。ROT労働とは，住宅の修理，メンテナンス，改造，拡張のことであり，控除の対象となるのは，顧客が所有してい

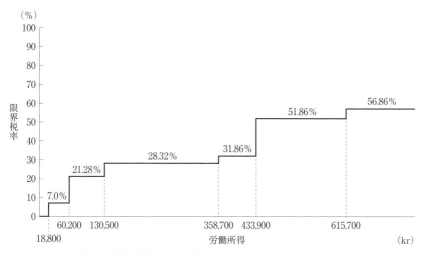

図8-2 個人所得税（労働所得）の限界税率
〔Skatteverket（2014）*Skatter i Sverige：skattstatistik årsbok 2014*：135をもとに筆者作成〕

る住居，顧客所有のセカンドハウス，そして顧客所有で両親の住居である。ただし，コミューン（市）の資産税が5年間適用除外になる新築一戸建て住宅には適用されない。税額控除を申請できるRUT労働は，自分たちが住むもしくはセカンドハウスとして利用しているか，または，両親が住むあるいはセカンドハウスとして利用している住居における主要な家事労働である。例えば，掃除，メンテナンス，そして洗濯などの家事である。さらに，育児，介護サービスそして簡易なガーデニングも控除の対象になる。

　控除の認められる額はROTとRUTの労働コストの50％までである。材料費や交通費は含まれない。減税される最高額は年間一人当たり5万krである。事業者が個人企業の場合は上限が10万krになる。

　実際控除を受けた人がどのくらいいるかについて示したのが，**表8-8**である。適用を受ける人数と控除総額は年々増加している。2012年にはRUT控除を受けたものが47万9,000人，人口比で6.3％，ROT控除を受けたものが95万8,000人で，人口比12.6％になる。金額もそれぞれ約21億krと約137

293

表8-8　RUTとROT控除

		人数 (千人)	人口比 (％)	控除総額 (百万kr)	一人当たりの平均額 (千kr)
RUT控除	2008年	92	1.3	442	4.8
	2009年	186	2.5	753	4.1
	2010年	321	4.3	1,317	4.1
	2011年	412	5.5	1,761	4.3
	2012年	479	6.3	2,156	4.5
ROT控除	2009年	644	8.8	9,600	14.9
	2010年	850	11.4	12,416	14.6
	2011年	923	12.3	13,282	14.4
	2012年	958	12.6	13,716	14.3

〔Skatteverket (2014) *Skatter i Sverige : Skattestatistik årsbok 2014* : 149をもとに筆者作成〕

億krに上る。

　この制度は起業を促進することに一つの意義があると言われている。しかし，所得の一定以上あるものはこれらのサービスを購入して減税の措置を受けることができる。他方，所得の少ない人は公的なサービスと制度，そして親族などの近しい人に頼らざるを得ないという問題がある。これが所得の格差を拡大している。

　2015年1月に新政府はROTとRUTの適用をより厳格にする規則を決定した。これによると事業者は国税局にこれまでより多くの情報を申告しなければならない。①この労働に企業が費やした時間数，②実施した労働の種類，③材料にかかった費用，④交通費などのその他にかかった費用，などが申告の対象である。

B. 個人所得税（資本所得）

　資本所得税は，利子，配当，キャピタルゲインに対する所得税である。労働所得とは分離して課税され，国税である。控除は利子支払いとキャピタル

ロスに対して認められる。もし資本所得がマイナスになれば，10万krまでの30％とそれを超える額の21％が国・地方の労働所得税に対して税額控除される。資本所得に対する個人所得税の額は毎年大きく変動する。利子と配当は多くの場合，支払利子（多くは住宅ローンの利子）と相殺される。他方で，キャピタルゲインは一般的にキャピタルロスを上回る。さらにスウェーデンでは，利子支払いが100％控除されるところに特徴がある。

戸建てや共同住宅の区分所有を販売して得られたキャピタルゲインは，その資産の評価が行われるため，税率は30％であるが，実質では22％になる。これらの資産の買い替えの場合，新規購入資産の評価額が売却資産の評価額と同じかまたは上回ればキャピタルゲイン課税は延期される。

個人所得税のほかに，個人が支払う税として，地方の固定資産料，社会保険料の一般年金負担などがある。なお，2004年12月に相続税と贈与税が，2007年には富裕税が廃止された。

C. 所得再配分

所得再分配には，年金給付や児童手当などの諸給付および諸手当と税の累進性によるものがある。**表8-9**は，所得グループおよび家計タイプによるそれぞれの所得再分配を表わしている。給付等には，課税されるものと非課税のものとがある。前者には老齢年金，障害年金，傷病手当，親保険給付，労働市場給付など，後者には児童手当，教育補助，住宅手当，社会扶助などがある。

ほとんどの人は税を支払い，給付を受け取るが，要素所得に再分配額が加えられて可処分所得が算出される。低所得者は要素所得が少ないが再分配後の可処分所得は要素所得が増加する。年収1,000～5万krまでの最貧層では，可処分所得は要素所得の7.84倍になる。高所得になるにしたがって，税の支払いが増え給付は少なくなるので，可処分所得は要素所得より減少する。最富裕層である100万kr以上の所得層では，可処分所得は要素所得の0.71倍になっている。

家計タイプ別では，夫婦と子一人の家計が，夫婦共働きが多いために要素

表 8-9　所得再分配（2012年） （金額の単位：千 kr）

		要素所得 A	給付等	税金等	再分配額	可処分所得 B	B/A（倍）	人数（人）
所得グループ	1〜50	16.6	141.0	27.4	113.6	130.2	7.84	307,112
	100〜150	125.4	93.1	38.8	54.3	179.8	1.43	130,944
	200〜250	225.8	56.3	59.2	− 2.9	222.8	0.99	191,898
	500〜550	525.0	79.5	142.0	− 62.5	462.6	0.88	140,178
	1,000以上	1,585.7	51.4	507.2	− 455.8	1,130.0	0.71	242,362
家計タイプ	夫婦と子一人	699.7	84.6	199.1	− 114.6	585.1	0.84	322,311
	ひとり親と子一人	287.1	78.5	78.7	− 0.2	286.9	1.00	172,562
	高齢者夫婦	146.7	394.6	136.3	258.3	405.0	2.76	480,149
	高齢者単身	48.8	192.0	54.5	137.5	186.3	3.82	750,528

注　給付等に含まれるのは，課税分は老齢年金，障害年金，傷病手当，親保険，労働市場給付など，非課税分は児童手当，教育補助，住宅手当，社会扶助などである。
〔Skatteverket（2014）*Skatter i Sverige : Skattestatistik årsbok 2014*：48-50をもとに筆者作成〕

所得は比較的多く，可処分所得は要素所得よりも少なくなっている。ひとり親と子一人の家計では，要素所得が可処分所得とほぼ同じである。高齢者の要素所得は全体的に少ないが年金等の給付のために可処分所得は要素所得よりもはるかに多い。高齢者夫婦は両所得の比が2.76倍，高齢者単身の場合は両所得の比が3.82倍になっている。このように，手当等と税の累進性によって所得再分配が図られている。なお租税庁の原表にはより多くの所得階層，より多くの種類の家計が記載されているが，本項ではそのうちの主な階層・家計を抽出した。

　2011年のジニ係数を考察すると，要素所得のジニ係数は0.495であったが，所得再分配後の可処分所得のジニ係数は0.298に下がる。また，福祉サービスによって調整されたジニ係数はさらに下がり0.253になる。全体の低下はマイナス0.242になるが，その要因は，所得再配分がマイナス0.167，税の効果がマイナス0.030，福祉サービスによる効果がマイナス0.045となり，所得

表8-10　社会保険料率（2014年）　　　　　　　　　　（単位：％）

	雇主負担	自営業者負担
医療保険	4.35	4.44
親保険	2.60	2.60
老齢年金	10.21	10.21
遺族年金	1.17	1.17
労働市場	2.91	0.37
労働災害	0.30	0.30
一般賃金負担	9.88	9.88
社会保険料合計	31.42	28.97
	個人	
一般年金負担	7.00	

〔Skatteverket（2014）*Skatter i Sverige : Skattestatistik årsbok 2014*：145 をもとに筆者作成〕

再配分による効果が最大である（Skatteverket 2014：103）。

3. 社会保険料

　前述のように，スウェーデンを含む多くのヨーロッパ諸国では社会保険の雇主負担が個人所得税や一般消費税と並び基幹税になっている。スウェーデンの社会保険料も基本的には雇主負担である。スウェーデンではこの雇主負担は，従業員が支払うべき保険料を雇主が代わって支払っているという意味を込めて間接税に分類されている。そして労働からの所得への課税として位置づけられている（**表8-10**）。

　社会保険料の雇主負担率は合計で31.42％，自営業者の負担率は28.97％である。この率は雇用者の年齢により軽減される。雇主負担は26歳までは15.49％，27～65歳までは31.42％，66～76歳までは10.21％，そして77歳以上は0％である。このほかに，脆弱な地域への減免，小企業の発展と成長を目的とした個人営業者に対する減免，さらに研究と開発に従事している人に

対する減免措置がある。

　医療保険は，日本と違って診療のために使われる財源ではない。診療にはランスティング税が充てられる。医療保険は主として休業補償などの財源である。親保険は育児休業手当の財源である。これには長期と短期がある。出産から450日までの長期と，その後子どもの病気等により看病のために使われる短期の休業手当である。長期休業の最初の360日と短期休業では給与の80％が保険から支給される。

　一般年金負担は，賃金取得者と企業家が支払う負担で，1995年から導入されている。同時期にすでに存在した一般医療保険負担は1997年を最後に廃止された。

4. 法人税

　1990～1991年の世紀の財政改革において投資基金制度などが廃止され，税率が52％から30％に引き下げられた。課税ベースを広げて税率を引き下げるという改革が法人税においても実施された。その後税率は，2005年には28％，2009年には26.3％，さらに2011年には22％に引き下げられた。この税率は法人の規模に関わりなく一定である。

　スウェーデンでは伝統的に法人税と配当に対する個人課税の二重課税を採用してきた。現在，企業利益は22％の税率で課税され，株主に配分された配当は残りの78％に30％の税率で課税される。したがって，配当に対する税率は法人税を含めると45.40％になる（22％＋78％×30％＝45.40％）。

　2012年に法人は4,160億krの課税所得のうち895億krの法人税を支払った。この額の多くは数少ない大企業によって支払われたものである。実際，全企業のうち2％の企業が総課税所得の72％を生み出している。2012年の企業数113万7,028社のうち92.5％が従業員0または4人以下であった。従業員500人以上の企業は896社で全体の0.1％であった。なお，法人には株式会社（aktiebolag）のほか，無限責任パートナーシップ（handelsbolag），経済団体（ekonomiska föreningar），理念団体（ideella föreningar）などがある。

2012年の法人税額は，株式会社によるものが，銀行，貯蓄銀行，保険会社を含めて864億krで全体の96,5％に達する。課税所得が黒字の企業は全体の55％，赤字の企業（繰り越された赤字を含む）は41％であった（Skatteverket 2014：225）。

1990～1991年の改革で課税ベースが広げられたが，準備金等を全廃することにはならなかった。この改革で導入された税平衡準備金（skatteutjämningseserven）[注2]は1995年に廃止され，期間割当基金（periodiseringsfonder）に代わった。現在2つの準備金，期間割当基金と超過減価償却が存続している。企業は純利益の25％まで期間割当基金に繰り入れることができる。6年後にこの準備金は所得に加えられる。

法人が支払う税は，法人税のほかに固定資産税（国税），固定資産料（地方税），特別賃金税，収益税（保険会社に預託された年金資金に対する税）がある。

5. 消費に対する税

A. 付加価値税

1960年に導入された一般売上税は1969年に付加価値税へと代わった。最初は10％であった税率〔付加価値税（Value Added Tax；VAT）を含む価格に対する税率〕は，すぐに15％になり，現在，標準税率は25％である。食料品，レストラン，ホテルとキャンプには12％の軽減税率，新聞，書籍，雑誌，文化とスポーツイベント，そして個人の交通手段には6％の軽減税率が導入されている。さらに，不動産の購入と賃借，医療・社会サービス，教育，銀行などの金融サービス，特定の文化およびスポーツ活動は免除されている。

注2　1989年に公表され，1990～1991年の改革の素案となった「税制改革委員会報告」*Reformerad inkomstbeskattning, Reformerad företagsbeskattning, Reformerad mervärdesskatt m.m.*および税平衡準備金については，藤岡（1992）を参照されたい。

B. エネルギー税・環境税

スウェーデンは北ヨーロッパに属するため暖房に多くのエネルギーを必要とする。エネルギーの約39％は家庭で消費され，残りの39％が産業，23％が国内輸送で消費されている。今日，エネルギー税は収入を生み出す大切な税であるとともに，エネルギー保全と環境配慮に重きを置き，さまざまなエネルギー源の間の税負担の配分が行われている。

税の種類には，一般エネルギー税，二酸化炭素税，原子力発電から発生する電力への特別税，硫黄税がある。ガソリン，石油，液化石油ガス（プロパン・ブタンなど），液化天然ガス，石炭に対して，一般エネルギー税と二酸化炭素税が課せられる。

このほかに自動車税，道路利用料，ストックホルム市（コミューン）とイェテボリ市の混雑税などがある

C. アルコール税とたばこ税

アルコールとたばこに対する税は16～17世紀までさかのぼることができる。今日，この税収の必要およびモラルと健康をその根拠にしている。アルコール税の税率は，飲料に含まれるアルコールの量に関わっている。スピリッツの場合，純粋アルコール1L当たり506.42kr，アルコール度8.5～15％のワインの場合では1L当たり23.09kr（アルコール度数によっても変わる），そしてアルコール度2.8％以下のビールは非課税である。

例えば小売価格241krのスピリッツには，700mLでアルコール度40％の場合，アルコール税が62％と付加価値税の20％が含まれている。また，小売価格80krのワインには，750mLでアルコール度12.5％の場合，アルコール税22％と付加価値税20％が含まれている。さらに，小売価格16krのアルコール度の高いビールには，500mLでアルコール度5.2％の場合，アルコール税29％，付加価値税20％が含まれている。

アルコールの小売りには規制がある。スピリッツ，ワインそしてアルコール度3～5％のビールは，国家所有の小売店（systembolaget）でのみ販売することができる。欧州連合（European Union；EU）諸国からのアルコール

第8章　持続可能な財政

表8-11　租税制度全般（規模，租税ルール）についての意見と租税庁への信頼　(単位：％)

		1989年	1995年	2001年	2006年	2012年
租税制度全般	悪い	71	47	53	47	25
	どちらとも言えない	18	31	28	27	35
	良い	11	23	19	26	40
租税庁への信頼	信頼していない			14	12	9
	どちらでもない			37	36	25
	信頼している			49	52	66

注　「意見なし」という回答は表から除く。
〔Skatteverket（2014）*Skatter i Sverige : Skattestatistik årsbok 2014*：90, 93をもとに筆者作成〕

飲料の輸入制限は廃止された。

　たばこに対する税はその種類によって異なる方法で課税される。かぎたばこ，たばこ，かみたばこは重量で課税される。他方で，葉巻は本数で課税される。最も消費の多い「たばこ」の税額は，1kg当たり1,718kr（2012年）であった。

6. 国民の意見

　表8-11を見ると，1990～1991年の世紀の税制改革の直前には，国民の税制度への意見は，「悪い」と答えた人が非常に多く，「良い」はごくわずかであった。改革後は「悪い」は半数を下回り，「良い」が急増した。その後も「良い」と「どちらとも言えない」が50％前後で推移したが，2012年に「良い」が40％に急増し「悪い」が急落した。2012年のこの急な変化は企業へのアンケートでもほぼ同じ傾向になっている。この変化の原因については明確にされていないが，2006年以降の一連の減税政策の効果が一つの要因として考えられる。

　租税庁への信頼については2001年からの数字しかないが，2001年から2012年までの間に「信頼している」という人の割合が大きく増加し，「信頼

していない」という意見が著しく減少した。

3 財政余剰と財政収斂（convergence）計画

　予算政策の目標には，公的部門の財政黒字の目標設定，国の当初歳出予算と老齢年金支出のシーリング，そして個々のコミューンとランスティング（県）が歳出を上回る歳入を上げることができるような予算の決定を行うという地方政府の財政均衡がある。

1. 公的部門の財政黒字の目標

　財政黒字の目標の設定は，長期的に財政を管理し，公的支出の税による調達を明確にする。それはまた，さまざまな歳出分野の間での優先順位を明確にする必要性をもたらす。さらに，財政政策は景気の悪化時には経済に刺激を与え，好景気のときに経済を減速させる。したがって，好景気時の黒字が景気悪化時の赤字のための余地を与える。これが，財政黒字の目標が景気循環の平均で表わされる理由である。

　スウェーデンは1995年にEUに加盟した。1997年に欧州委員会はスウェーデンに「財政収斂計画」の策定を勧告した。1998年にスウェーデンが策定した財政収斂計画では，景気循環を通してGDPの平均2％の公的財政黒字を実現することを目標としていた。これは2000年から適用された。政府は2007年春の経済計画でその目標を下げることを決定した。この決定の背景には，ユーロスタット（Eurostat，欧州連合統計局）がプレミアム年金制度を国民経済計算の公的部門にもはや含めないという決定を下し，このことが公的部門の黒字を約1％引き下げたことにある（Finansdepartementet 2015：7）。

　しかしながら，この指標を機械的に当てはめるのは問題である。なぜなら，景気悪化局面において，それを緩和するのではなくより強めるリスクが

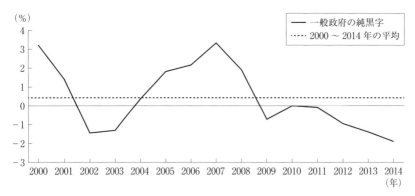

図8-3 一般政府の純黒字（GDP比）
〔Konjunktur Institute（2015）*The Swedish Economy August 2015*：13をもとに筆者作成〕

あると考えられるからである。それゆえ政府は，多くの目標を併置するという財政政策の方針を採用した。2011年「予算法」にしたがって，政府は財政黒字の目標からの乖離が生じた場合にどのように目標への復帰を果たすかを検討し，その計画を予算提案に含めなければならなくなった。この計画は中期的な観点で立てられる。しかし，目標水準への復帰は機械的に適用されるべきではなく，景気安定政策，分配政策，構造政策の総合的な観点から行われなければならない。

　一般政府の純黒字額は，**図8-3**の通り，2000～2014年まで平均してGDP比0.4％である。2002年と2003年には赤字となったがすぐに回復し，2004～2008年は黒字であった。リーマンショックの影響で2009年には赤字に転じたがその影響は小さく2010年には財政均衡に到達した。平均すると目標の1％には届かないものの，目標設定が黒字に良い影響を与えたものと考えられる。また，一般政府の純資産額は，1990年代にはマイナスであったが，徐々にマイナスが減少し2005年以降プラスに転じた。そして2014年の純資産額はGDP比で約20％になっている（Konjunktur Institutet 2015：13）。このように，スウェーデンの財政は大変健全である。この2～3年の財政赤字は，景気の回復と政府の財政強化策によって反転し2018年までには黒字が回復

すると予想されている。

2. 歳出のシーリング（上限）

　予算法により，政府が予算案作成において3年後の歳出のシーリングを提案することが義務づけられている。提案はその後に議会で決定される。2年後までのシーリングは過去の予算によって決定済みである。歳出シーリングの重要な機能は，財政黒字の目標を達成するための条件を作り出すことである。また，歳出シーリングの水準は国家支出の望ましい長期的発展を促進する。公的部門の財政黒字の目標とともに，歳出シーリングは総税収の水準を規制し，税収を徐々に増加させざるを得ないような展開を食い止めるのに貢献する。

　歳出シーリングによって一定額のいわゆる「予算余剰」が発生する。これは何よりも，歳出が景気循環などで変動するための緩衝装置として働く。予算過程も予算政策上の目標を達成するために重要である。歳出シーリングは，全予算が執行される間，予算過程を全体として制限する。予算過程の中では，さまざまな歳出項目が併置されているが，それらの歳出の増加は歳出シーリングによって与えられた経済的余地と財政黒字の目標から判断される。一つの歳出項目内の歳出増加提案は同じ項目内の歳出削減提案によって相殺されるというのが主要な方針である。

　歳出のシーリングの決定は1997年から現在まで15年以上にわたって続いている。この間，歳出は歳出シーリングを超えたことがない。予算余剰の最も少なかったのは2002年で，予算余剰は3.6億krであった。逆に最も多額に上ったのは2011年で，予算余剰は740億krであった（ESV 2015）。

3. 地方政府の財政均衡

　コミューンとランスティングの予算過程を強化するために，2000年より地方政府部門に均衡予算が法定されている。この均衡予算は，どのコミュー

ンもランスティングも特別な事情がなければ結果が均衡するように予算を策定しなければならないことを示している。もし赤字が発生すれば，その会計年の後3年以内に赤字を0にしなければならない。またコミューンとランスティングはその活動の中で良好な経済的管理を行わなければならない。2005年から地方政府は良好な経済的管理を行うために，財政目標を立てなければならなくなった。税収と一般国庫補助金の合計額の2%に相当する黒字が，良好な経済的管理の要請を満たしているという一般的な判断基準である（Konjunktur Institutet 2015：9）。

4 地方政府間の財政力の平準化

1. 一般補助金

　スウェーデンで地方自治体間の財政の平等化を図ることを目的に，一般補助金が導入されたのは，1966年であった。そのときには，平等化を目的とした一般補助金は，収入平準化のための補助金のみであり，他の補助金は特定補助金とされていた。

　多くの特定補助金が廃止され，一般補助金に統合されたのは1993年であった。この1993年の改革以降，今日まで，一般補助金は収入の平準化とコストの平準化の目的を併せ持ち，かつ水平的財政調整だけでなく垂直的財政調整の機能を持ち続けている。

　1993年の改革で導入された一般補助金は3つの制度を持つ。すなわち，①収入平準化，②コスト平準化，③人口減少の大きな地域への付加補助金，である。この中で，②のコスト平準化の基礎となる構成要素に対し強い批判が向けられた。また，収入平準化の補助金を算定するための一般的保障レベルは，全国平均の一人当たり課税所得の127%であったが，この水準を超えるコミューンには，収入平準化の恩恵はなく，垂直的財政調整の機能が果たさ

れなかった。

　1996年の改革で，これらの問題点を改善する試みが行われた。この改革によって，一般的補助金は4つの制度から構成された。すなわち，①収入平準化，②コスト平準化，③一般的政府補助金，④移行規則，であった。収入平準化とコスト平準化は自治体間の財政調整であり，国と地方の財政調整は一般的政府補助金を通じて行われた。コスト平準化には，標準コスト方式がとられた。これはさまざまなカテゴリー（例えば，児童ケアや高齢者ケアについて）や，コストの構成要素（例えば，年齢，男女の構成など）を利用してモデルを作り，算定されるものである。2000年以降も，これらのコストの要素についてさらに検討が加えられ，精緻化された。

　スウェーデンでは，国民がどこに住んでいようとも福祉サービス等を平等に利用できるようにすべきだという，広い政治的なコンセンサスがある。これが，平等化を目的とした一般補助金の制度を持続的なものにしている。

　しかしながら，スウェーデンでは1960年代と1970年代に，福祉等に対する公的支出は著しく増大し，福祉サービスがすでに高い水準に達していたことと，国の詳細な管理はもはや必要がなく，住民の身近なところで決定，管理することが民主主義を効率的に進めると考えられていたことが，これらの改革の背景にある。

2．財政調整制度

　一般補助金は日本の地方交付税交付金に相当する。日本では，基準財政収入額と基準財政需要額によって交付税交付金の額を算定する。

　スウェーデンの現在の制度は2005年の改革を基本とし，一部2008年に修正されたものである。それは，5つの制度から構成される。①収入平準化，②コスト平準化，③構造補助金，④導入補助金，⑤調整勘定，である。**表8-12**は，2008年の地方政府財政調整の試算を示している。収入平準化補助金は収入平準化負担金を大きく上回っている。これは，この制度が水平的財政調整と垂直的財政調整を併せ持つことを意味している。これに対して，コスト

表8-12 地方政府財政調整試算（2008年） (単位：10億kr)

	コミューン	ランスティング	合計
収入平準化補助金	52	16.9	68.9
収入平準化負担金	-3.7	-2.1	-5.7
コスト平準化補助金	5.2	1.4	6.6
コスト平準化負担金	-5.2	-1.4	-6.6
構造補助金	1.5	0.7	2.2
導入補助金	0.3	0.2	0.5
小計	50.1	15.7	65.8
調整勘定（補助・負担）	-4.2	0.9	-3.3
総計	45.9	16.6	62.5

〔SKL (2008a) *Kommunalekonomisk utjämning : En informationsskrift om utjämningssystem för kommuner och landsting år 2008* をもとに筆者作成〕

平準化補助金とコスト平準化負担金は同額である。これは，この制度が水平的財政調整のみの役割を持つことを意味する。自治体間の再配分であって，中央政府からの移転はない。

A. 収入平準化

全国の一人当たり平均課税所得の115%（コミューン）と110%（ランスティング）を基準として，これを上回ると負担が生じ，これを下回ると補助金を受け取る権利が発生する。負担金額または補助金額の計算方法は次の通りである。

　　各コミューンまたは各ランスティングの負担金額または補助金額
　　　＝一人当たり課税所得の基準との差×住民数×税率

ここで，税率は2003年の平均税率を基準にしており，補助金はその95%（コミューン）と90%（ランスティング），負担は85%で算出する。したがって，その後の税率の変化によって影響を受けることはない。

表8-13 収入平準化の結果

グループ	租税力(%)	租税収入(住民一人当たりの金額)	収入平準化(住民一人当たりの金額)	税収+平準化(住民一人当たりの金額)	全国平均比(%)
A	82.2	29,873	11,323	41,196	113.4
B	90.7	32,942	8,404	41,346	113.8
C	101.5	36,855	4,682	41,537	114.3
D	105.5	38,341	3,268	41,609	114.5
E	120	43,576	-1,532	42,044	115.7

〔SKL（2008a）*Kommunalekonomisk utjämning：En informationsskrift om utjämningssystem för kommuner och landsting år 2008*をもとに筆者作成〕

一人当たり課税所得が高く，負担金を支払ったのは，290のコミューンのうち11コミューン，21のランスティングのうち1ランスティングに過ぎなかった。

表8-13では収入平準化の結果を示している。コミューンの一人当たり平均課税所得を全国平均に対する比で表わしたのが租税力である。租税力を5つの段階に分けて検証している。Aグループでは，住民一人当たりの租税収入は2万9,873krであったが，収入平準化で1万1,323krの補助金が入ったので，合わせると41,196krとなり，全国平均の113.4％となった。同様に，Bグループは租税力が90.7％であったが収入平準化により全国平均の113.8％に，Cグループは101.5％から114.3％へ，Dグループは105.5％から114.5％に増加した。そして，最も富裕なEグループは120.0％から115.7％へ減少した。収入平準化の結果，すべてのグループが113.4～115.7％までの範囲に収まり，平準化の目的はほぼ達成されている。

B. コスト平準化

コスト平準化の制度のもとでは，総負担金額と総補助金額が一致する。標準コスト方式が採用されており，コミューンの9つのカテゴリー，ランスティングの3つのカテゴリー，そしてコミューンとランスティングの共通カ

テゴリーのそれぞれで標準コストが計算され，積み上げられて，平均的構造コストが導かれる。平均的構造コストを上回るコミューンとランスティングが補助金を受け取り，それを下回るコミューンとランスティングが負担金を支払う。

例えば，義務教育の標準コストは，「(就学年齢の子どもの数×1生徒あたりの全国平均コスト)＋(スウェーデン，ノルウェー，デンマーク以外の国で生まれた生徒の割合×母国語教育のための平均コスト)＋(小規模学校と通学のための超過コスト)」である。

カテゴリーには，コミューンで①就学前学校と学外ケア，②基礎学校と就学前クラス，③高等学校，④高齢者福祉，⑤個人と家族のケア，⑥外国に背景を持つ子ども，⑦人口の変化，⑧居住構造，⑨賃金構造の9カテゴリーが，ランスティングで①保健・医療ケア，②人口の変化，③賃金構造の3つが，またコミューンとランスティングの共通カテゴリーとして公共交通がある。コミューンで再配分額の大きいカテゴリーは，高齢者福祉，就学前学校，個人と家族のケア，そして基礎学校である。それぞれのカテゴリーにいくつかの要素があり，その要素ごとに計算される。

C. 構造補助金と導入補助金

構造補助金は，2005年の改革でコスト平準化制度から除外された要素に対する保障で，例えば，「小規模人口または労働市場問題を抱えるコミューンとランスティング」に対して配分される。

導入補助金は2005～2008年までの移行措置である。

この2つの補助金制度は，2015年現在も，大変少額ではあるがいくつかのコミューンに残っている。

D. 調整補助金と調整負担金

補助金総額は中央政府によって決定される。前述のA, B, Cの方式によって計算された補助金の合計額と決定額との差が調整補助金または調整負担金である。この勘定を設定する理由は，第1に，収入平準化補助金は地方

政府の課税ベースの拡大につれて上昇するが，中央政府はあらかじめ最終額を知ることができないこと，そして第2に，事務配分の変更による財政調整にあるとされている。

　2009年にはこの調整補助金が増額された。リーマンショックによって収入が減少していたが，この増額によって地方財政は全体として黒字になった。

　これら5つの調整制度の結果，一人当たり配分額（コミューンとランスティングの合計）は，過疎地帯の広がるスウェーデン北部が最も多く，次いで南部，そして首都ストックホルムを除く東部の順であった。ストックホルム県（ランスティング）域では負担金が発生した。

E. 財政調整の結果

　2008年以降現在の2015年まで，以上述べた財政調整についてマイナーな改革が行われてきたが，大きな改革は行われてこなかった。

　公共管理庁は，2013年に1990年代以降の地方政府間の財政調整について評価報告書を公表した（Statkontoret 2013）。これによると，財政平準化の制度はコミューンのサービスにとって大変重要であり，コミューン間，ランスティング間の財源の平準化に大きく貢献してきた。平準化制度は，ノルランドのような過疎のコミューンとランスティングにとって最も大きく貢献し，重要な支援とされてきた。

　収入平準化制度は，租税力の差を補い，地方政府サービスを提供する能力を平準化するのに大きく貢献したが，この収入平準化はまた，低い租税力を補うことによって，租税競争の緩和と地方税率の引き上げ圧力の緩和に貢献してきた。

　コスト平準化制度において再分配された金額は，コミューンにおいてもランスティングにおいても1996〜2013年の間に減少した。コミューンでは2012年価格（2012年の物価水準に合わせて調整された金額）で，1996年に78億krであったものが，2013年には約66億krに減少した。ランスティングでは，1996年に59億krであったが，2013年には15億krになった。

コスト平準化補助金の最大額とコスト平準化負担金の最大額との差は1996〜2013年の間に減少した。この原因は，コミューンにおけるコスト平準化補助金の最大額が1990年代末と2000年代初めには住民一人当たり1万5,000〜1万6,000krであったのに対し，2013年には約1万krにまで減少したことによる。

　コスト平準化補助金を受け取っていたコミューンの数と同負担金を支払っているコミューンの数も変化した。1996年には288のうち183のコミューンが負担金を支払っていたが，近年には補助金を受け取るコミューンと負担金を支払うコミューンの数はほぼ同数になった。当該期間により多くのランスティングが負担金を支払うようになった。

　スウェーデンではコミューンをいくつかの特徴で分類している。「主要都市」（人口20万人以上，ストックホルム，イェテボリ，マルメの3コミューン），「主要都市の近郊にあるコミューン」（38コミューン），「大都市」（人口5万〜20万人，31コミューン），「大都市近郊のコミューン」（22コミューン），「過疎コミューン」（20コミューン）などである。主要都市は期間を通じてコスト平準化補助金を受け取っているが，その額は減少している。最も高額の補助金を受け取っているのは，過疎コミューンである。主要都市の近郊コミューンは期間の最初は負担金を支払っていたが，現在は補助金を受け取っている。大都市と大都市近郊のコミューンは期間を通じて負担金を支払っている。

　ランスティングに関して，全期間を通じてコスト平準化負担金を支払っているのは，ウプサラ，エステルイェットランド，イェンイェーピング，クロノベリ，そしてハランドの5ランスティングで，期間を通じて補助金を受け取っているのは，ベステルボッテンとノルボッテンの北部に属するランスティングである。

　2016年から，コスト平準化の項で述べたカテゴリーのうち2つのカテゴリーで要素の変更が行われる。一つは「個人と家族のケア」，もう一つは「就学前学校と学外ケア」である。前者では2つの要素が入れ替えられる。後者では，一つの要素の内容が変更される。

これらの財政調整に加えて現在，LSS-平準化制度がある。「LSS（特定の機能障害を有する人の支援とサービスに関する法律）」による障がい者サービスの標準コストが算定され，それぞれのコミューンで計算されたコストとの差で，補助されるかまたは負担金を支払うことになる。この制度による補助金ならびに負担金の2015年決定額は，合計36億krに達する。

3. 日本との比較

　スウェーデンの財政調整制度を日本と比較して，その特徴を明らかにする。
　まず第1に，スウェーデンでは地方所得税率が約31％あり，そのため税収が充実している。財政調整制度の役割は相対的に小さい。それを収入構成比で見ると，スウェーデンのコミューンの税収（2008年）は，総収入の69％，一般補助金は12％，特定補助金が4％である。ランスティングでは，税収が73％，医療包括補助金9％，一般補助金7％，特定補助金3％である。これに対して，日本（2010年度）の市町村では，税収は総収入の38.9％，地方交付税14.5％，（特定）補助金16.5％，都道府県ではそれぞれ41.7％，16.9％，12.1％である（総務省 2012：13）。
　第2に，スウェーデンでは1993年に特定補助金の多くを廃止し，一般補助金に組み入れた。この結果，特定補助金が日本に比べて非常に少なくなっている。スウェーデン政府は，例えば，介護者への支援をコミューンに奨励していたように，特定補助金を一定期間導入したりすることもある。金額は全体と比べて少なくとも，この支援そのものは大変重要である。1993年の改革は，1996年，2005年の改革などを経てなお現在に引き継がれている。
　第3に，都市と農村との格差は日本より小さい。これを自治体の収入構成で比べてみる。ストックホルム県の2009年の収入は合計689億krであったが，そのうち71.8％が税収，7.3％が医療包括補助金，一般補助金はマイナス1.8％であった。一方，スウェーデンの最も北にあり過疎地域を多く抱えるノルボッテン県では，収入合計はストックホルム県の約10分の1である70億krであったが，税収の割合は63.3％であり，ストックホルム県より8.5ポ

イント低いだけであった。医療包括補助金と一般補助金を合わせると24.5%であった。

これに対して，日本では格差は非常に大きい。東京都の2008年度予算の収入合計は7兆円，このうち都税が75.9%，地方交付税は0，国庫支出金が5.8%であった。過疎地域を多く含む高知県では，収入合計は東京都のほぼ10分の1の7,280億円であったが，県税収入はそのうちの12%，地方交付税が50.2%，国庫支出金が12.4%であった。

スウェーデンでは過疎地域を多く抱える県でも税収の割合が高いのに対して，日本では東京都と大きな差があり，県税の占める割合は12%であった。格差の程度によって，財政調整制度の役割にも差が生じる。

5 薬価と医療費の患者負担

スウェーデン人の平均寿命は長くなっている。女性は83.5歳，男性は79.5歳である。その理由の一つに，心臓発作や脳出血等による死亡率の減少がある。2010年に65歳以上の人口に占める割合は約18%である。これは，スウェーデンがヨーロッパの中で最も高齢化の進んでいる国の一つであることを意味している。しかしながら，スウェーデンで生まれる子どもの数は1990年代以降増加し続けており，高齢化率が減少する要因になると期待されている。

北ヨーロッパ諸国の保健医療の特徴は次のように要約することができる (Mugnussen, et al. 2009：13)。①税金による財源の調達，②分権的な政府の構造（2002年からのノルウェーを除く），③課税権のある地方政府，④公的なサービス供給（または公的管理），⑤平等，特に地理的かつ社会的平等，⑥公衆の参加，である。

本節では，スウェーデンにおける医療制度，薬価，保健医療の質，近年の動向などについて明らかにする。

1. 分権型の保健医療制度

A. ランスティングによる公的医療

　スウェーデンには3段階の政府がある。中央政府，コミューン，そしてランスティングである。ランスティングには10の「リージョン」が含まれ，地域開発の責任を国から委譲されている。3段階の政府の間に縦の支配関係はない。それぞれが別の業務責任を持つ自治組織である。コミューンとランスティングには課税権（主として地方所得税）が保障されている。
　20のランスティング（リージョンを含む）と一つのコミューンが病院，地域診療所，精神医療などの保健医療サービスを市民に提供する責任を持つ。ランスティング税が保健医療制度を支える主な財政資金である。政府補助金がこれを補完する。これに加えて，少額の利用者負担がサービス利用の時点で支払われる。高齢者の長期医療はコミューンの責任で財源調達され（主としてコミューン税），運営されている。どのランスティングあるいはコミューンでも，議会によって決定がなされ，議員は4年に一度総選挙時に選出される。
　ランスティングの規模はさまざまである。ストックホルム，ヴェストラ・ヨーターランド，スコーネは人口100万〜200万人の大規模なランスティングであるが，最小規模のゴットランドは人口6万人である。その他ほとんどのランスティングは人口20万〜30万人の間である。
　国の法律と中央政府によって決定されるさまざまな保健医療政策の枠組み内で，ランスティングは実質的な決定権と市民への義務を有する。このように，スウェーデンの保健医療制度は分権型である。

B. ランスティングの医療財政

　ランスティングの業務の90％は保健医療である。このほかの業務には文化政策やインフラストラクチャー（以下，インフラとする）整備などがある。
　2012年におけるランスティングの財政支出は，合計で2,705億kr（日本円で約4兆円）であったが，そのうち15.9％がプライマリーケア，46.2％が専

門的身体医療，7.9％が専門的精神医療，3.5％が歯科医療，7.8％がその他の保健医療，7.4％が医薬品に支出されている（表7-12，参照）。保健医療への支出はランスティングの財政支出の88.7％に上る。プライマリーケアは地域診療所で，専門医療は県立病院などで行われる。ほかの支出は，交通とインフラ，地域開発，そして一般行政である。

ランスティングの財政収入の70.9％が税収である。これは主として地方所得税である。ほかに国からの一般補助金が8.8％，医薬品補助金が7.8％，特定補助金が4％，利用者負担などが3.8％，その他4.8％であった（地方自治体連合SKLの資料による）。

C．民間委託

公的医療が基本であるが，近年，医療サービスの民間委託が進んでいる。約12％の医療サービスがランスティングと契約をした民間の医療事業者によって提供されている。財源は公的医療と同様にランスティングによって調達される。公的医療サービスと同じ規則と同じ料金負担が適用される。

D．診療費の患者負担

スウェーデンにおける保健医療費はそのほとんどがランスティング税によって調達される。患者負担は実際のコストのごく一部である。20歳未満の人の保健医療費は無料である。

a．定額の負担

患者負担はランスティングによって異なっている。以下の金額はランスティングとランスティングが契約した民間の医師による診療に対する患者負担である。それ以外の民間医にかかる場合は全額自己負担となる（http//www.1177.se/Other-languages/Engelska/Regler-och-rattigheter/Patientavgifter/，2015年12月26日閲覧）[注3]。

注3　1177 Vårdguiden（http//www.1177.se/）は，地方自治体連合（Sveriges Kommuner och Landsting；SKL）が行っている医療ガイドのページである。1177は電話番号にもなっており，電話での問い合わせが可能になっている。

- 地域診療所（ホームドクター）：100～300 kr
- 専門医の診療：200～350 kr
- 入院費：100 kr 以下/日
- 救急病室：220～400 kr

救急病室を除いてすべて予約制であるが，ランスティングによっては，規定以上に待ち日数が長いと自己負担額は返還される。逆に，予約をキャンセルせずに診察を受けなかった場合には自己負担額を支払わなければならないことがある。

b．高額診療費上限制度

多額の診療費がかかる場合には高額診療費上限制度が適用される。この上限は12カ月間で1,100 krである。この計算は最初の診療から始まる。この金額を超えると残りの期間に有効なフリーパスがもらえる。

高額診療費上限制度に適用されない費用もある。それは，入院費，予防接種費用，他の予防診療費（例えば，マンモグラヒィー費用），予約をキャンセルしなかった場合の負担金，診療記録のコピー代，などである。また，この制度は通常歯科治療には適用されない。

2．薬価と患者負担

診療費と薬剤費の患者負担は別になっている。

処方された薬は「薬剤給付法（Act on Pharmaceutical Benefits）」に基づいて国から補助される。同法により高額薬剤費上限制度が適用される（1177Vårdguidenホームページhttp//www.1177.se/Other-languages/Engelska/Regler-och-rattigheter/Vad-kostar-lakemedel-pa-recept/，2015年12月26日閲覧）。

A．価格と補助金

歯科報酬・薬剤給付庁（The Dental and Pharmaceutical Benefits Agency；TLV）が，価格と補助金を決定する機関である。TLVが補助金の決定

を行う際，薬の有用性が補助費に見合っているかどうかが検証される。有用性には健康の改善と寿命の延伸が含まれる。TLVはまた，薬の使用が社会のコスト，例えば，手術，疾病休業，高齢者介護を減少させるかどうかをも評価する。

製薬会社は，高額薬剤費上限制度適用外の薬を販売することができる。この場合，価格設定は自由で，製薬会社が自ら価格を決定することができる。ただし，患者は費用の全額を支払うことになる。

B. 最廉価の選択

医薬品には多くの選択肢がある。この選択肢の一つに，いわゆる「ジェネリック医薬品」がある。これは新薬と同じ成分の同じ量で同じ効果であるが，外観が異なり，異なる添加剤（防腐剤など）が使用されている後発医薬品のことである。これらは異なる製薬会社で製造され，異なる価格が設定される。どの薬が他の薬と取り替え可能であるかを決定するのは，医薬品庁（Medical Product Agency）である。

いくつかのジェネリック医薬品があり，処方薬が最も安いものでなかった場合に，薬局はそれを市場で最廉価のものに取り替えなければならない。最廉価の医薬品のみが補助対象とされる。患者は，より高価な処方薬を購入することも可能ではあるが，そのときには価格の差を自分自身で支払わなければならず，その差は高額薬剤費上限制度の適用にならない。もし患者が処方薬も薬局の取り替えた薬をも望まないならば，他のジェネリック医薬品を選ぶことができる。しかし，この場合，患者は全費用を支払わなければならない。処方薬と最廉価な同等品のみが補助金の対象になる。この理由は，誰もが必要以上の費用を支払うべきではないとの考え方にある。

患者が医療上の理由から特別なブランドの薬を使用しなければならないならば，医師は「取り替えてはならない」と処方箋に書くことができる。この場合は，患者が超過費用を支払う必要はなく，また高額薬剤費上限制度の適用を受けることもできる。

C. 期間の製品

　TLVは毎月，製薬会社の価格変更の申請に基づき価格を決定する。最廉価のジェネリック医薬品は「期間の製品」と呼ばれる。TLVはどれが期間の製品であるか，そして，それに取り替えなければならないという指示を薬局に告げる。また，TLVは期間の製品が在庫切れとなった場合のために，2つの代替品を決定する。このようにして，期間の製品の選択肢は月ごとに変わることになっている。

　期間の製品の目的は，医薬品補助に使われる税金が，できるだけ多くの医薬品に，そしてできるだけ多くの人に利用されることにある。

　期間の製品は，すべての薬局において同じであるが，時折，期間の製品を多く買いすぎてしまう薬局がある。この薬局には次の月にもこれを販売することを許される。この場合，前月の製品が売られている薬局とその月の製品が売られているほかの薬局とが併存することになる。

D. 高額薬剤費上限制度

　高額薬剤費上限制度は，TLVが補助決定した処方薬に適用される。これは補助剤カードに記載された消耗品（例えば，ガーゼ）にも適用される。

　処方薬を購入するときに支払う自己負担額は最大で2,200krである。この限度額はストーマケアのための消耗品にも適用される。一方，自己負担の必要のない薬もある。例えば，インスリン治療を行う糖尿病の場合，インスリンの費用は無料である。また，「伝染病法」に規定された病気の場合にも，例えば，HIV（Human Immunodeficiency Virus）抗ウイルス薬のように，伝染性を弱める薬への負担は全額をランスティングが支払う。

　どのランスティングも，特定の薬と特定のグループの自己負担額に対して全額またはその一部を支払う。例えば，若い女性のための避妊薬がそれに当たる。

　さらに，投薬を行い治療のチェックを行うために必要な消耗品の費用はすべて無料である。例えば，血糖値を測定するための針やランセットである。

E. 高額薬剤費増分制度

　高額薬剤費増分制度に従って，薬とストーマケア品の1年間の自己負担額が決まる。1,100 kr までは全額患者が支払う。1,100〜2,100 kr までの額は50％の負担減に，2,100〜3,900 kr までの額は75％の負担減に，3,900〜5,400 kr までの額は90％の負担減である。そして，5,400 kr を超えると100％の負担減になる。**表8-14**がこれを示している。**図8-4**はこの制度による自己負担額を示している。薬剤費の負担が2,200 kr に達すると，その年にそれ以上の薬剤費を負担する必要がなくなる。

F. 子どもの食材

　特定の病気，例えば，グルテンアレルギーの16歳未満の子どものための食材は，補助対象とされる。食材は『食材指示』に記載されており，一度に最大90日分の供給を受けることができる。それには毎回120 kr の負担が必要である。この額は高額薬剤費上限制度の適用外である。

G. 薬の購入

　高額薬剤費上限制度のもとでは，限りなく薬が買えるわけではない。購入することのできる薬は，最大90日間分（おおよそ3カ月分）であることが望ましい。避妊薬（例えば，経口避妊薬や注射液）は例外とされる。

　処方箋で薬を数回に分けて長期にわたり受け取ることが認められている場合，最初の受け取りから3分の2の期間（60日）が過ぎてから，次の受け取りができる。医師が一定の間隔を開けて薬を受け取るように処方箋で指示しているなら，それ以上頻繁に受け取ることはできない。

H. 高額薬剤費上限制度の適用

　高額療養費上限制度を適用させるためには，薬を処方する人は，処方箋にそのことを明記しておかなければならない。また，処方する人は処方箋にバーコードの形でその人の職場を明記する必要がある。

　高額薬剤費上限制度はスウェーデンの居住者またはスウェーデンで雇用さ

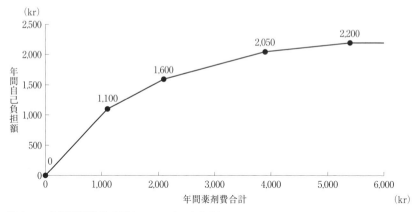

図8-4　高額薬剤費増分制度による自己負担額
〔1177Vårdguidenホームページ（http//www.1177.se/Other-languages/Engelska/Regler-och-rattigheter/Vad-kostar-lakemedel-pa-recept/，2015年12月26日閲覧）より筆者作成〕

表8-14　自己負担額と減額率

薬剤自己負担額合計 (kr)	減額率 (％)
0〜1,100	0
1,100〜2,100	50
2,100〜3,900	75
3,900〜5,400	90
5,400以上	100

〔1177Vårdguidenホームページ（http//www.1177.se/Other-languages/Engelska/Regler-och-rattigheter/Vad-kostar-lakemedel-pa-recept/，2015年12月26日閲覧）より筆者作成〕

れている人，あるいはEEA（European Economic Area）諸国とスイスで発行されたヨーロッパ健康保険証を持つ人に適用される。ヨーロッパ健康保険証は，医師の診察を受けたときおよび薬局で提示されなければならない。スウェーデンはまた，ヨーロッパ以外にアルジェリア，オーストラリア，そしてカナダのケベック州と協定を結んでおり，これらの国と地域の人々がス

ウェーデン在住時には医薬品給付制度の適用が可能とされる。

同じ住所に登録されている，同一家計の18歳未満のすべての子どもは，共通の高額医薬品勘定に入れられる。逆に，兄弟姉妹でも異なる住所に登録されていれば，別々に高額薬剤費制度が適用される。

I. 高額薬剤費データベース

患者はいくら支払ったかを記録する必要はない。アポテーケンスサービス株式会社によって管理されている高額薬剤費データベースには，高額薬剤費上限制度の適用を受けるすべての薬剤購入者が登録され，いくら支払ったかが記録されている。そして，高額薬剤費増分制度に従っていくら減額されたかも記録されている。すべての薬局は同じデータベースにつながっており，患者がどの薬局に行っても問題はない。

このデータベースには患者の名前，個人ナンバー，購入日，支払額，高額薬剤費上限額への到達，高額薬剤費上限制度適用開始日が記録されている。記録された情報は正確に減額が行われるためだけに使われる。受け取った薬や処方した医師についての情報は記録されない。

高額薬剤費データベースに加わるかどうかは患者の自由である。加わらないことを選んだ場合，患者は，制度の適用を受ける薬を購入した薬局で，高額薬剤費証明書と呼ばれる領収書の発行を受ける。この証明書には支払った自己負担額の合計が記載されている。これを保管して次に薬を購入するときに，処方箋と一緒に薬局に渡す。薬局は，患者が増分制度のどの位置にいるかを確認して，薬の自己負担額の減額を行う。

3. 質の向上

A. 国際比較

SKLは，2008年に保健医療の国際比較を行った (SKL 2008b)。その結論は，スウェーデンの保健医療の質と費用対効果は，多の国と十分に競争可能であるというものであった。比較には「資源消費インデックス」，「結果インデッ

クス」,「費用対効果インデックス」が用いられ，結果インデックスは17カ国中（EU 15カ国とノルウェーおよびアメリカ）1位，費用対効果インデックスはフィンランドとスペインに次いで3位であった。

　ほぼ同時期に他の3団体も保健医療の質と費用対効果について国際比較を行った。カナダの研究機関「The Conference Board of Canada（CBC）」は2007年に先進17カ国を比較し，スウェーデンをスイス，日本に次いで3位とした。同じくカナダの研究機関「The Fraser Institute（FI）」は，2005年に27カ国の国際比較を行い，スウェーデンをオーストラリアに次いで2位にランクづけした。

　唯一，3位以内に入らなかったのは，スウェーデンの民間会社である「Health Consumer Powerhouse（HCP）」による調査であった。HCPは2007年に29カ国の保健医療についての国際比較を行った。「医療の質」,「国民への利便性」,「新薬の導入」の3分野についてはスウェーデンをトップにランクづけしたが，「待ち日数」で低いポイントがつけられ，この結果，総合では6位であった（SKL 2008b：5）。

B. 地域間の比較

　スウェーデンでは，2006年より保健医療の質と効率について多くの指標を使い，国内21ランスティングを比較し，その結果を公表している（SKL 2012）。その目的は，保健医療制度についての情報と資料を提供することによって公の議論を喚起し，ランスティングに対して，提供する保健医療サービスを分析，改善，経営するための努力を促すことである。当然のことながらこの比較で低位に位置づけられたランスティングは，自ら改善の方策を模索することになる。

　2012年の報告では169の指標を用いて一定の結論が出された。この報告では，これらの指標についての国民的な傾向に焦点が当てられている。

a. 筋骨格系

　筋骨格系の分野では，主な疾病（股関節破損と破損後の骨粗鬆症，股関節と膝の骨肉筋炎，リウマチ性関節炎）が取り上げられる。多くの指標は全般

的に良い結果を示している。例えば，移植片の残存またはその後の改善などである。また，関節形成術を受けた股関節破損患者の数は増加を示した。一方，外科の待ち日数は短縮された。

b. 糖尿病ケア

「国民糖尿病登録簿（The National Diabetes Register）」への参加が増加し，スウェーデンにおける糖尿病ケアの質についてのデータ利用が増加した。通常ほとんどの国では経過指標のみが報告されているが，スウェーデンでは多くの主要な治療目標の達成度をもモニターすることができる。血圧とLDL（Low Density Lipoprotein）コレステロールの国民目標を達成した患者の割合が増加した。他方で，ブドウ糖目標を達成した患者の割合は停滞した。

c. 脳出血

脳出血ケアにおける目標達成率は高い。特別脳出血ユニットでの治療や飲み込みテストの実施等による多くの経過指標がそのことを示している。血液凝固溶解治療を受けている患者の割合は少しずつ上昇してきたが，一握りの病院とランスティングのみが，「スウェーデン脳出血登録簿（Swedish Stroke Register）」によって定められた目標達成のレベルに到達した。非常に多くの脳出血後の死亡が長期的に減少してきたが，ここ数年は変化していない。脳出血後ADL（Activities of Daily Living）を自ら行うことのできる患者の割合は近年わずかに増加している。

d. がん治療

がん治療において，主な4タイプのがんによる死亡/生存傾向は引き続き良好である。一方，待ち日数指標はランスティング間で大きな差を示している。専門科医による紹介状の受付から悪性の脳・首腫瘍の治療開始までの日数の中間値は2010/2011年に61日であったが，ランスティングによりばらつきがある。乳がんの待ち日数はより短く，専門科医の最初の治療から手術までの待ち日数の中間値は，最短のランスティングで13日，最長で36日であった。

e. 患者によって報告された質

　過去10年にわたり政策作成者と研究者は，保健医療サービスの質のモニタリングに患者が参加することを望んできた。「地域比較（Regional Comparisons）」に登録された患者報告指標は毎年増加している。これらの指標には2つのカテゴリー，「患者報告成果尺度（Patient Reported Outcome Measures；PROMs）」と「患者報告経験尺度（Patient Reported Experience Measure；PREMs）」がある。

　PROMsは疾病特有の尺度と一般的な尺度によって測定される。一般的尺度は健康に関わる一般的な生活の質に注目する。PROMsに一般的な尺度が含まれる利点は，異なるさまざまな治療方法の成果を比較できることである。

　PREMsには，患者の情報，看護者の尊敬と配慮，利便性，駐車場の利用，病院食の質，そして建物の機能性が含まれる。ほとんどのPREMsは，治療の成果とは明確な関連のない指標である。

　患者報告変数は，質をモニターする伝統的な医学パラメーターでは説明できない場合が多い。PROMsとPREMsは，統計的にも解釈が難しい。それでも，これらの尺度は，多次元の評価を可能にする補足的な情報と見なされなければならない。

C. 患者の満足度

　保健医療の分野でも社会保健庁により満足度調査が行われている。アンケート項目は「対応の良さ」「十分な参加」「十分な情報提供」である。2013年に地域診療所のプライマリーケアについて，「対応が良い」と答えた人は全体の90％，「十分な参加が行われている」と回答した人は79％，そして「十分な情報提供が行われた」と答えた人が77％であった。病院の専門身体医療では，それぞれ77％，81％，81％であった。また，病院の専門精神医療ではやや低く，それぞれ85％，68％，70％であった（Socialstyrelsen 2015：43-44）。

4. 近年の動向

A. 改善の方策

1990年代の経済危機の結果として，その10年間に医療分野の従事者は20％減少した。同時に，急速な医療の進歩が病床数と救急病院数の減少を可能にした。保健医療サービスは，病院においても地域診療所においても，ますます外来を基本に提供されるようになった。ほか多くの成功を収めた部門と同じように，保健医療は医療の進歩を利用し，より効率的な方法でそのサービスを提供した。このような医療制度の改正とともに，医療分野全体でも，より高い質とより良い結果が求められるようになった。

経済が安定成長している2000年代においても，人口高齢化に直面しながら，保健医療はさらなる構造改革と新しい方策の採用を必要としている。新しい方策とは，システムとプロセスの改善である。第1に，さまざまな医療介入の間の間隔を短縮することによって，患者が検査結果を短時間で知ることができ，次の処置が決まってから長く待たせることのないよう改善することである。これについては，現在改善が進み，待ち時間は急速に縮小している。第2の方策は，IT（Information Technology）の積極的利用である。医療従事者は，最先端の医療知識を駆使したITによる意思決定支援を利用することができ，また結果として，患者も医療データに頻繁にアクセスすることができるようになった。

さらに近年では保健医療の結果をより透明化することに焦点が当てられている。3つの分野（医療の結果，利便性，患者の評価）で，地域間と病院間の比較が試みられ，公表されている。比較には質について100以上の指標が用いられており，この指標には，例えば，脳出血，心筋梗塞，がんの後の生存，会陰裂傷，そして股関節手術の待ち日数が含まれる（SKL 2009b）。

B. 知識管理

保健医療部門に最先端の科学知識を適用し，患者の結果をモニターする体系的な方法として，知識管理という概念が用いられてきた。知識管理は，研

究教育機関と協同のインフラを設置して，データ，ガイドライン，ケアプログラムを集め，改善をさらに進めることである．また，病院の一つのユニットのスタッフが，質についてのデータを使い，定期的に過去の結果や他のユニットとの比較を行うことも可能となった．質と費用対効果についての比較が患者のために良い結果をもたらす．例えば，脳出血の患者が減少し，脳出血患者の生存率が高まることが期待される．このような質と結果について報告書を作成することは，患者の参加を促進することにもなる．

　2008年7月1日に採択された新しい「患者データ法」（Patient Data Act）によって，保健医療従事者は，患者の同意を得たうえで，さまざまな医療機関からの電子医療データにアクセスすることが可能になった．IT戦略の一環として，患者簡易データプログラムが作成され，患者のデータをどの機関でも認定保健医療従事者であれば利用できるようになった．診断，検査結果，処方箋，看護計画などにオンラインでアクセス可能となった．このプログラムへの最初の参加は，エレブロ県（ランスティング）とその中のコミューンであった．2012年末までにはスウェーデンのすべてのランスティングがこれに参加し，知識管理が国民的方策（solution）として世界で最初に適用されたことになる．

　1982年制定の「保健医療法」において保健医療の包括的な目的が明記されている．それはすべての人々に平等な条件で良い保健医療を提供することである．他の国と比べてもスウェーデンの保健医療は多くの点で優れている．毎年保健医療の結果について調査を行い，公表し改善に努めている．また，診療費の定額制，高額診療費上限制度および高額薬剤費上限制度を設け，平等な条件の設定が図られている．

　スウェーデンの医療サービスにおいて，近年，民営化が進展している．地域診療所はランスティングの直営であったが，民間への委託が進み民間開業医の数は増加している．また，医薬品販売はかつて国所有の薬局が独占していたが，2009年には民間の薬局が認められた．診療所と薬局の数の増加により，より良い診療とサービスが期待されている．

さらに，医療分野でのITの利用が進んでいることも近年の大きな特徴である。電子患者記録，電子処方箋，保健医療情報についてのウェブサイトなどである。これらの活用によって医療サービスの質の向上と平等，そして効率が図られている。

文　献

Ervasti H., Fridberg T., Hjerm M. and Ringdal K. eds.（2008）*Nordic Social Attitudes in a European Perspective*, Edward Elgar Pub

OECD（2014）*Revenue Statistics 2014：Tax levels and tax structures, 1965-2013*

ESV（Ekonomistyrningsverket）（2015）*Rapport : Tidsserier, statens budget m.m.2014*

Finansdepartmentet（2015）*Sveriges konvergensprogram 2015*

Hadenius A.（1986）*A Crisis of Welfare State? : Opinions about Taxes and Public Expenditure in Sweden*, Almqvist & Wiksell Internat

Konjunktur Institutet（2015）*The Swedish Economy August 2015*

Mochida N. and Lotz J.（1999）Fiscal Federalism in Practice, the Nordic Countries and Japan, *The Journal of Economics*, 64（4），55-86

Mugnussen J., Vrangbæk K. and Saltman B. eds.（2009）*Nordic Health Care Systems : Recent Reforms and Current Policy Challenges*, Open University Press

Norrbottens läns landsting（2010）*Årsredovisning 2009*

OECD（2013）*National Accounts at a Glance 2013*

Skatteverket（2014）*Skatter i Sverige : Skattestatistik årsbok 2014*

SKL（2008a）*Kommunalekonomisk utjämning : En informationsskrift om utjämningssystem för kommuner och landsting år 2008*

SKL（2008b）*The Swedish Healthcare System : How Does It Compare with Other EU Countries, the Unite State and Norway?*

SKL（2009a）*Ekonomirapporten : om kommuners och lanstings ekonomi*

SKL（2009b）*Swedish Health Care in Transition : Structure and Methods for Better Results 2009*

SKL（2009c）*Vård på（o）lika villkor : en kunskapsöversikt om sociala skillnader i svensk hälso-och sjukvård*

SKL（2012）*Quality and Efficiency in Swedish Health care : Regional Com-*

parisons 2012

Socialstyrelsen (2015) *Tillståndet och utvecklingen inom hälso- och sjukvård och socialtjänst-Lägesrapport 2015*

Statskontoret (2013) *Den kommunala utjämningen sedan mitten av 1990-talet : utveckling, funktionssätt och problemområden*

Statskontoret (2014) *Det kommunala utjämningssystemet : en beskrivning av systemet från 2014*

Stockholms läns landsting (2010) *Årsredovisning 2009*

Svallfors S. (1989) *Vem älskar välfärdsstaten? : Attityder, organiserande intressen och svensk välfärdspoloitik*, Arkiv

Svallfors S. (1996) *Välfärdsstatens moraliska economi : Välfärdsopinionen i 90-talets Sverige*, Boréa

Svallfors S. (1999a) Mellan risk och tilltro : opinionsstödet för en kollektiv välfärdspolitik, *Umeå studies in sociology*, (114), 89

Svallfors S, and Taylo-Gooby p. eds. (1999b) *The End of the Welfare State? : Responses to State Retrenchment*, Routledge

Svallfors S. (2011) A bedrock of support? Trends in Welfare State Attitudes in Sweden, 1981-2010, *Social Policy & Administration*, 45 (7), 806-825

伊集守直・古市将人（2013）「スウェーデンの財政再建と予算制度改革」井出英策編著『危機と再建の比較財政史』ミネルヴァ書房

井出英策編著（2013）『危機と再建の比較財政史』ミネルヴァ書房

伊藤正純（2015）「税収構造からみるスウェーデンと日本の違い」『摂南経済研究』5（1・2），35-68

川瀬憲子（2010）「政権交代下の政府累積債務と地方財政の改革課題―公共投資による債務累積過程の分析と「地域主権改革」・一括交付金」『税制研究』(58), 10-30

小西砂千夫（2009）『基本から学ぶ地方財政』学陽書房

佐藤　滋・古市将人（2014）『租税抵抗の財政学―信頼と合意に基づく社会へ』岩波書店

柴　由花（2006）「スウェーデン相続税および贈与税の廃止」『土地総合研究』14（2），21-31

柴　由花（2007）「スウェーデン富裕税の廃止」『ジュリスト』(1346), 84-89

柴　由花（2007）「スウェーデン不動産税の段階的廃止案」『明海大学不動産学部論集』(15), 49-62

柴　由花（2009）「スウェーデンの地方不動産税の創設」『明海大学不動産学部論集』(17), 82-91

証券税制研究所編（2004）『二元的所得税の論点と課題』日本証券経済研究所
総務省（2012）『平成22年度版（平成20年度決算）地方財政白書』
平岡和久・森　裕之（2010）『検証・地域主権改革と地方財政』自治体問題研究社
藤岡純一（1988）「Axel Hadenius（1986），A Crisis of Welfare State? Opinions about Taxes and Public Expenditure in Sweden（Sweden.1986）」『高知論叢』(31)，49-65
藤岡純一（1992）『現代の税制改革―世界的展開とスウェーデン・アメリカ』法律文化社
藤岡純一（1994）「スウェーデンの地方財政―地方分権と補助金改革」日本地方財政学会編『分権化時代の地方財政』勁草書房，189-205
藤岡純一（1998）「スウェーデンにおける補助金改革」『都市問題』89（1），29-43
藤岡純一（2001）『分権型福祉社会―スウェーデンの財政』有斐閣
藤岡純一（2005）「安定成長下のスウェーデン財政」『立命館経済学』54（4），82-97
藤岡純一（2011）「一括交付金について―スウェーデンとの比較」『税制研究』(59)，160-168
藤岡純一（2015）「スウェーデン」『世界の薬価・医療保険制度早引き書―2015年度刷新版』技術情報協会
松田有加（2005）「二元的所得税における税負担の累進性」日本租税理論学会編『資本所得課税の総合的検討』法律文化社，21-40
松田有加（2008）「スウェーデンにおける1991年改革と再分配機能」『九州国際大学経営経済論集』14（2・3），75-88
松田有加（2009）「二元的所得税における再分配機能の変動分析」諸富　徹編著『グローバル時代の税制改革―公平性と財源確保の相克』ミネルヴァ書房，187-202
諸富　徹編著（2009）『グローバル時代の税制改革―公平性と財源確保の相克』ミネルヴァ書房

あとがき

　私がスウェーデンについての研究を始めてから30年近くになる。その間には研究の不十分な時期もあったが，曲がりなりにも今日まで続けてこられた。それだけスウェーデンは私にとって研究する価値のある国であった。
　ではなぜスウェーデンか？　当時からすでにスウェーデンは福祉国家として知られていた。社会福祉について研究している研究者は少なからずいたが，それを可能ならしめている土台である財政についての研究がまだほとんど行われていなかったからである。
　最初の出会いは，アクセル・ハデニウス（Axel Hadenius）の著書（『A Crisis of welfare State?―Opinion about Taxes and Public Expenditure in Sweden』）であった。このなかで，多くのスウェーデン人が「税金は高いが社会サービスや社会給付を考慮すると高いとは言えない」と考えていると知り，また，なぜスウェーデンで税反乱が起こらないかを理解することができた。彼のこの分野の後継者であるステファン・スヴァルフォシュ（Stefan Svallfors）と初めて会ったのは，彼がまだ若く，育児休業中であった。さすがスウェーデンだと感心をした。
　次に取り組んだのは，世紀の税制改革と言われた1990〜1991年の大規模な税制改革であった。その改革の基になった税制改革委員会の膨大な報告書が1989年に出版され，それについての研究を行った。ちょうど1980年代は，アメリカの財務省報告（1984年）とそれ基づく1986年の改革をはじめ，多くの国で課税ベースを広げて税率を引き下げる改革が行われ，これが世界的な潮流になっていた。スウェーデンの改革もこの潮流を受けて行われたが，同時にスウェーデン独自の内容が色濃く含まれていた。ストックホルム大学のグスタフ・リンデンクローナ（Gustaf Lindencrona）（後のストックホルム大学長），ウプサラ大学のニルス・マッツソン（Nils Mattsson）にスウェーデン税制についてご教示いただいた。
　第3の研究対象は国から地方への補助金改革を含む地方分権改革であった。1960〜1970年代のコミューン合併の弊害を正すために始められた地方

分権であったが，フリーコミューンの実験やその一般化である「地方自治法」の改正（1991年）などが行われていた。中でも1993年と1996年における特定補助金の一般補助金化について，当時SKL（Sveriges Kommuner och Landsting：地方自治体連合）のこの分野の担当者であったレナルト・ティングバル（Lennart Tingvall）に面会し詳細に検討を行った。私からも日本の地方交付税について彼に概要を説明し，ともに比較検討したことも想い出深い。

スウェーデン財政について中間的なまとめを行った〔藤岡純一（2001）『分権型福祉国家—スウェーデンの財政』有斐閣〕後に，財政だけではなく，より広く社会福祉や社会的包摂に目を向けるようになった。

最初に研究を行ったのは，介護者への支援である。1990年代にスウェーデン介護者協会が発足し，再びインフォーマルケアに対する関心が高まり，介護者の負担に対して支援策が実施された。スウェーデン介護者協会と赤十字社のメンバーに会いインタビューを行った。彼女らはまた，私のスウェーデン滞在中に協会の会議やカフェ活動への参加を含めてさまざまなプログラムを用意してくれた。

次が移民者のインテグレーションであった。スウェーデンでは難民の受け入れが多く，2015年には人口の16.5％が外国生まれである。そしてさまざまなインテグレーション政策が実施されている。今や，移民者の問題を除いてスウェーデンを語ることができなくなっている。日本の今後の政策の参考にもなる。

さらに，労働統合型社会的企業についての研究を行った。現在，日本の複数の研究グループが社会的企業について研究している。外国研究ではイギリスを対象にしている研究者が多い。私もこれらの研究に刺激を受けて研究を始めたが，スウェーデンの労働統合型社会的企業を対象に研究している者はまだいなかった。

関西福祉大学に赴任した後には，同僚からの刺激もあり，大学や公的機関だけではなく，高齢者の特別な住居，障がい者の日中活動とグループホーム，特別支援学校，プレスクール，介護者協会や赤十字社などのボランティ

ア組織，社会的企業などを頻繁に訪問して調査を行った。本書における事例の多くはこの調査活動の成果である。

　現在，スウェーデンを含めて北ヨーロッパの研究をしている研究者は大変多くなった。これらの人に私も大きな刺激を受けているが，同時に，この書が他の研究者の糧となり，北ヨーロッパ研究のさらなる礎になればこれほどの喜びはない。

　私事で恐縮であるが，妻友紀子には私の研究活動を陰ながら支えてくれたことを感謝したい。結婚40周年目に本書を世に問えることを共に喜びたい。

2016年2月
藤岡純一

人名索引

あ行

一番ヶ瀬康子 …………………………… *242*
伊藤光晴 ………………………………… *243*
稲継裕昭 ………………………………… *11*
岩田正美 ………………………………… *5*
ウォールベック，Ö …………………… *179*
エスピン・アンデルセン，G ………… *12*
エリクソン，B．G …………………… *36*
太田美幸 ………………………………… *172*
小沢修二 ………………………………… *24*

か行

カーペンター，M ……………………… *22*
ガフ，I …………………………………… *18*
キヴィスト，P ………………………… *179*
ギデンズ，A …………………………… *19*
クレヴェシュ，B ………………… *83, 85*
孝橋正一 ………………………………… *243*
ゴルツ，A ……………………………… *23*
コルピ，B．M ………………………… *40*
コルピ，W ……………………………… *15*

さ行

齊藤愼 …………………………………… *241*
ジェソップ，B ………………………… *11*
島恭彦 …………………………………… *240*
ジョージ，V …………………………… *241*
神野直彦 ………………………………… *240*
スヴァルフォシュ，S ………… *280, 282*
ストルイヤン，Y ……………… *162, 166*
須永昌博 ………………………………… *210*
セベヘリ，M ……………………… *91, 95*
セン，A ………………………………… *4, 25*

た行

田中洋子 ………………………………… *24*

谷本寛治 ………………………………… *127*
トーフィン，J ………………………… *10*
ドゥフニエ，J …………… *126, 131, 165*

な行

ニィリエ，B …………………………… *38*
ニッセンス，M ………………… *131, 165*

は行

パーシースミス，J …………………… *3*
ハデニウス，A ………………… *280, 284*
バラ，A．S …………………………… *4*
パルメ，J ……………………………… *15*
ビスマルク，O ………………………… *16*
福原宏幸 ………………………………… *8, 9*
藤井敦史 ………………………………… *128*
ブラディー，D ………………………… *17*
古川孝順 ………………………………… *243*
ベヴァリッジ，W ……………………… *16*
ペストフ，V …………………… *161, 164*
ボスティック，A ……………………… *17*

ま行

マグナッセン，J ……………………… *313*
ミケルセン，B ………………………… *38*
宮本憲一 ………………………………… *244*
宮本太郎 ………………………………… *8*
ミラー，S ……………………………… *241*

や行

山本隆 …………………………………… *11*

ら行

ラション，K …………………………… *89*
ラペール，F …………………………… *4*
ラムラ，G ……………………………… *87*
ロー・ヨハンソン，I ………………… *35*

用語索引

数字

2015 年春予算 198

あ

アクティベーション 8
アソシエーション（非営利組織）..... 135
新しい社会的価値 127
アルコール税 300
アルツハイマー協会 108
アルミ企業パートナー株式会社 151
アングロサクソン諸国 250
安心 49
安心と安全 69
安全アラーム 84
アンタイド率 208

い

育児休業制度 41
遺産ファンド 140, 152
意志決定への参加 217
一時休息（レスパイト）................... 98
一般医 267
一般行政費 266
一般財源 262
一般就労 65
一般消費税 288, 297
一般政府 254
一般的助言 46, 59
一般補助金 305
移転支出 262
移転収入 262
移入超過 175
犬の預かり 67
意味のある存在 48
移民者 171
移民者協会 108
移民者へのスウェーデン語教育 180
移民政策 203
移民統合政策指標 201
医療の質 322
医療保険 298
インスリン治療 318
インテグレーション 171
インテグレーション政策 192
インフォーマル介護者 81, 95
インフォーマル保障レジーム 18
インフラ建設 233

う

ウェルビイング 239
ウォーターベッド 63
運営費補助 144
運動能力 90

え

エーデル改革 82
永久居住権 179
影響 47
営業利益率 272
エジュケア 71
エスニック組織 179
エックスパンディア・ヴィジョン 156
エネルギー税・環境税 300
エネルギーへのアクセスの改善 230
援助効果に関するパリ宣言 211
エンパワメント 158, 235

お

オープン・プレスクール（公開保育室）
.... 76
欧州 2020 戦略 150
欧州連合 1
親協同組合保育園 126
親保険 298

か

介護（Vård）・援助（Hjälp）・支援（Stöd）
.... 111
外国生まれ 172
外国人法 173
外国に背景を持つ人 172
介護者 44, 81
介護者援助グループ 103
介護者支援 82
介護者新聞 120
介護者出会いセンター 105
介護者能力センター 100

介護者の視点	117
介護者の日	119
介護者ハンドブック	120
介護職員	49
介護手当	107
介護判定	53
介護判定員	83
介護力	110
外出の可能性	56
ガイダンス	117
開発エフォート	223
開発援助委員会	207
開発と貧困撲滅	211
外部委託	161
カウンセリング	106
格差の拡大	30
学習課程	181
家計への移転	266
家事サービス	93
可処分所得	189, 248, 295
課税権	268, 314
課税ベース	281
家族介護職員	107
家族主義	14
過疎地帯	310
過疎地のコミューン	119
価値ある生活	46
学校教育法	35
活動計画	118
活動支援開発給付	146
活動手当	64
家庭	74
稼働労働者	188
ガバナンス	10, 131
ガバナンスのプロセス	215
カフェ活動	106
株式会社	127, 142
カリキュラム(学習指導計画)	71
環境権	245
環境の持続可能性	225
看護・福祉職	187
看護と介護の融合	57
患者データ法	326
患者の満足度	324
患者報告経験尺度	324
患者報告成果尺度	324
感情の絆	98
完全雇用	163
官僚主義	285

き

機会の平等	21
飢餓の撲滅	224
期間割当基金	299
起業	294
起業家精神	59
企業の社会的責任	8
起業補助	185
技術協力	210
技術的な発展	90
基礎学校	75, 183
基礎控除	291
基礎自治体	260
義務感	98
虐待	60
キャピタルゲイン	294
キャピタルロス	294
給与税額控除	282
教育・訓練プログラム	42
教育活動	110
教育権	243
教育政策	180
教育の改善	230
教員の質	195
共済組織	135
共通の基本価値	198
協同組合	126, 130
共同生産	162
居住許可	175
居住権	178, 246
居住地	194
均衡予算措置	264

く

口と足で描く芸術家株式会社	160
グループ談話	106
グローバル・パートナーシップ	225
グローバル化	4, 28

337

グローバル開発政策 ……………… 213

け

景気安定政策 ……………………… 303
軽減税率 …………………………… 299
経済協力開発機構 ………………… 207
経済成長 …………………………… 233
経済成長率 ………………………… 288
経済団体 …………………………… 298
経済団体(主として協同組合) ……… 142
経済的支援 ………………………… 98
経済保障 …………………………… 260
結果の評価 ………………………… 57
結果ベース管理 …………… 215, 219
決定権 ……………………………… 164
限界税率 …………………………… 281
健康促進活動 ……………………… 106
現地主義 …………………………… 236
現物給付 …………………………… 260

こ

コース選択 ………………………… 183
コーポラティズム型 ……………… 15
広域自治体 ………………………… 260
公開比較 ………………………… 54, 68
高額診療費上限制度 ……………… 316
高額薬剤費上限制度 ……………… 316
高額薬剤費データベース ………… 321
公共管理庁 ………………………… 310
公共性 ……………………………… 271
公的社会支出 ……………………… 249
公的調達法 ………………………… 44
公的部門 …………………………… 143
購入者─供給者モデル ……… 44, 161
後発開発途上国 …………………… 208
幸福 …………………………… 47, 164
高福祉 ……………………………… 280
幸福度 ……………………………… 252
公務員 ……………………………… 263
高齢化 ……………………………… 28
高齢化率 …………………………… 83, 313
高齢者と障がい者の長期医療 …… 260
高齢者福祉 ………………………… 35
五感に訴えること ………………… 61

国際機関 …………………………… 220
国際非政府組織 …………………… 232
国際連合 ………………………… 61, 211
国民主権 …………………………… 260
国民糖尿病登録簿 ………………… 323
国民の支持 ………………………… 279
国民の生活権 ……………………… 239
国民への利便性 …………………… 322
国連難民条約 ……………………… 173
国連ミレニアム開発目標 ………… 207
国連ミレニアム開発目標2015 …… 224
個人所得税 ………………………… 289
個人投資家 ………………………… 273
個人保健介護計画 ………………… 51
コスト平準化 ……………………… 305
国会議員 …………………………… 191
国家の経済的能力 ………………… 240
子どもの影響 ……………………… 73
コミューン ………………………… 43
コミューン企業 …………………… 275
コミュニケーション ……………… 60
コミュニティ ……………………… 130
コミュニティ企業 ………………… 164
コミュニティビジネス …………… 134
雇用訓練 …………………………… 185
雇用者 ……………………………… 155
コロニー …………………………… 38
コンタクトパーソン ……………… 51
コンパニオン ……………………… 153

さ

サードセクター …………………… 129
サービス供給の多元化 …………… 161
サービスの購入 …………………… 269
サービスの質 ……………………… 271
サービスハウス …………………… 37
サービス利用料金の最高額 ……… 43
財産税 ……………………………… 289
歳出のシーリング ………………… 304
財政規律 …………………………… 264
財政均衡 …………………………… 302
財政黒字の目標 …………………… 302
財政現象 …………………………… 240
財政支出 …………………………… 254

財政収支	256
財政収斂計画	302
財政調整	280
財政の持続可能性	279
財政の社会的役割	240
財政の政治的，社会的，経済的な機能	240
財政バランス	279
在宅介護	83
最低留保額	44
再投資	276
再配分効果	287
再配分のパラドックス	15
債務残高	256
財務状態	272
サブサハラ・アフリカ	220
サムハル	39, 133
サラ法	43
参加	46
参加と影響	154
参加モデル	67
産業発展庁	136
算数	75

し

自営業者層	283
ジェネラル・プラクティショナー	267
ジェネリック医薬品	317
歯科医療	315
自己決定	46
自己実現	23
資産格差	248
支出シーリング	264
市場化	30
市場の失敗	241
施設の解体	39
自然増	175
持続的開発目標	226
自尊心	48, 158
失業	27
実績報告のプロセス	215
質問リレー	68
シティズンシップ	5
児童手当	295

ジニ係数	249, 296
支払利子	266
死亡率	212
資本所得	290
資本所有	164
市民権	178, 179
市民参加とガバナンス	247
市民社会	213
市民社会組織	220
市民社会による人権の擁護	231
市民的権利	26
事務配分の明確化	258
社会・行政インフラ	210
社会インフラストラクチャー	244
社会関係資本	131
社会感情的援助	103
社会経済	7, 135
社会権	13, 245
社会サービスの質	55
社会サービス法	35, 43
社会資源課	148
社会支出	255
社会精神医学	59
社会的アクティベーション	9
社会的課題	125
社会的企業	82, 125
社会的協同組合	125
社会的サービス	3
社会的責任	127
社会的疎外	27
社会的排除	2
社会的排除の7つの次元	3
社会的包摂	2
社会的包摂社会	150
社会的ミッション	131
社会的結びつき	247
社会投資国家	19, 42
社会の基本的価値	192
社会福祉	242
社会福祉学	242
社会保険	16
社会保健庁	54
社会保険料	262
社会保険料の雇主負担	288, 290

社会保護	254
社会民主主義	14
借款	234
就学前教育	36, 71
従業員一人当たり売上高	272
収支均衡	256
自由主義	14
自由選択法	44
住宅手当	295
収入の平準化	305
収入平準化負担金	306
収入平準化補助金	306
週末ミーティング	65
就労支援	145
就労自立支援	2
主婦の時代	40
主要都市	311
主要都市の近郊にあるコミューン	311
生涯学習	72
障がい給付	64
障がい者・患者団体	108
障がい者・顧客組織	136
障がい者福祉	36, 45
小規模コミューン	119
情緒的・心理的・社会的ニーズ	86
消費支出	264
情報提供	118
情報と情報伝達	69
ショートステイによるレスパイト	102
職業安定局	138
職業開発プログラム	146
職業訓練	137, 231
職業コース	183
職場会議	156
女性の雇用率	132
女性の地位向上	232
所得格差	248
所得再配分	17
所得税の改革	40
所得の格差	294
処方薬	317
新4年開発財源のプログラム	226
人権侵害	232
人権の尊重	72

人権保障	171
身体介助	112
身体的な負担	114
人的資源	221, 236
人的資本	20
人道主義的支援	208
人道的な定住	200
新入国移民者	177
新反差別法	197
新薬の導入	322
診療費の患者負担	315

す

垂直的財政調整	306
水平的財政調整	306
スウェーデン介護者協会	83
スウェーデン高等職業訓練局	196
スウェーデン中央統計局	280
スウェーデンに背景を持つ人	173
スウェーデン脳出血登録簿	323
スウェーデンモデル	163
スクーピ(全国社会的労働協同組合協会)	154
スタッフの研修	70
スタッフの知識と能力	58
ステップインジョブ	193
ストーマケア	318
スヌーズレン	63
住み分け	189

せ

税	262
税額控除	293
生活援助	112
生活過程	243
生活権関連支出	258
生活者社会	244
世紀の税制改革	281
政策の一貫性	219
精神障がい者に対する支援	68
精神的な負担	114
生存権	243
政体法	245
制度キャピタル	227

政府開発援助	207, 266
政府の失敗	241
政府への信頼度	255
赤十字社	37, 52
積極的包摂戦略	6
積極的労働市場政策	9
説明責任	222
全国知的障がい者協会	38
潜在能力	5, 26, 210
潜在能力アプローチ	25
専門的身体医療	314
専門的精神医療	315

そ

ソーシャル・イノベーション	127
ソーシャルキャピタル	129
ソーシャルビジネス	128
ソーシャルファーム	134
早期退職	108
租税回避地	274
租税庁への信頼	301
租税の構造	287
租税負担率	287
租税力	308
ソフィサム	138

た

第3の道	19
対応	47
大学進学コース	183
大陸型	252
タクティール	62
多国籍企業	271
達成された成果	26
他の援助国との共同	221
たばこに対する税	301
多文化共生の統合政策	174
多文化社会	172
男女の家事分担	90
男女平等	154, 217

ち

地域診療所	267, 325
地域成長政策	151

近しい人	81
地区委員会	101
知識管理	325
地方議会	275
地方交付税	313
地方自治	268
地方自治体連合	54
地方自治の本旨	244
地方所得税	262
地方所得税率	312
地方政府	254
地方政府への一般補助金	266
地方分権	244
中央政府	254
中間階級	13
中間組織	143
長期休暇取得	24
賃金補助	143

て

デイケアによるレスパイト	102
定着ガイド	193
定着期間	177
定着給付金	193
定着プログラム	180, 192
適度な介護者	112
電子患者記録	327
電子処方箋	327
転倒	56

と

同居	88
同居介護者	95
統合政策	200, 203
投資ファンド	273
投票率	191
透明性	275
ドキュメンテーション	71
特定の機能障害を有する人の支援とサービスに関する法律	35
特定補助金	312
特別定着法	193
特別なサービス付き住居	68
特別な住居	45

独立行政法人国際協力機構 …………… 234
土地と自然資源への法的権利 ………… 229
トライアングル・アプローチ …………… 9

な
ナショナルミニマム ……………………… 17
難民 ………………………………………… 173

に
二国間援助 ………………………………… 210
二重課税 …………………………………… 298
日常生活要求 ……………………………… 242
日中活動 …………………………………… 60
乳幼児死亡率 ……………………………… 217
人間の機能の発達 ………………………… 22
認知症協会 ………………………………… 108
認知症グループホーム …………………… 54

ね
ネットワーク ……………………………… 10
年金（老齢・遺族） ……………………… 251
年金者組織 ………………………………… 100

の
ノーマライゼーション …………… 37, 243
農業 ………………………………………… 228
農業市場の開発 …………………………… 230
農業と林業 ………………………………… 233
農村 ………………………………………… 312
濃密な介護者 ……………………………… 112
能力開発 …………………………………… 216
望ましい人道主義援助 …………………… 222

は
バーセル指数 ……………………………… 84
パーソナルアシスタンス ………………… 39
パーソナルアシスタント ………………… 61
パートタイマー …………………… 96, 188
パートタイム労働の拡大 ………………… 24
配偶者/パートナー ……………………… 87
ハイブリッド ……………………………… 128
バスタ ……………………………………… 157
働くための福祉 …………………………… 22
早いコンタクト …………………………… 118

反差別政策 ………………………………… 180

ひ
ピアソン相関係数 ………………………… 250
ピアレビュー ……………………………… 218
非営利組織 ………………………… 125, 211
被援助国 …………………………………… 220
非常に濃密な介護者 ……………………… 113
非同居介護者 ……………………………… 95
一人当たり平均課税所得 ………………… 308
一人住まいの高齢者 ……………………… 94
病気や障害がある子ども ………………… 111
費用対効果 ………………………………… 326
平等 ………………………………………… 21
疲労や落胆 ………………………………… 96
貧困 ………………………………………… 4
貧困削減目標 ……………………………… 212
貧困地域 …………………………………… 156
貧困率 ……………………………………… 17
貧困労働者 ………………………………… 6
貧民救済局 ………………………………… 36

ふ
フィードバック …………………………… 235
夫婦同居 …………………………………… 94
フォーディズム …………………………… 162
フォーマル・サービス …………………… 86
フォローアップ …………………………… 117
不況 ………………………………………… 82
福祉 ………………………………………… 25
福祉供給の多元化 ………………………… 29
福祉国家 …………………………………… 1
福祉国家の危機 …………………………… 4
福祉国家の民主主義的建築 ……………… 162
福祉国家レジーム ………………………… 18
福祉財政 …………………………………… 239
福祉社会 …………………………………… 258
福祉多元主義 ……………………………… 166
福祉と労働の融合 ………………………… 14
福祉レジーム ……………………………… 12
物価基礎額 ………………………………… 291
船の部屋 …………………………………… 62
不平等 ……………………………………… 21
普遍主義 …………………………………… 17

普遍的初等教育	224
普遍的スタンダード保障型	16
普遍的政策	284
普遍的福祉	163
プライバシー	51
プライマリーケア	267, 314
フルタイマー	188
フルタイム労働者	24
プレスクール	72
プログラム・アプローチ	216
文化遺産の継承	73
文化的アイデンティティ	172
文化的権利	179
文化の自由	179
フンドダーギス・クリッパン	160
分配政策	303

へ

ベーシック・インカム	8, 23
平均寿命	313
平均的構造コスト	309
ベビーマッサージ	77

ほ

ホームヘルプ	38
ホームヘルプサービス	89
ホームレス	148
ホームレスバイト	102
包括的所得税	290
包括的なリスク管理	235
法人税	274, 289
訪問医療サービス	84
保健医療	252
保健医療制度	314
保健医療の国際比較	321
保健医療法	39
保健医療を除くほかの社会サービス	252
保護施設	177
保護申請	176
ポストフォーディズム	162
ポストモダン	162
母性保護	217
ボランティアセンター	103
ボランティア組織	7, 100
ホワイトカラー層	282
ホワイトルーム	62

ま

待ち日数	322
マッチング	145
マナーの講習会	65
マリア法	53
マルティ・ステイクホルダー	129, 162

み

ミーンズテスト	12
民営化	29
民間委託	29, 44
民間開業医	326
民間供給者	270
民間事業者	45
民間組織への援助	216
民間の援助サービス	93
民主主義的価値	198
民主主義と人権	228

む

無償資金協力	210

め

メタガバナンス	11

も

モニタリング	235
モラルハザード	20

や

薬剤費	316
雇主負担	282, 286

よ

要素所得	296
予算措置	119
予算余剰	304
ヨブヴェルケット	154
世論調査	285

ら

ランスティング(県) ……………… *101*

り

リーマンショック ……………… *310*
利益配分 ………………… *271, 286*
利子支払い ……………………… *294*
リスク・キャピタル ……………… *271*
理念団体 ………………………… *298*
理念的団体(主として非営利組織)
　………………………………… *142*
リハビリテーション …………… *137*
リフト …………………………… *49*
料金 ……………………………… *91*
利用者 …………………………… *155*
利用者の満足度調査 ……………… *52*
両親保険制度 …………………… *41*

れ

レーン・メイドナーモデル ……… *42*
レーン行政局 …………………… *101*
レインボウ・スウェーデン …… *159*
レッジェ・エミリア・アプローチ … *71*
連帯 ……………………………… *72*
連帯主義 ………………………… *5*
連絡援助 ………………………… *112*

ろ

ローカル・ガバナンス …………… *11*
老人ホーム ……………………… *37*
労働過程 ………………………… *243*
労働組合 ………………………… *213*
労働経験 ………………………… *185*
労働権 …………………… *243, 246*
労働時間短縮 ……………… *23, 41*
労働時間の減少 ………………… *113*
労働市場 ………………………… *132*
労働市場政策 …………………… *180*
労働者階級 ……………………… *13*
労働者層 ………………………… *283*
労働所得 ………………………… *290*
労働所得税額控除 ……………… *291*
労働することによる楽しい人生 … *53*

労働生活 ………………………… *137*
労働生活への参加 ………………… *3*
労働第一 ………………………… *22*
労働統合型社会的企業 ………… *126*
労働年齢人口に対する所得保障 … *252*
老齢年金 ………………………… *64*
老齢年金制度 …………………… *258*

わ

ワーク・ファースト …………… *22*
ワーク・ライフ・バランス …… *246*
ワークシェアリング …………… *24*
ワークフェア …………………… *8*
ワイマール憲法 ………………… *243*
若者・市民社会庁 ……………… *147*
私と私たち ……………………… *75*

A

aktivitetsersättning …………… *64*
ålderspension …………………… *64*

C

Coompanion …………………… *153*

D

DV被害者 ……………………… *148*

E

EEA 諸国 ………………………… *320*
EMES …………………………… *130*
EU の社会ファンド …………… *140*

G

General Practitioner；GP ……… *267*

I

ICT ……………………………… *231*
IT ……………………………… *325*

J

Japan International Cooperation Agency；
　JICA ………………………… *234*

L

LEADER ······ *141*
Least Developed Country；LDC ······ *208*
LSS（Lag om stöd och service till vissa funktionshindrade） ······ *35*
LSS-平準化制度 ······ *312*

M

MIPEX（Migrant Integration Policy Index） ······ *201*

N

NGO ······ *7, 234*
Non Governmental Organizations；NGOs ······ *211*
NPM ······ *10*
NPO ······ *138*

O

ODA 予算 ······ *236*
Official Development Assistance；ODA ······ *207*

R

Riksförbundet för barn, unga och vuxna med utvecklingsstörning；FUS ······ *38*

ROT ······ *292*
RUT ······ *292*

S

SIDA ······ *215*
sjukersättning vid funktionsnedsättning ······ *64*
social innovation ······ *127*
Sofisam ······ *138*
Sustainable Development Goals；SDGs ······ *226*

T

TEACCH ······ *64*

V

Verket för näringslivsutveckling；NUTEK ······ *136*

W

well-being ······ *25, 164*

345

《著者略歴》
藤岡　純一（ふじおか　じゅんいち）
　関西福祉大学社会福祉学部特任教授，博士（経済学，京都大学）

　立命館大学大学院経済学研究科博士後期課程単位取得
　高知大学人文学部教授，ストックホルム大学客員研究員，ウプサラ大学客員研究員，エレブロ大学客員研究員，関西福祉大学大学院社会福祉学研究科教授などを経て現職

《主要著書》
　『日本経済の展開と財政』（1987）文理閣
　『現代の税制改革―世界的展開とスウェーデン，アメリカ』（1991）法律文化社
　『スウェーデンの生活者社会―地方自治と生活の権利』編著（1993）青木書店
　『現代の財政―新自由主義の帰趨』編著（1996）昭和堂
　『分権型福祉社会―スウェーデンの財政』（2001）有斐閣
　『新しい公共性と地域の再生―持続可能な分権型社会への道』共著（2006）昭和堂
　『現代の社会福祉―人間の尊厳と福祉文化』共著（2011）日本経済評論社
　『社会的企業論―もうひとつの経済』共著（2014）法律文化社

スウェーデンにおける社会的包摂の福祉・財政

2016年6月3日　発行

著　者　藤岡純一
発行者　荘村明彦
発行所　中央法規出版株式会社
　　　　〒110-0016　東京都台東区台東 3-29-1　中央法規ビル
　　　　営　　業　TEL03-3834-5817　FAX03-3837-8037
　　　　書店窓口　TEL03-3834-5815　FAX03-3837-8035
　　　　編　　集　TEL03-3834-5812　FAX03-3837-8032
　　　　http://www.chuohoki.co.jp/

印刷・製本　永和印刷株式会社

定価はカバーに表示してあります。
ISBN978-4-8058-5363-4

本書のコピー，スキャン，デジタル化等の無断複製は，著作権法上での例外を除き禁じられています。また，本書を代行業者等の第三者に依頼してコピー，スキャン，デジタル化することは，たとえ個人や家庭内での利用であっても著作権法違反です。

落丁本・乱丁本はお取り替えいたします。